ウルリヒ・メーラート｜訳◆伊豆田俊輔

東ドイツ史 1945-1990

Kleine Geschichte der DDR | Ulrich Mählert

白水社

東ドイツ史
1945-1990

カバー写真：picture alliance/アフロ
東ドイツ国家評議会議長ヴァルター・ウルブリヒト（中央）
1968年1月31日、東ベルリンで開催された人民議会の憲法起草委員会の前で演説している。

東ドイツ史1945-1990◆目次

凡例

一、本書は、Ulrich Mählert, *Kleine Geschichte der DDR*, 6. Auflage, (München: Beck, 2009) の翻訳である。

一、原注は、各章ごとにアラビア数字の通し番号（１）（２）…で示し、巻末にまとめて訳出した。

一、訳文中の（　）の部分は、基本的に原書を反映している。［…］は原書での省略を反映している。〔　〕は訳者が補足したものである。

一、補足が必要な事項で、本文に入りきらないものについては★1、★2、…で示し、訳注として各章末に記した。

一、略語は、その正式名称と訳語を、冒頭の略語一覧で示している。

一、訳文中の傍点は、原文のイタリック体に対応している。

一、原書では、「ドイツ民主共和国」を、その略称の「ＤＤＲ」、あるいは「東ドイツ」と表記している。
　本訳では、原則として、日本語として最も定着している「東ドイツ」に統一した。

　ただし、文脈上どうしても必要な場合、「ドイツ民主共和国」と「ＤＤＲ」と示している部分がある。

一、原書では「ドイツ連邦共和国」は、「連邦共和国」ないしは「西ドイツ」と表記されている。
　本訳では、原則として、日本語として最も定着している「西ドイツ」と表記した。

　ただし、ドイツ統一が問題になっている場合は、「連邦共和国」という表記を使用している。

略語一覧

CDU	Christlich-Demokratische Union	キリスト教民主同盟
CSU	Christlich-Soziale Union	キリスト教社会同盟
DBD	Demokratische Bauernpartei Deutschlands	ドイツ民主農民党
DDR	Deutsche Demokratische Republik	ドイツ民主共和国（東ドイツ）
FDGB	Freier Deutscher Gewerkschaftsbund	自由ドイツ労働組合同盟
FDJ	Freie Deutsche Jugend	自由ドイツ青年
FDP	Freie Demokratische Partei	自由民主党（西ドイツの政党）
KPD	Kommunistische Partei Deutschlands	ドイツ共産党
LDPD	Liberal-Demokratische Partei Deutschlands	ドイツ自由民主党（東ドイツの政党）
NDPD	National-Demokratische Partei Deutschlands	ドイツ国民民主党
PDS	Partei des Demokratischen Sozialismus	民主社会主義党
SED	Sozialistische Einheitspartei Deutschlands	ドイツ社会主義統一党
SMAD	Sowjetische Militäradministration in Deutschland	在独ソ連軍政本部
SPD	Sozialdemokratische Partei Deutschlands	ドイツ社会民主党

第6版への序言

一九九〇年一〇月三日をもって、ドイツ民主共和国〔以下、東ドイツ〕は歴史となった。東ドイツは、一八七一年のドイツ帝国に始まり、一九四九年以降のドイツ連邦共和国〔以下、西ドイツ〕によってほとんど中断されることなく続くドイツ国民国家が展開していく中の、単なる一脚注にすぎなかったのであろうか。こうした問いに対して、その通りだという材料は多々ある。分断国家であった西ドイツが、一九四五年に滅亡したドイツ国《ライヒ》の法的後継者になり、多くの同時代人の意識の中で、東ドイツは一九九〇年に何とかして「ドイツへ」帰還したと感じられていたのだ。しかし、そもそも一九九〇年の時点で、二国分断状態とその直近の前史の占領時代は、ドイツが国民国家として存在していた時代の三分の一以上の長期にわたって続いていた。今から一三八年前になるドイツ最初の国家統一の時には、プロイセン王国がドイツ帝国の面積と人口のおおよそ三分の二を占めていた。これに対し、東ドイツが加入して拡大することになった統一ドイツでは、おおよそ住民の五分の一以上が、領土の三分の一弱を占める旧東ドイツの地域である「新連邦州」に暮らしている。一八七一年には、新しい何かが誕生した。では一九九〇年には何が生まれたのだろうか。かつての西ドイツの地位に代わって、新しいドイツが取って代わったのだろうか。表面的には、そう新しいものが誕生したようには見えない。東西ドイツ統一と変容の過程は、東ドイツの人々だけの問題に過ぎないと勘違いされていた。変容の過程で、東ドイツの人々は急速な順応を要求された一方で、他方、西ドイツの人々は現状を維持できたからだ。はじめのうち、このことはエルベ川とオーダー川の間の地域、東ドイツにおいても何の矛盾も引き起こさなかった。[★1]人々は東ドイツ市民であることにうんざりしており、あらゆる点で、新しいドイツ連邦共和国の市民になろうと心の準備ができていた。一九九〇年から東ベルリンで旧自動車ナンバープレートが交換可能になると、陸運局には長蛇の列ができた。しかし、大規模な経済的困難が起き、並行して失業率が劇的に増加すると、エルベ川の東では自分たちが見捨てられているという感覚が広まった。人々は突如、一九九五年の終わりになってようやく無効になったかつての東ドイツの身分証明書やパスポートを、反抗心混じりの誇りをもって提示するようになった。ドイツ社会主義統一党〔以下、SED〕独裁の時代には決してこのような形では存在しなかった東ドイツ・アイデンティティが東側で現れるのを、西側の人々はますます不信の目で見るようになった。東ドイツ製品――多くの製品はとっくに西ドイツの会社によって生産されていたのだが――、ポピュラー音楽、ヒットソング、果てには、滅んだはずの東ドイツ国家のエンブレムまでもが、予期せぬ返り咲きをすることになったのだ。かつての体制転換期には、東ドイツの大半の人々がこうしたものを聴かなくなり、いやいや指の先でそっと触ることさえもしなかったのだが。西側で「オスタルギー〔東（オスト）と郷愁（ノスタルジー）をかけた造語〕」として見なされたこの現象は、ますます東ドイツ史を美化して見るようになった。旧東ドイツ市民の多くにとって、一九八九年以前の生活とは、SED政権の人権を無視した側面のみによって規定されているわけではなかった。こうした人権を無視した側面は、メディアの中の旧東ドイツ国家の特徴であり、西側のイメージの特徴でもあった。これに対して「私たちは平等だったし、仕事もあった。だからよい時代だった」という意見に、二〇〇一年の夏に行われたアンケートでは、東ドイツのほとんど二人に一人が賛成していた。

今日の状況にとって特徴的なことは、全般的にはドイツの分断の歴史に、そしてとりわけ東ドイツの歴史に関して、西ドイツと東ドイツの両方に存在するある種の無知である。こうした事はなかんずく青少年世代に当てはまる。西側では、「不法国家」としての東ドイツに焦点が当たることで、隣人である旧東ドイツの人々が異質な存在に見えてしまい、彼らの実際の生活が見えなくなっている。東側では、かつての日常生活ばかりに視点がいくことで、東独国家の不法行為や不正が想い出の中で色あせてしまい、ＳＥＤによる独裁支配の実態への視点が曖昧模糊となっている。

こうした状況においては歴史家の仕事が貴重なほどの明白な社会的な重要性を獲得している。歴史家の責務は以下のことにある。すなわち、アクセス可能な有り余る史料に基づいて、過去をその多様性の中で再構成するように試みることである。相互の誤解が共存に暗影を投じるのである限り、東西両ドイツの歴史との取り組みが、わずかしかない記念日に限定され続けて良いということはない。

本書『東ドイツ史』は、ドイツ人のもう一つの戦後史を概観したいと思う人を念頭に入れている。東ドイツ発展のスケッチである本書はそれゆえ、東ドイツの歴史をその細部に至るまで物語ろうとする自負を持とうというものではない。そんなことは不可能であろう。本書の巻末にある、さらに読むべき文献の指示やテーマに関連するインターネットの紹介によって、テーマをさらに深く掘り下げて学ぶきっかけになればと思う。

一九八九年の秋、東ドイツの人々は、路上に出て政権に対する抗議を非暴力で行い、ＳＥＤ独裁に終焉をもたらした。この東ドイツにおける大転換は、東欧における平和革命の一部であった。この平和革命によって人々は共産主義独裁に打ち克ち、自由と民主主義と自己決定権を勝ち取った。こうした平和革命なくしてはドイツの再統一もなければ、ヨーロッパの再統一〔EUの誕生、欧州統合〕もなかったであろう。こうした平和革命の二〇年目の記念として『東ドイツ史』は第6改定版が出版される。

著者にとって学問上の師であり、友情によって結ばれている、マンハイム大学の東ドイツ研究と共産主義研究の大家であるヘルマン・ヴェーバー教授に本書を捧げたい。

二〇〇九年五月、ベルリンにて

ウルリヒ・メーラート

訳注

★1 東ドイツは、西側国境にエルベ川、東側国境にオーダー川がある。このため、東ドイツをエルベ以東、あるいはエルベ川とオーダー川の間と表現することがある。

第5版への覚書

二〇〇六年、東ドイツ史にはドイツ全国からの関心を寄せられるようになった。東ドイツとは何だったのか。この問いには、相変わらず十人十色の答えがある。映画『他人の生活〔邦題『善き人のためのソナタ』〕』は、ＳＥＤ独裁を美化しようという旧シュタージ将校たちの試みの矛盾を証明することに一役買うことになった。

想起の文化[★1]におけるドイツ四〇年の分断はいまだに続いている。多くの西ドイツの人々にとって東ドイツ史とは、どちらかといえば地域的な問題であって、全ドイツ規模の重要性を有するようには見られていない。しかし、分断され、共有されたという言葉[★2]の二重の意味でドイツの戦後史を共通の歴史として観察し、教えていこうという動きはますます増えてきている。ひょっとすると、平和革命二〇周年の記念となる二〇〇九年を、ＳＥＤ独裁の終焉としてだけではなく、ドイツとヨーロッパの統一の前提条件として祝えるかもしれないのだ。

二〇〇六年一〇月　　Ｕ・Ｍ・

訳注

★1 本来は、ナチ時代の「負の記憶」の伝承に従事する精神的、学術的、芸術的な営為の総称。ただし「負の記憶」に東ドイツの過去を含めることもある。ここでは、ナチ時代と東ドイツ時代の想起のあり方といった意味で用いられている。

★2 原文のgeteilt とは、「分割された」という意味と、「分け合われた、共有された」という二つ意味を持っている。

第1章　独裁への道

党の指導者の誰にとっても、モスクワ滞在はこれが初めてではなかった。古参共産党員のヴィルヘルム・ピークとヴァルター・ウルブリヒト、フレート・オェルスナーたちはナチ独裁の間、長い年月を――プロパガンダが言うところの――「全勤労者の祖国」で過ごしてきたのであった。ピークと共同でドイツ社会主義統一党（ＳＥＤ）の代表を務める、かつての社会民主党員オットー・グローテヴォールも秘密の任務を抱えて幾度もクレムリンに来ていた。とはいえ、一九四九年の九月一六日に大慌てでモスクワに飛んだ時、幹部四人の神経の張りつめ具合は大変なものだったろう。その前日、西ドイツの連邦議会はコンラート・アーデナウアーを連邦首相に選出していた。今こそ、ドイツの国家レベルでの分断は確固としたものになったのだから、東ドイツの代表団は「彼らの」国家を建設するための「青信号」を期待していた。だがモスクワに到着したものの、ドイツからの客人たちは――これが初めてではないだろうが――自分たちがスターリンのヨーロッパ政策というチェスボードにおいて、単なるポーンとほとんど変わることがないということを、身をもって感じさせられることになった。大元帥スターリン自身が代表団を迎えに来ないだけではなく、さらに代表団はモスクワ近郊のクンツェヴォにある政府首脳用の別荘で何日も待たされた。というのも、いまや東側でも現実のものになってきた国家建設には、スターリンにとって喜ぶような理由が一つもなかったからである。とどのつまり一九四五年以降のソ連の対独政策は、ドイツに対する長期的で軍事的な安全保障を達成し、西側の工業が発展している地域から賠償金として物品を供給させ、ドイツの潜在能力の全て、あるいは大半が西側の手に落ちないようにすることを目的にしていた。だが、この最後の懸念がいまや実現してしまったのだ。ドイツの政治秩序に関していえば、ソ連は徹頭徹尾、現実主義であった。最低限の目標は、一つの中立のドイツを作ること、すなわち共産主義者たちも参加できるブルジョア民主主義を備え、ソ連を敵視しないドイツを作ることであった。ソ連はこれを土台にして、一九四五年には射程圏内にはなかった最大限の目標に狙いを定めようとしていた。すなわち、自分たちの体制をドイツに導入していくという目標である。

「第三帝国」との熾烈極まる闘いに勝利した四年後、ソ連は新しい――しかしまだ今のところ冷たい――戦争の中にあった。〔戦争によって〕弱体化したソ連は、かつての同盟国アメリカとの紛争を望んでいなかった。しかし、その紛争のエスカレートの責任は本質的に米ソ両方にある。一九四九年秋の西ドイツ国家建設の完了によって、ソ連のドイツ政策は破綻の淵に瀕していた。冷戦の戦線はドイツの真ん中を通ることになり、かつての敵ドイツと再び干戈《かんか》を交えるのではないかという不安が再燃することになった。しかも今度はその敵が、核戦力を有するアメリカと同盟して戦場にやってくるであろうという恐怖があった。こうした陰鬱な展望を前にして、ソ連は二つの相矛盾するドイツ政策上の目標を追求することになった。一方でクレムリンは、まだこの時点でも、どうにかして西側連合諸国を動かし、緩衝国家としてドイツを中立化しようという希望を持っていた。他方で一九四〇年代終わりには、自国の軍事的な安全保障のために、少なくとも一九四五年に我が物にしたドイツの一部分を、西側に対する防波堤として構築することが求められていた。政党や結社の活動を許可し、中央行政機構を建設することで、自分たちの占領地域で既成事実を作り上げ、ドイツのすべての占領地域にとっての見本としようという戦争終結直後のソ連の目論見は、一九四九年にはいずれにしても破綻していた。ソ連の占領政策は冷戦の発生に一役買ったばかりでなく、東西ドイツ住民の大多数からソ連に対する信用を失わせていた。その中でも、一九四五年の夏以降「反ファシズム・民主的大転換」というスローガンのもとに実行に移された、東ドイツの経済と社会の構造を作り替える諸措置ほど大きな反対を引き起こしたものはなかった。こうした諸措置として、土地制度改革や工業における私有財産の没収、教育制度改革が挙げられる。これらは後になって共産主義者たちの支配体制の基礎を作ることになる。しかし、ソヴィエトの占領者の政策を住民の大半にとって信用できないものにしたのは、むしろエルベ以東のソ連占領地域における日常生活の方であった。たとえば、絶え間ないデモンタージュ〔生産施設の解体と接収〕や占領軍の不当な無数の干渉、ソ連の秘密警察による逮捕、ドイツ共産党とドイツ社会民主党のSEDへの強制合同と、占領軍政当局によるSEDへの露骨なひいき、当局の利害に沿うようにSED党員を好きなだけ占領地域の役職に任官していくこと、政治的反対派へ弾圧がますます増加すること、さらに後にはベルリン封鎖、社会構造の均制化の圧力が挙げられる。最終的には、これらすべてが一九四八年に合流し、政治、経済、社会の剥き出しのソヴィエト化に繋がっていくことになる。

ソ連の政治的な意思と行動の間の矛盾は、誰の目から見ても明らかで、これが様々な問題の根源となった。一面で、ドイツは冷戦の――極めて重要であるとはいえ――一つのショーウインドーにすぎなかった。冷戦はかつての同盟国であるアメリカを不倶戴天の敵に変えた。東西両陣営の諸々の対立がドイツを放っておくわけにはいかなかった。他面で、ソ連占領軍による間違った評価、間違った認識に基づいて矛盾が生まれた。モスクワは、ドイツの民衆と政治家たちの意識の中で、国家統一という問題が占めている価値を過大評価していた。一九五〇年代に入ってもクレムリンは、統一への展望が開けるのであれば西ドイツの人々は多少不愉快な政治問題も甘受するであろうと信じていたのだ。さらに西ドイツの共産主義者たちの影響力と自分たちのイデオロギーの持つ魅力について長い間幻想を抱いていた。共産主義者も思想としての共産主義も西ドイツで上手く発展できないのは、ただ西側占領軍の弾圧があるからだとモスクワではかたく信じられていた。それゆえモスクワの責任者たちは部分的には希望的観測ばかりする自身の思考の犠牲者であった。他方ソ連は、なぜソ連占領地域の政治的現実が多くの人々にとって非民主的とみなされるかが理解できなかった。こうした観点からすると――ソ連の人々は自分たちの国家機構を基準にして――東ドイツにおいてまさに考えもできないような譲歩をしたのだ。この中に、戦後東ドイツの発展の一つのカギが隠されている。すなわち、独裁体制で育ち、一九三〇年代の政治的大テロルの時代に社会化し、自らの政治的教養の正しさについて確信していた、たいていのソ連占領軍の将校たちは――意識してか無意識のうちにかは問わず――自分たちの思考にもっとも近い政策を追求し、推奨していたのだ。この点で、ソ連軍将校たちはまもなくSEDの中の或る勢力によって強化されることになった。SEDは、戦勝国の間でドイツ問題に関して意見が一致すれば、ほとんど必然的に自分たちの権力の喪失につながるということを理解していた。そのため、遅くとも一九四七年終わりから四八年初めにかけて、もともと西側の占領政策を特徴づけていたスローガン、「全ドイツで半分権力を取るくらいなら、半分のドイツで全権力を取ること」がSEDの戦略家たちにとって有効になっていた。しかし、西ドイツ国家の建設が、現地の住民たちと広範に意見が一致する形で進められたことを無視して良いことにはならない。東ドイツではこれが当てはまらないのだから。

一九四五年の終戦

一九四九年九月にSED代表団がモスクワ詣でをする四年前、こうした展開になることは全く予見不可能であった。

一九四五年五月七日、ないし八日のドイツ国防軍統合司令部の無条件降伏によってヨーロッパにおける第二次世界大戦は終わった。戦争の死者の総数はあらゆる想像力をしのぐものだった。ヨーロッパの戦場では一九〇〇万人の兵士が戦死、あるいは行方不明者になった。民間人一五〇〇万人が殺戮されたが、これにドイツ人に殺害されたユダヤ人六〇〇万人が加わる。ソ連だけでも二〇〇〇万人が戦争の犠牲者になっていた。死と破壊が、六年前まで誰も経験したことのないような傲慢によって世界を征服しようとした者たちへ既に跳ね返っていた。前線や空襲で死ぬか、避難の際に死ぬか、あるいは強制収容所で殺害されたドイツ人は六五〇〇万人に上る。停戦時二五〇〇万人のドイツ人が難民、避難民、空襲罹災者として故郷を追われていた。

ドイツの中でも、最近まで熾烈極まる闘いが繰り広げられ、ソ連軍部隊によって占領された部分では破滅的な状況が支配していた。オーダー川とナイセ川以東と、後のチェコスロヴァキア領になるドイツ地域から流れ込む難民の波によって、〔のちに東ドイツになる地域の〕住民数は、戦前と一九四五年終わりまでを比較すると一〇〇万人分増加して、計一六〇〇万人強となった。一九四六年秋には一七〇〇万人を超えるようになった。住民の四人に一人が故郷を喪失した者であった。差し迫った住宅難が難民の貧窮を

1.戦争によって破壊されたベルリンの風景。

増大させた。戦前の水準の一四パーセントにあたる六五万軒の住宅が空襲によって半壊、または全壊の状態にあった。

ドイツ西部の工業地帯からの原材料の輸送が止まり、戦略爆撃が交通網を破壊していたので、戦争の最終盤の数週間になると、ザクセンやザクセン＝アンハルト、テューリンゲン、ベルリンにおける、加工産業を特徴にしていた経済の中枢となる地域の生産活動は機能停止に陥っていた。

とりわけひどい被害を被ったのは若い世代だった。エルベ川とオーダー川の間における戦後の混沌とした状態の中、一九四五年末の段階の東ドイツでは、一四歳から二五歳までの若者二五〇〇万人強が暮らしていた。戦争は一九二〇年から一九二八年生まれの世代に特に苦難をもたらした。計算上、一七歳から二五歳の若い女性は、同世代の男性の三倍いることになった。一八歳から二一歳の世代は、とりわけ供給不足と戦争と避難によって破壊された家庭状況に苦しんでいた。戦争最終盤の数週間に物資供給と配給制度が崩壊したのち、一九四五年の秋までは生活用品の配給は時折、そしてその場しのぎの暫定的決定を通じて行われるだけだった。一九四五年、ベルリンでは子供と九歳から一七歳までの青少年は日に一三三八キロカロリーを、同年一〇月からは一五五〇キロカロリーを得ていた。このことは——年齢や性別によって異なるが——毎日三〇〇〇キロカロリーから一八〇〇キロカロリーが不足しているということを意味している。日々の飢餓状態は子供や青年の身体や精神全般の発育不全を引き起こした。歯や目や姿勢への悪影響、循環器系の衰弱、感染症が日常生活の風景を作っていて、消耗状態は「日常」であった。戦争前と比べて、終戦一年目の死亡者数は倍であり、住民一〇〇〇人当たり三〇人になっていた。乳幼児死亡率は四〇パーセントであった。食糧供給状態は全ドイツレベルの問題であり、戦後一年目にはまだまだ悪化しそうな見通しであった。

つい先だってまで戦時経済の要請に従っていた産業の生産転換、インフラの崩壊、デモンタージュの開始が、一九四五年の秋に失業者数を急速に増加させた。一九四六年夏までには失業問題は広範囲で解決されたが、これで専門熟練労働者の後進が不足している事態が変わることはなかった。一九四五年、教育制度は機能停止状態だった。かてて加えて、多くの青少年は自分の家族の面倒を全て、あるいは部分的に見なければならず、実入りの悪い徒弟仕事よりも工場での日雇い労働をすることを選択した。大人の権威というものはもはや世界にほとんど存在しなくなり、青少年たちは自由となった。地方に行って買いだめすること、闇市で取引をすること、泥棒することは日常茶飯事であった。売春と性病が蔓延した。自分自身と家族の生き残りを確固とすることが重要であった。その日暮らしが続き、一日が過ぎれば、既に自分と関係のない過去の歴史も同然であった。

都市と地方におけるナチの支配体制が崩壊してから、占領政府がきちんと機能して確立するまでの間の月日に、旧ドイツ帝国の全土で中小の委員会や同盟、運動が誕生した。こうした諸団体には「反ファシズム〔以下、アンティファ〕」という名称が共通してつけられていた。ごく一部の〔ドイツ人が作った行政組織である〕アンティファ委員会は既存の抵抗グループから生まれたものであったが、他のものは連合国の進駐直前に結成され、自分たちの住む地域を戦闘なしで連合国に引き渡すために活動した。残りのアンティファは占領直後に生まれた。こうしたアンティファ委員会を作る際の発起人は大抵の場合、一九三三年以前に組織化されていた労働運動の経験者の生き残りが務めたが、ブルジョア民主主義者やキリスト教民主主義者も発起人を務めることがあった。短期間に生まれた権力の真空の中で、委員会は地域レベルのナチの権力機構の解体、行政の非ナチ化、公的秩序の回復に手をつけた。食糧供給を確保すること、無気力に陥った住民たちに経済復興の第一歩となる労働へとつかせること、ホームレスになった人々に居住空間を確保すること、地域経済の再開のために尽力することが重要であった。アンティファ委員会は、戦勝国の政治動向や亡命者たちの計画に影響されない下からの政治的再出発という意思の自発的な表明であった。しかし、彼らが生きながらえることは不可能であった。戦争とジェノサイドを通じて、ドイツ民族はここから四年間にわたる政治的な自己決定権を、自分の責任で喪失したからである。

占領支配

ドイツの運命は戦勝四カ国、アメリカ、ソ連、イギリス、フランスの手中にゆだねられることになった。四カ国は一九四五年六月五日の「ベルリン宣言」によってドイツにおける最高統治権を「ドイツ政府及び国防軍統合指令部、州や都市、地方の政府や行政あるいは官庁の全権能を含めて[1]」形式的に引き継いだ。

一九四五年七月一七日にポツダムで今後のドイツの将来に関する——フランスを除く——戦勝国の会談が始まった。この土台になったのが連合国間のテヘラン会談（一九四三年一一月～一二月）とヤルタ会談（一九四五年二月）における一連の合意であった。見解の相違は多数に及んだが、それでも合衆国大統領ハリー・S・トルーマンとソ連の指導者ヨシフ・スターリン、イギリス首相のウィンストン・S・チャーチルの間で、そして選挙で労働党が勝利したのちはクレメント・アトリーの間で、占領支配の当面の課題について意見の一致をみていた。一九四五年八月二日の「ポツダム協定」において、連合国は、ドイツを民主化すること、非ナチ化すること、非軍事化すること、並びに今後二度と軍事的な脅威が生まれない程度にドイツを経済的に弱体化させることで合意した。〔将来の〕平和条約締結会議までは、東プロイセンはソヴィエトの「行政下」に、そして、ポーランド領土の西側への移動の埋め合わせとして、オーダー川とナイセ川以東のかつてのドイツの領土はポーランド「行政下」に置かれることになった。これと同時に、この領土に住んでいるドイツ人の移住も決定された。金額は定められないままだったが、ソ連には戦争による莫大な被害の一部を、賠償を通じて保証される権利が認められた。

ポツダム協定において戦勝連合国は、統治権を「全体としての一つのドイツにかかわることに関しては」すべて共同して行使するという見解を表明していたものの[2]、ドイツが国家として将来どうなるのかについては、明示されることはなかった。全ドイツにかかわる問題のために連合国管理理事会が設置され、この機関は一九四五年七月三〇日に最初の会合を開いた。ドイツ人による五つの主要な行政機構を設置しようという計画も存在していたが、ポツダム協定を後になってから承認したフランスの介入で失敗した。

ドイツの戦後の展開にとって、各占領地域における行政権が、その地の最高司令官の手にゆだねられるという原則は重要なものであった。最高司令官はこの原則に基づいて、自分たちが占領する地区において自分たちの国の制度を転用しはじめた。ソ連占領地域では在独ソ連軍政当局〔以下、SMAD〕が最高司令官の地位を有し、ＳＭＡＤは六月九日に業務を開始した。

民主的再出発？

今から見ると驚いてしまうかもしれないが、占領当初、ソ連占領地域がドイツにおける民主的再出発の原動力になるように見えていた。降伏から五週間後には既に——すなわちポツダム会談前に——ＳＭＡＤは六月一〇日の布告一〇号で「ソ連占領地域のドイツの領域」において、「すべての反ファシズム的諸政党の設立と活動」を許可したが、この布告は「ファシズムの残滓を完全に排除し、ドイツにおける民主主義と市民的自由の基礎を確立する」ことを目標に置いたものであった。さらにこの布告は「勤労民衆に自由な労働組合を設立する権利を」認めるものでもあった。諸政党はＳＭＡＤによって「与えられた指示」に応じて「監視下で」活動しなければならず、諸政党は「反ファシズム的」、「民主主義」、「市民的自由」といった概念に拘束されていた[3]。

最初の政党としてドイツ共産党〔以下KPD〕が設立された。六月一一日の公開設立宣言は、世間からすると、革命を志向していたこれまでの歴史を放棄しているように見えた。そもそもここでは一度も社会主義という概念が使われず、ＫＰＤはブルジョアによって担われた一八四八年革命の「完遂」を推奨したのである。当時の条件下のドイツに「ソ連の制度」を押し付けることは間違いであると明確に述べ、「人民のためのあらゆる権利と自由を備えた議会制民主主義の共和国」を公然と支持していた。経済の領域では、ＫＰＤは「私有財産に基づいた自由貿易と民間起業家が主導する運動の発展」にすら賛成していた。

他方でドイツ社会民主党〔以下ＳＰＤ〕は、一九四五年六月一五日の設立宣言の中で「国家と地方自治体の中の民主主義、経済と社会の中の社会主義」を明瞭に支持しており、差しあたっては彼らの一九三四年の「プラハ宣言」の急進的なテーゼに依拠していた。ＳＰＤは、〔社会民主党系と共産党系に分断されていた〕「ドイツの労働者階級の有機的統一」という希望を持っていたが、ＫＰＤはこの時点では戦略的理由からこれを拒否した。

キリスト教的、民主的、社会的政策を支持しているブルジョアが結集しようとする運動は、一九四五年六月二六日、キリスト教民主同盟〔以下ＣＤＵ〕の設立へと結びついた。ＣＤＵが基幹産業と地下資源の公有化に賛成していたのに対して、七月五日に設立されたドイツ自由民主党〔以下ＬＤＰ、ただし一九五一年以降はＬＤＰＤの略称になる〕は私有財産と自由経済、公務員と裁判所の独立の重要性を強調していた。

これらによって、ＳＰＤとＫＰＤ、ＣＤＵとＬＤＰが――極右を排除しつつ――綱領の面でも、組織の面でも、人材という面でも、一九三三年以前の伝統的なドイツの諸政党の多様性を引き継ぐことになった。七月中旬、四政党は「互いの独立を承認しあったうえで、反ファシズム民主諸政党の確固たる統一戦線を結成」し、「その統一された力をもって巨大な課題を解決する」ことを決めた。[4] 全会一致でのみ決議ができ、ソ連占領地域全体から最小の地区の単位まで結びついて存在しているこの「反ファシズム民主諸政党統一戦線」（アンティファ・ブロック）は、「ドイツの政党史の中で何か完全に新しいものであった」。KPD、そしてのちにはSEDがこうした方法で、「統一戦線なしの、あるいは統一戦線に反対する、いかなる連立形成も」妨害したのである。[5]

ソ連が政党を早い段階で認可したのは、ソ連占領地域を超えて発信力を持つことを意図してであった。ソ連は「ブロック政策」を含めた諸政党の協力体制と共産主義者の新しい役割によって、全ドイツにとっての一種のモデルを作り出すことを期待していた。もしもこの四政党がドイツ全土で自分たちの要求を実現できていたら、ソ連の占領権力は、「自分たちの地区で政治的諸権力をこれまで以上にうまく統制できるだけでなく、それ［すなわち、SMADによる指導監督（！）］が影響力を行使できるようなドイツ全国レベルの政党システムが成立すること」[6]を期待できた。

差し迫った問題を前にして、そして一九三三年以前には民主的な諸勢力が致命的なまでに不和になっていたことを踏まえて、全政治諸勢力が緊密に連携をすることが論理的な帰結であるように思われていた。ただし、KPDを一九三三年以前の民主的な勢力として数え上げるのはほとんど無理なことかもしれない。

この時重要であったのは、一九三三年以前のブルジョアの中道派と保守主義の機能不全の記憶によって、全ヨーロッパ規模で政治の左傾化と労働運動内部の統一を求める強い圧力を引き起こされていたという環境である。一九四五年の夏、とりわけイギリスの総選挙での労働党の勝利が、政治に関心を持つドイツ人たちに、いかなる形であれ何かしらの社会主義的な秩序がドイツの再生には不可避だと考えさせるようになり、少なからぬ人々に、社会主義的な秩序が正しいものと映るようになっていた。

しかしながら、諸政党の始まりは出発地点から異なっていた。KPDの指導部と数百名のドイツ人共産主義者はソ連での亡命生活中から、戦後のドイツで動き出すのを準備していた。共産主義者たちには、数千のドイツ人戦争捕虜が味方に付いていた。彼らはいわゆる反ファシズム学校での教化を修了し、共産主義者の新しい大まかな方針に対して足並みをそろえて賛同していた。一九四〇年代後半の間に、彼ら旧戦争捕虜は少しずつソ連占領地域に帰還していった。そして政治や国家、経済や社会の要職に任じられるようになったのである。

既に戦争の最終盤の日々のうちに、ソ連陸軍は三つのグループに分けてドイツの共産主義者をドイツへ空輸していた。彼らは占領軍が行政や供給を再開させるのを手伝うことになっていた。その一つ「ウルブリヒト・グループ」の中で最若手であったヴォルフガング・レオンハルトは後になって次のように報告している。かの五月の日々、ベルリンの地区〔ベルリン市の中の更に細かい行政上の区分〕行政に、ヴァルター・ウルブリヒトの指示に従うような適当な反ファシストを選出させようとした際のことである。「見た目は民主的でないといけない、しかし、あらゆることを我々が掌握すべきである」(7) こうウルブリヒトは言った。こうした形で共産主義者たちは、行政内部の重要なポストに自分たちの意向に沿った人々を据えることに成功した。それに加えて、占領当局はＫＰＤを経済的にも優遇しており、例えば機関紙やビラ用の紙の供給などで贔屓されていた。

一九四五年夏にはまだＳＰＤとＫＰＤの党員たちの中で、かつての労働運動の分断は痛ましいものと認識されていて、この分断を乗り越えようという意欲は大きかった。多くの人々が一九三三年に国民社会主義〔ナチ〕が勝利した理由を、この分断によって説明していた。だが、ＫＰＤ指導部はＳＰＤによる両政党の統一にむけての相応しい提案を一九四五年六月終わりに拒絶した。

モスクワから帰還し、ＫＰＤの中で主導権を握っていた元亡命者たちは、当面は自分たちの政党の再建を望んでおり、党の新たな大綱に足並みをそろえるつもりであった。今や、ヴァイマル時代のような野党としての政策ではなく、与党としての政策が具体的な政治日程として浮かび上がってきた。革命的なスローガンや政策の居場所はもはやなかった。さらに最終的にはブルジョア層の中の「反動的」な層と「進歩的」な層の間に首尾よく楔《くさび》を打ち込むことが考えられるようになった。ソ連で「マルクス＝エンゲルス＝スターリン主義」を支持することを誓っていたＫＰＤ幹部たち一団は、途方もなく巨大な教育上の課題に直面することになった。亡命者たちが占めている指導部の思惑に従って、ＫＰＤは「可能な限り広範な民衆を入党させる」べきとされた。その際、たとえ「こうした民衆が[…]いまだに古い、部分的には小ブルジョア的な、あるいは社会民主的な、あるいはファシズム——帝国主義的なイデオロギーと手を切れていないままであっても」入党させるべしとされた。もし「民衆を他の諸政党が味方につけてしまうのを防ぎ」たいのであれば、「民衆がすっかり再教育され、我々の基本原則に完全に賛同するようになるまで」待つことはできない、ということだ。これはヴィルヘルム・ピークが一九四四年一〇月、ＫＰＤ党学校の生徒たちを前にして詳述したことと同様であった[8]。ピークが当時既に述べていたように「党のドアは」戦後のドイツにおいて広く開かれていなければならなかった。「あらゆる勤労人民層」として、今後は労働者だけではなく農民や事務職員、役人、すべての「中産階層」と敬虔深いブルジョア層が含まれるべきであり、戦後のＫＰＤは彼らを歓迎したいとピークは述べていた。唯一の入党の条件とは、党の「行動綱領」に賛同することであったが、この綱領の中ではプロレタリアート独裁についても社会主義革命についても何ら言及されていなかった。終戦時のＫＰＤ指導部は、それまで信用できないものと見做していた社会民主主義者たちの後釜に収まれると期待していた。それゆえ、ＫＰＤは仲の悪い兄弟であるＳＰＤに、わざわざ緊密な協力関係を申し出たのである。

一九四五年九月、ＳＭＡＤは社会秩序と構造を根本的に作り変える一連の措置を命令し始めた。土地改革によって、一〇〇ヘクタールを超える土地を所有している大農、そして指導的立場にあったナチ党員の土地を無償で接収したのだ。両労働者政党から支持され実行された農地改革の必要性は、ブルジョア諸政党〔のＣＤＵやＬＤＰ〕もまた認めるところであった。しかしここで、どうやって改革を進めるのかについて、激しい批判が生まれることになった。ＣＤＵは所有物の補償を要求していた。このため、ＳＭＡＤの圧力によって、ＣＤＵの党首アンドレアス・ヘルメスと副代表のヴァルター・シュライバーは一九四五年一二月に辞任を余儀なくされた。その後任には〔党首に〕ヤーコプ・カイザー、〔副代表に〕エルンスト・レンマーが就くことになった。

一〇月には、古い教育制度による様々な特権を解体するという目標のもと、教育制度改革が始まった。一九四六年六月のザクセンにおける住民投票の結果に従い、一九四五年の秋に既にＳＭＡＤによって差し押さえられていた「戦争犯罪者ならびにナチ犯罪者」の企業が無補償で国有化された。これはその後まもなくソ連占領地域の他の州でも行われた。「戦争犯罪者の財産没収」というスローガンのもと、一九四八年までソ連占領地域区全体で約一万の企業が国有化された。こうしたことは全て、後の計画経済の地ならしになったのである。

統一への衝動？――統一への強制！

一九四五年の秋、政党システムに根本的な変容が起きた。九月以降、ＫＰＤ指導部が両労働者政党の迅速な統一を支持するようになったのだ。二か月前に、彼らはその案をにべもなく拒絶していた。この突然の心変わりには様々な理由があった。共産党員たちはこの期間、自分たちの党機構を拡大することに成功していたが、待望していた住民からの支持を獲得できていないと認めざるを得なかった。加えてSPDはますます自信を深めながら、政治的な指導要求を掲げるようになってきた。KPD主導の両党統一の提案に対して、SPDの対応はバラバラであった。SPDのオットー・グローテヴォール周辺の党指導部は、一九四五年の最後の数週間ずっと、統一への衝動に対して拒絶する姿勢をとっていた。しかし、無数の草の根レベルの社会民主党員たちや、少なからぬ「領邦君主」[★1]たちが、共産主義者と手を組むことに賛成していた。彼らSPDは、「我々社会民主主義者は共産主義者の同志たちと一緒になってヒトラーと闘い、一緒に強制収容所で苦しんだのではなかったのか」と感じていた。KPDが民主主義に賛同していたことで、かつての諍いはかき消されたように思われた。SPDが数の上で優勢にあり、住民の間で名声を得ていることで、統一された政党の中でも主導権を取ることになると、多くのSPD党員たちは信じていた。一二月の中旬にはまだ何も決まっていなかった。ベルリンの社会民主党本部には、統一に反対する人たちがソ連の占領当局の圧力にさらされ、逮捕されたという報告が、頻繁に舞い込むようになった。当時西側の占領地域で指導的な立場にあったSPDの政治家であるクルト・シューマッハーは、政党の融合を頑として拒絶した。

SMADとKPD、ならびに統一に前向きな地区や州レベルのSPD内の組織が共同でSPD指導部に圧力をかけることで、終戦後最初のクリスマスの数日前に指導部はこれに屈することになった。KPDはSPD党員たちに、「ドイツ特有」の「民主的」な社会主義への道というテーゼを持ち出し、イデオロギー的に譲歩した。四カ国共同統治にあるベルリンにおいてのみ、SPD党員たちに両党の融合に関するアンケートを実施することが可能だった。ここでは八二パーセントの投票参加者がKPDとの即時統合に反対の意見であった。

2.1946年春、SPDとKPDの強制合同一色となった政治プロパガンダ。

一九四六年四月二一日と二二日、ＫＰＤからの五〇七名の代表団とＳＰＤからの五四八名の代表団がベルリンのアドミラル・パラストで開催された「統一党大会」でドイツ社会主義統一党（ＳＥＤ）の設立を決議した。ＳＥＤがスターリン主義的な国家政党になることがはじめから必然的に決まっているわけではなかった。新政党における要職は、旧ＫＰＤと旧ＳＰＤの間で同じ数になるように分配されていた。党員数に関していえば旧ＳＰＤ党員の方がわずかながらも多い状態にすらあった。しかしながら、まもなくして、ソ連に支持されたＫＰＤは優位に立ち、彼らの規律があり統一された行動に対して、旧ＳＰＤ党員たちはほとんど対抗できないようになる。

だが、差しあたって一九四六年秋の〔ソ連占領地域で最初の地方〕選挙は、民主主義へ向けた更なる一歩として解釈しても良いかもしれない。メクレンブルクとテューリンゲン、ザクセンでは、SEDは配下に収めている「農民相互援助連盟」の票を得て、州議会でかろうじて過半数を獲得した。これに対してCDUとLDPはブランデンブルクとザクセン＝アンハルトでぎりぎり優位を得た。しかし、諸政党が民主的に意見を戦わせて統一された民主的なドイツに向かって努力していくという希望は、欺瞞であることが明らかになる。

脆い平常

政治の舞台で様々な関係者が正しい路線をめぐって争う一方で、日常生活においては、多くの人々にとって、ようやくある種の正常さが回復してきた。最悪の供給不足は少しずつ克服されつつあった。同時代の人間が、破壊されたベルリン社会の状況について次のように報告を残している。「全額きちんと支払われている場合、労働者の平均賃金や、一般事務職員や教師の月給は通常、配給されている生活物資の他に、家賃とガス、電灯料を支払い、数ツェントナー〔一ツェントナーは五〇キログラム〕の配給石炭や配給木材を購入し、新聞を予約購読し、家計の日常出費をまかなうのに十分な額だった。また購入券を使って、何回か映画館に行くか、何か一つの日常品か、せいぜいパン一つか小麦一ポンド〔五〇〇グラム〕を闇市で調達できた。家族の中で稼ぎ手が複数いる場合は、もっと頻繁に生活用品を調達できた。ただし一九四六年末から四七年にかけての冬のように、何週にもわたる事業所の休業によって稼ぎ手が失業状態になってしまうか、闇市での価格があまりに吊り上がってしまう（たとえばパン一つが四〇ライヒ

3.ブーヘンヴァルト〔現在のテューリンゲン州ヴァイマル近郊〕にあった
ソ連の旧特別収容所の光景、1950年の解体からさらに2年後に撮影。

スマルクではなく六〇ライヒスマルクかかった）場合は別である。〔…〕昨今、最も有利な立場にあるのは色々な面で手工業者と熟練工である。なぜなら彼らは実用的でしばしば多様な技能を持っているために引っぱりだこで、副業によってかなりの程度、定収入を補うことができたからである。手に職をつけていることは、副収入を得ることができなくても、貯蓄か交換価値のどちらかになっているのは間違いない。あるいはさらに他の資源（親戚からの資金援助、外国からの物資のプレゼント、地方とのコネクション等々）が、家族の生計を実効性のある形で改善することになった[9]」。

多くのドイツ人、ならびに西側連合軍の観察者たちにとって、ソ連占領地域での文化の再生は目を見張るものがあった。既に一九四五年七月には、アメリカ軍政当局はこう確認している。「ロシア人の指導部にとっては、文化生活の再生こそ最高レベルの課題なのである。これは文化の再生が住民を慰撫する効果があるからだけではなく、どれほど異常な時代でも、人間にとっての文化の必然性についてロシア人たちが確信しているからでもある。それゆえ、ロシア人はベルリン進駐直後に劇場支配人、役者、舞台スタッフを一緒に連れていき、劇場が数日のうちに開かれるように命じたのである。彼らはまた指揮者を見つけ、この指揮者たちの楽団員を一緒に連れていき、コンサートを開始した。ロシア人の『ショー・マスト・ゴー・オン政策』に特徴的なのは、ロシア人たちがこれまでも今でも、舞台上演のために働いた人々に対して、あまりに批判的な態度を取ることが決してないということにある。〔…〕すなわち彼らは芸術家たちを『浄化』しようと思っていないのだ。多くの者が投獄されたし、その後二度と舞台に上がることが許されない者もいた。しかし全体として見てみると、芸術家たちには、隠れている場所から出てきて再び仕事に就くことが要請されていたのだ」[10]。劇場の数はざっと一ダース、キャバレーの数はますます増大し、オペラ歌劇団は二つ、交響楽団は大きなもので五つ、小さければさらに無数に存在していたことを、アメリカの占領軍将校が戦後二か月のベルリンで確認していた。

　待望されていた平常さには影の側面もあった。それは、東側で政治的な現実の一部になった強制と抑圧であり、これを公の場で議論することはできなかった。戦後直後ソヴィエト戦勝軍は自らの占領地域にいわゆる「特別収容所〔写真3を参照〕」と、いくつかの監獄を設置した。連合国間の取り決めに従って、全ドイツでナチ加害者、積極的な国民社会主義者〔ここでは主にナチ党員、特にナチの思想に積極的に同調した人々のこと〕、ナチ体制の役職者、並びに「占領軍にとって危険となり得る」人物を収容、隔離するため、こうした収容所が設置されたのだ。とはいえ、ソ連占領地域の収容所は、西側占領軍の収容施設とはとうてい比較可能なものではなかった。特別収容所はソ連の秘密諜報機関の配下にあった。収容所での生活条件は人間以下であり、そこに入れられたおよそ一五万人の男女の三分の一が飢えと病によって死に追いやられた。労働可能と分類された数千名の囚人はソ連での強制労働のために移送された。戦争が終わって数か月、――しばしば密告によって――逮捕が行われた。本当にナチ体制の加害者であったものもいれば、誤ってナチ加害者と思われたものも含まれた。幾千もの若者が、誤ってこの加害者であるとされた。彼らは「人狼部隊」に属していると疑いをかけられたのである。この「人狼」とは、国民社会主義者によって終戦直前に計画されたテロリスト地下団体であるが、最終的に実現することはなかった。

実際にどのように逮捕されるかは、極めて短い時間の間にどんどん変化していた。一九四六年から収容所はドイツにおけるソ連の権力政治にますます役立てられるようになった。逮捕と、ソ連軍の軍事裁判所による有罪判決は、大抵の場合占領軍あるいはSEDの政策に批判的であるか、いかなる形であろうと「反対派」と見做された人々に向けられるようになった。一九四六年末の、収容所にいる八万人の内、軽微なことを理由に有罪とされている者たち三万五〇〇〇人を釈放するようにというソ連当局内部の勧告は、明らかに多くの逮捕の恣意性、無根拠さを示していた。一九四八年夏になってようやく、今までよりも多くの被拘束者たちが収容所から解放されることになった。若干の人々にとって、苦悩の時期は一九五〇年の収容所自体の解体に伴って終わったわけではなかった。彼らはドイツの当局に「さらに服役させるため」に引き渡され、東ドイツの監獄の中でまだ何年も過ごさなければならなかったのだ。

「世界の分割」

ドイツの運命はこの時期、国際政治の舞台で決せられた。一九四七年にはドイツで冷戦がはっきりと現れるようになり、冷戦の吹雪によって、かつての同盟国同士の連合関係が壊れだそうとしていた。今や、一方でアメリカは東ヨーロッパの「ソヴィエト化」のための「サラミ戦術」〔敵対する勢力を少しずつ滅ぼす戦術〕を、他方でソ連は「アメリカ帝国主義」によるヨーロッパの「奴隷化」を防ごうとしていた。アメリカもソ連もヨーロッパにおける自らの影響圏を、政治的、経済的、そして最終的には軍事的な陣営へと一歩一歩強制的に変形させていった。一九四七年三月、アメリカはトルーマン・ドクトリンに基づいて「自由で独立した諸国民がその自由を維持できるように」支援することを宣言し、六月にはマーシャル・プランによるヨーロッパ復興計画を提案した。トルーマン・ドクトリンとマーシャル・プランは「封じ込め政策」の核をなしており、西側はこれによって、膨張主義的であると受け止められていたソ連の外交政策に対抗した。これに対してソ連は、東ヨーロッパ諸国にも向けられていることが明らかであったマーシャル・プランを、ソ連の影響圏から東欧諸国を引き剝がす試みだと解釈した。ヨーロッパを経済的に「奴隷化」しようという「帝国主義者たち」の目論見に対して、モスクワは自陣営をさらに固めることで対応した。その対外的な表明は一九四七年九月の共産党・労働者党情報局（コミンフォルム）の設立である。ＳＥＤは招待されていないが、ポーランドで行われたコミンフォルム設立会議ではアンドレイ・ジダーノフが二つの陣営論を公的に表明していた。これに従うと、世界にはアメリカ率いる帝国主義的で反民主的陣営と、ソ連邦が先導する反帝国主義的で民主的陣営の二つが形成されている。その時、共産主義者たちの使命とは、あらゆる「真に愛国的な勢力」を支援すること、「ヨーロッパの奴隷化のためのアメリカの拡張主義的計画」に対する闘争を行うことだとされた。こうした陣営引き締め政策は、爾後、社会主義に至るための民族「特有の道」をすべて終わらせ、東ヨーロッパの「ソヴィエト化」の出発地点を形成することになった。

二極化した陣営のぶつかり合いは、「熾烈ではあるが戦争状態ではない緊張によって規定されており、あらゆる内政と相互関係における、ほとんどすべてのレベルに」反作用を与えていたが[11]、ドイツの分割において最も明確な形を取ることになったのである。

ドイツ政策に関する意見の相違

一九四六年の間に、ソ連は、連合国間の監視下で非武装中立ドイツを作ろうというアメリカ主導の動きを阻止した。そして大西洋をへだてたアメリカでは、かつての同盟国のソ連が東欧を熱心にソヴィエト化しているという印象が確固たるものになった。その後一九四六年末から四七年にかけてアメリカ人たちは、ソ連との協調を基礎にしたドイツ政策を封じ込め政策へと変えた。この政策は、もともと経済的な考慮に基づいていた一九四七年一月一日付の英米占領地域の合同に、政治的な側面を持たせることになった。

こうした展開を目前にして、ソ連はドイツ政策上における自らの本質的な利害が脅かされていると感じていた。この東の戦勝国は、西ドイツの工業地帯から完全に賠償請求できなくなることばかりでなく、この西側連合国の合併が、最終的にはドイツの圧倒的大部分を「資本主義陣営」の影響圏に結びつける端緒となるのではないかと心配していた。これによってソ連の第二次世界大戦以降の核心的な目標、すなわち新しいドイツの攻撃に対して長期的な安全保障を築くという目標は、今にも失敗するように思われた。

こうした観点からソ連指導部は一九四七年前半、かつての同盟国とドイツ政策について何らかの合意を得るために、これまで以上に譲歩の準備があることを示した。しかしこのソ連のプロパガンダ攻勢と外交努力は水泡に帰した。ドイツ全土を代表する中央行政機関を設立して、差し迫っていた英米合同地区の設立を防ごうとした一九四七年四月のモスクワ外相会談におけるソ連の攻勢は、モスクワがドイツ全体で覇権を握ろうとしているのではないかというアメリカの疑いをより一層深めたのである。こうした推測は西側にとって、一年もしないうちに矛盾していくソ連のドイツ政策によって、確信に変わることになる。

冷戦前夜のドイツ

一九四七年半ば、ドイツの全占領地域での東西陣営の対立はもはや無視できないものになった。ソ連占領地域では内政における対立が一層激しくなった。東ドイツにおけるプロパガンダではドイツ統一を訴えるレトリックが再び喧しくなった一方で、他方でＳＭＡＤの「情報管理局」長であるセルゲイ・チュルパーノフは一九四七年七月、非公開の場でＳＥＤに対して、今までより大きな「闘争心」とイデオロギー的団結を示し、これまでよりも明白にソ連に肩入れするよう要求した[12]。ここで理解されるべきことを、ＳＥＤ指導部は二か月前に既に表明していた。ＳＥＤ指導部は一九四七年六月、ミュンヘンにおける全ドイツの州首相会議を、手続き上の問題を指摘することで開催の日に頓挫させていたのである。だがまだソ連のドイツ政策はソ連占領地域内部では慎重さを伴っていた。一九四七年一二月にはロンドン外相会談が外交日程に上っていた。この会議でモスクワは、ドイツ問題について何らかの合意を形成しようと望んでいたのだ。

こうした宙ぶらりんの状態は一九四七年に、ＳＥＤ内外で大変な混乱状態を招いた。党指導部と占領当局の分析では、一方では「シューマッハー・イデオロギー」として誹謗中傷されたＳＰＤ寄りの政治観が広まり、ＳＥＤの大半の党員ですらマーシャル・プランの拒否には理解を示していないことが確認され、他方では小ブルジョアのこれまでの利害への配慮を終わらせることを要求する「左翼偏向」的逸脱も確認されていた。

こうした背景があり、ＣＤＵとＬＤＰは一九四七年秋からだんだんと、ＳＥＤの露骨な支配要求に対して抵抗しはじめた。とりわけヤーコプ・カイザーの指揮下でＳＥＤと占領軍の政策に対して常に公然と反対していたのがＣＤＵであった。ドイツは東西間の架け橋としての役割を果たすことができるというキリスト教民主的考えが非現実的になっているのは明白になっていた。一九四七年九月の東ドイツＣＤＵの第二回党大会において、ヤーコプ・カイザーは党に対して「教条主義的マルクス主義に対する防波堤」になることを要請した。同時に彼は全ドイツがマーシャル・プランに参加することに賛成を表明した。カイザーは「闘争心を持ってＳＥＤの指導要求に対し反対すること」で、「東側統合への第一歩を黙認する気などない」ことをそれとなく知らせた[13]。同じことが――それまではＳＥＤに対して譲歩する準備があった――ＬＤＰについても言えた。ＬＤＰは諸政党ブロックから脱退するという脅しまで行ったのである。ＳＥＤ内部でも不穏な空気が渦巻いていた。草の根レベルでは、多くの旧ＳＰＤ党員が、一九四六年春以降の党の融合過程に関して失望の念を隠そうとしなかった。ＳＥＤ指導部にとっては危機的な状況であり、彼らはソ連占領地域における自分の支配領域ですら信頼することができなかったのである。

戦勝四カ国の外相が数週間にわたり共通のドイツ政策について協議したのち、一九四七年一二月一五日のロンドンで何の成果もないまま会議が無期限延期にされた時にはすでに、ドイツの長期的な分断の予兆を見ることができた。モスクワにも東ベルリンにも幻滅の空気が漂った。「ドイツが二つの占領地域に引き裂かれること」は疑いの余地がなくなったと、一九四八年一月一四日、一五日の党幹部会議の場でグローテヴォールは確認している。(14) 一九四八年二月にはユーゴスラヴィアとブルガリアの共産党幹部たちに対してスターリンは、「西側は西ドイツを我が物にするだろう。ならば我々は東ドイツを我々の国家にするだろう(15)」と予言した。

一九四七年末のロンドン会議の前にも最中にも、ソ連占領軍は占領地域における内政の混乱に慎重に対応していたが、これは会議の交渉中に自分たちの立場を弱めないためであり、協議が流れてしまってからはもはや遠慮は無用であった。今やますます「二つの陣営理論」の空疎なイデオロギーがSED指導部と占領軍の政治を決定するようになった。SED指導部と占領軍は自分たちの政治的目標をすべて「進歩的」と見做し、政治上の敵に対して慎重な対応をすることをすべて「反動」と見做すようになった。調停と妥協の時代は終わったように見えた。

一九四七年一二月二〇日、CDU党首のヤーコプ・カイザーと副代表エルンスト・レンマーが解任されると、SMADはソ連占領地域の政治制度におけるSEDの権力掌握と支配権強化の過程を強制的に押し進めるようになった。これは社会構造の根本的な改造でもあったが、こうした転換によって、SED自体も無傷ではいられないようになる。

二国家分断状態へ至る道における諸段階

一九四八年になってから、二つに分けられたドイツにおける政治は、たとえエルベ以東ではドイツ統一のレトリックが分断と異なった将来像を提示することがあったとしても、徐々に二国家分断状態へと向かいだした。どちら側でも、その都度ごとに採用される路線の正しさと、他陣営の政策が非難に値することに関して確信があった。最終的には、西でも東でも自由に行動する余地はほとんどなくなった。結局のところ戦勝国は一九四五年にドイツの行政権を引き受けていたのである。だがSEDにとっては、ドイツ問題はとっくにある種の権力の問題に変わっていた。全ドイツで自由選挙をしたら、「社会主義統一党員」が手痛い敗北をこうむるであろうこと、ドイツ東部で獲得した権力ある地位は明け渡さないといけないであろうことを疑う者は当時いなかった。

徐々に二国家分断状態に至る道筋が舗装されてきた。一九四八年初め、ドイツ西部ではイギリス人とアメリカ人が、すでに一九四七年の五月に設立されていたフランクフルトの合同地区経済評議会の権限を拡張した。この評議会の課題と権限は、のちの議会が持つものと同じとなった。最終的には一九四八年二月にロンドンで、米英仏の西側連合国がベネルクス三国の代表も招いた六カ国協議が開催された。西側占領地域をマーシャル・プランに組み込むという決断の他、西ドイツ政府を設立する勧告が出たことは、この協議のとりわけ重要な成果であった。

東側では、一九四七年六月に設立され、ソ連占領地域にあった複数の主要行政機構の活動を調整する役割を持っていた「ドイツ経済委員会」に、一九四八年二月、法律を発布する権限が与えられた。この機関は将来の国家の制度的な骨子となる。それにもかかわらず、SEDの政治的プロパガンダとこれに影響された諸組織において、ドイツの統一を要請することは、正統性をめぐる理由から引き続き中心的な役割を果たしていた。ただし統一とはいっても、共産主義者たちが、彼らの言う「進歩的獲得物」とソ連占領地域の政治制度が西ドイツまで拡大適用されたような統一を構想していたにすぎない。一九四八年五月、SEDは第二回目の人民会議を主導して開催した。これは当初全ドイツでの開催が考えられていたが、ソ連占領地域内に限定して行われることになった。SEDはこの会議で百

4.「『空の架け橋』ごっこ」をして遊ぶ西ベルリンの子供たち。(撮影は1948年ないし49年)

年前に失敗したブルジョア革命〔一八四八年革命〕を明示的に引き合いに出した。革命の主たる目標の一つにドイツ人の国民国家形成が挙げられ、ＫＰＤはすでに一九四五年の党の設立宣言書の中でこの完遂を訴えていた。人民会議の中で設立された、定員四〇〇人の「ドイツ人民評議会」は、東側占領地域のプロパガンダでは、全ドイツ人民の単一の代表であるという主張がなされていた。この評議会はドイツ統一のための住民投票の準備を任せられていた。さらに加えて評議会は、一九四八年九月に西側で設立された〔西ドイツの〕議会評議会と並行する形で、ドイツ民主共和国の憲法の準備を始めた。

　ドイツ問題の責任を唯一引き受けることになっていた旧連合国は、一九四八年にはまだ存在していたドイツ全土の紐帯を徐々に断ち切っていった。ソ連代表団が一九四八年三月二〇日に、ドイツにおける最高機関として一九四五年夏に設立されていた連合国管理理事会から脱退した。しかしそれよりも根本的に重要性を持つようになるのは、東西でバラバラに行われた通貨改革である。通貨改革は一九四八年六月二〇日に西側占領地域で、そして数日遅れてソ連占領地域でも実行され、ドイツの経済圏を二つに分断した。

この直後、ソ連は西ベルリンに対する封鎖を決定した。西側連合国に対して、西ベルリンでも行われていた通貨改革の取り消しの強要を目的にしているのは明白であった。しかし実質的にはベルリン市全体をソ連の支配領域に併合しようとしているものでもあった。ソ連の目からするとベルリンの西半分は、ソ連占領地域での政治の展開にとって次第に妨害要素になっていたのである。西側では、まず非公開の場でこの問題に関する譲歩ができるか議論が行われた後、二〇〇万人の西ベルリン市民の生活必需品の供給を「空の架け橋」によって、すなわち空輸によって維持することは可能であり、封鎖を鈍刀《なまくらがたな》にしてしまうことが可能という認識に至った。最終的にはソ連の頑固な政策が、西ドイツの政治家たちにとって、西側国家建設への道を容易にし、西側諸国の反共コンセンサスを強化したのである。これとは反対に第二回人民会議で招集された人民評議会は六月中旬、「全ドイツの代表たり得る」と宣言し、一九四八年一〇月、SEDによって仕上げられた憲法草案を全会一致で採決した。

ソ連占領地域における政治制度の変容

ドイツ降伏から三年目の記念日である一九四八年五月八日、チュルパーノフ大佐はSEDのリーダーたちに新しい戦略基本方針を伝えた。「この方針は既成事実としてドイツの分断を前提にし、これまで以上に厳格なレーニン＝スターリン主義的なSEDの路線と政策によって、ソ連占領地域における秩序を、『人民民主主義』を基準にしたものに変えるものであった。そしてSEDが自分たちの国家を設立することを視野に入れたものであった[16]。依然としてチュルパーノフは、ドイツ統一をSEDの使命の一つだとしていた。ただし、党は「階級闘争の道程で最終目標〔であるドイツ統一〕」を達せられるとされたので、「全ドイツ征服のための戦い」は、党が「事実上、権力の座についている」ソ連占領地域から行わねばならないとされた。チュルパーノフは党に対して、日々の政治的な闘いの中で、もっと戦闘的になれと要求した。党は「ソ連占領地域で建設された新しい民主主義に対するまぎれもない敵〔…〕との争いのため闘争心を呼び覚ます」べきであり、「急速にファシズムの方向へと発展しつつあるアメリカ帝国主義とその同盟国に対する憎しみを燃やす」べきであるとされた。加えてチュルパーノフは、「とりわけ我々の地区と新たに人民民主主義となった〔東欧〕諸国の労働者階級の問題については、社会民主主義に対し宣戦布告をする」ように強く迫った。こうした背景で、一九四八年にソ連占領地域の政治社会制度の根本的な構造変化が進んだのである。

SEDとSMADの目から見ると、一九四八年の春の段階ではCDUもLDPも、ソ連占領地域に敷かれた政治路線を十分に支持するだけの準備ができているシグナルを発していなかった。そこでソ連は一九四八年六月にドイツ国民民主党〔以下、NDPD〕とドイツ民主農民党〔以下、DBD〕の設立許可を出した。両政党の設立はSEDの主導で行われて、党指導部のドイツ人共産主義者たちは体制に順応した政策を行った[★2]。NDPDはかつての軍の将校やナチ党員並びにブルジョア・グループに向けられた政党になった。この政党には、全ドイツ的プロパガンダという枠組みで時折ナチ的な表現を使うことさえも許されていた。党設立に先立つ一九四八年春、非ナチ化が公式に終了した。SMADはその命令三五号の中で当時、「ナチ党あるいは党関連団体のかつての成員で、罪を犯しておらず、ファシストの組織にかつて参加していたことを誠実な労働を通じて償える人々を、ためらいなく包括的に引き入れる」ことを可能にした。SMADは「ナチ党のかつての党員たちの中にも祖国を思う庶民も存在したし、現在も存在している」と断言した。[17] SMADは人々を――エルベの彼岸でも此岸でも――「ドイツの分断と奴隷化」に対抗する闘いのための味方にしたかったのである。

DBDは農業労働者と農民の政党として考えられたものであり、SEDは少なくともプロパガンダのレベルでは、農業労働者と農民に対して大きな関心を寄せていた。一九四五年秋に期待されていたのとは異なり、土地改革によって自分の耕地を持つことになった新農民たちは、SEDと政治的に同盟して感謝の意を示すようなことはしなかった。SEDは、NDPDとDBDの両政党の設立によって、自分たちの政策のための新しい同盟仲間を手に入れようとしただけでなく、ブルジョア陣営を分断し、CDUとLDPの持つ力を削ごうとした。一九四八年夏、まずはDBDと自由ドイツ労働組合同盟〔以下、FDGB〕を、そして最後にはNDPDを政党ブロックに入れ込むことに成功したことで、SEDは目標達成に向けて大きく前進した。一九四八年に予定されていた地方選挙の延期によって、選挙を通じた政党間の競争というものは意味を失ってしまった。

一九四八年が過ぎゆく中で、最初はその団体の規約でも成員の自己理解でも、ソ連占領地域において政治的に独立した存在であった様々な結社が共産主義者の大衆組織に変わり、SEDの利害のための道具と化すという明白な変容も起きていた。これ以降の時代でも、大衆諸組織は公式には超党派ということになっていた。その組織指導部では他のブロック政党の代表者たちが活動していた。しかしSEDは、一九四六年以降に手に入れていた、これら組織の人員に関しての支配権を更に確固たるものにしていった。一九五二年までに大衆諸組織は、規約の中でSEDの指導的な役割を承認することで、その性質の改造を形式上完了することになる。こうして、すでに一九四〇年代の終わりに、SED支配に特徴的である組織構造が発展していたが、この構造の中で、「非社会主義」ブロック諸政党が大衆諸組織と一緒に、とりわけSEDの政策の伝導ベルトとして活動し始めたのである。

「大衆組織」という概念自体が共産主義運動の語彙から出てきたものであり、一九二〇年代には共産党に関係する党以外の諸団体が――例えば青年団や労働組合などが――大衆組織と呼ばれていた。東ドイツの大衆諸組織は全ての市民、とりわけSEDの党員ではない人々を、社会的な立ち位置、その立場に特有な必要に応じて掌握するという使命を持っていた。大衆組織はSEDの意向に沿って社会を領導、監視することを保証するものとされ（監視機能）、党によって設定された目標に向かって市民を動員し、活発な活動を促すべきとされた（伝導機能）。さらに、大衆組織は成員ごとの特殊な利害関心を組織化して調整し、党と国家に伝達する機会を成員に提供すべきとされる（利益代表機能、あるいは情報伝達機能）。これとならんで、大衆組織は市民を教育し、彼らを党指導部の決めた政治路線に従順にし（同一化機能）、最後に――これは戦後間もない時期、より顕著な重要性を帯びていたのであるが――党と国家、経済の分野における幹部育成に貢献するべきとされた。東ドイツの大衆諸組織に共通することは、SEDの指導的役割を承認すること、すなわち、団体内の重要な地位すべてにSED党員を置き、その指導を仰ぐこと、そして「民主集中制」の原理に従って組織を構築することである。レーニンによって構想された組織のこうした原理は、形式上は下のレベルから上のレベルへと、党など組織の指導部を選出するものとされていた。しかし実際には上位の指導部が決めたことは、下位のレベルの人々には絶対的な拘束力を有しており、民主的な諸要素は「見かけだけの儀式」へと形を歪められ、残るはただ「官僚主義的中央集権制」だけとなった。

東ドイツにおける最も重要な大衆諸組織は、ＦＤＧＢ、自由ドイツ青年〔以下、ＦＤＪ〕、ドイツ民主婦人同盟、文化同盟、独ソ友好協会、人民連帯〔民間の福祉目的の相互扶助団体〕、生活協同組合、ソルブ人〔ドイツ東部に暮らすスラヴ系のマイノリティ〕の結社ドモヴィナである。これらの団体は一九四五年から一九四七年の間に設立され、直接のかかわりが深い人々の中で、一種の独占的な地位を占める組織になった。

諸結社の機能転換は緊張を呼ばずにはいられなかった。ＦＤＪは一九四八年に多数の会員を失った。そしてとりわけ一般労働組合員の間では、経営評議会[★3]が廃止されたことに不満が渦巻いていた。ＳＥＤは、これら団体が設立された時からその拡充を熱心に追求していた指導部の人的優位を利用することができた。大衆組織にいる党の幹部たちには、ＳＥＤの決定を四角四面に実行に移すことが義務付けられていた。義務を怠れば、彼らは自らの権限を失うだけでなく、ソ連占領地域において職業上でも社会的にも、あらゆる昇進と活躍のチャンスが失われるのを覚悟しなければならなかった。ＳＥＤの後ろには常にソ連の占領軍が控えており、困ったときには矛盾を暴力によって無理やり収束させる用意ができていた。このことを一九四八年に身をもって知ることになったのは、大学におけるＳＥＤの優位に対して抵抗し、それに成功していたキリスト教民主同盟系、自由民主党系の学生代表たちばかりではない。その一例としてここでは、一九四八年一一月のライプツィヒ大学の学生でＬＤＰ幹部でもあったヴォルフガング・ナトネクの逮捕を言及するにとどめよう[★4]。終戦後三年目以降、ＳＥＤは次第に政策遂行のために、自分たちが支配する内政機構も含め、国家の独占する暴力装置を用いることができるようになった。ソ連占領軍の監督指導の下、一九四八年からは人民兵営警察の設置という枠組みの中で隠された軍拡が行われていただけではない。一九四七年に刑事警察に付設して第五委員会という組織が設立されていたが、これもＳＥＤにとっては政治警察として利用することができたのである。このK5〔第五委員会〕は、のちの国家保安省〔シュタージ〕の基礎となる。

新しいタイプの党へのSEDの変容

ソ連占領地域の政治体制にとって最も重要な転換過程はSED自身の中で起こった。この転換過程は一九四八年夏に周知のものとなり、一九四九年初め、第一回SED党協議会においてその頂点を迎えた。SEDはこの時期、一九四七年九月の第二回党大会で既に宣言されていた、スターリン主義に基づくソ連共産党を模範とした「新しいタイプの党」へと変容していった。

この理由として、次の二つのことが決定的に重要であった。第一に、スターリンが一九四八年六月にチトーと決裂したのち、「社会主義へ至る多様な道」という標語を取り消したことである。戦後数年間、ユーゴスラヴィアはもともとスターリンが是認した「独自の道」という考えを引き合いに出すことで、東欧におけるソ連の覇権領域から外れることに成功していた。一九四八年夏から、ソ連は全ての共産主義政党の唯一の模範と見做され、各国共産主義政党はこれに従って自分たちの党の構造をソ連共産党と同じものにしなければならなかった。このことは、組織的にも綱領的にも国家政党としての使命を果たせるように準備しないといけないSEDにとりわけ当てはまった。このことはSEDのスターリン主義化の第二の本質的な理由であった。

一九四八年夏、SEDは一八〇万人強の党員を擁する社会主義大衆政党へと成長した。一九三三年以前にKPDかSPDに所属していたのは、せいぜいのところ六人に一人で、党内では少数派であった。圧倒的大多数は戦後直後にSPDあるいはKPDに入り、そして新しく設立されたSEDへ最終的に入った者たちだった。

一方では、人々がともに作り上げたいと願うような、ドイツにおける社会的に公正な新出発への希望が存在し、共産主義者たちの反ナチの過去というものが存在した。著名な言語学者であるヴィクトーア・クレンペラーの一九四五年一一月の日記の内容を見ると、KPDないしはSEDが宣言していた反ファシズムの魅力、並びに後に規範として作用した反ファシズムの力を読み取ることができ、特に知識人が戦後にこの力から逃れえなかったことがはっきりと分かる。「KPDへの入党申込書は机の上に置いてある。もし入党しなかったら、私は臆病者なのだろうか［…］それとも入党すると、私は臆病者なのだろうか。完全に利己的な動機から入党するのか。決してそうではない。〔共産〕党に入らなければいけないのであれば、それが最も小さい悪だからだ。根本的にナチを排除することを本当に要求しているのは党だけだ。だがしかし、党は旧来の不自由に対し、新しい不自由を取り換えているのだ。しかし、これは目下避けようのないことだ」。三日後、彼は入党を決意した。「今日、無党派に留まるということは、一種の贅沢であると思う。この贅沢が怯懦として、あるいはあまりに大きな怠惰として解釈されるのも、もっともだろう。そして吾人は現在の悲惨な状態から抜け出し、その悲惨が再来しないようにするには、断固として左翼へと舵を切らないといけないだろう。私は大学教員として、反動的な勢力がどれほど絶えず広がってきたか、すぐ近くで観察しなくてはならなかった。反動を本当に、そして根本から除去する方法を考えなくてはならない。さらに何の留保もなく賛同できるのは私にとってはKPDだけである(18)」。

そして他方では、日和見主義的な考えに基づいて入党する者がはじめから多数いた。ソ連占領軍が何も疑いを持っていなかったように、SEDはエルベ以東で決定的なドイツ人勢力であり、党に所属することは、仕事で昇進する上で役立った。SED内部の統計では、すでに一九四六年の終わりに、工業労働者の五人に一人しか党員になっていないにもかかわらず、一般事務職員の四人に一人、教師の三人に一人、さらには七人に一人の自営の手工業者や自営業者が、そしてエンジニア、あるいは技術者の八人に一人が党員として記録されていることは、こう考えるほかに説明できない[19]。これに対応する形で、一般党員の間でも多種多様な政治観が存在していた。こうした多様な意見は、党指導部が決めた強制的なソ連占領地域におけるスターリン主義化路線に対してしばしば反対派として立ちはだかった。次第に激しさを増す東西対立と共産主義陣営内部でのユーゴスラヴィアをめぐる緊張の影で、SED指導部の中で、「ブルジョア革命の完遂という構想には以前から特別ほとんど手を付けず、民主主義のための戦いとは、すなわち社会主義のための戦いと同じ意味であると考え」、その際にドイツが分断されることになっても、それを甘受しようという共産主義幹部たちに出番が回ってきた[20]。そしてヴァルター・ウルブリヒトはこうした考えを煮詰めて固めたような人物であった。彼はソ連軍政当局の援護射撃を得て、党指導部内で支配的な影響力を作り上げることに成功した。

数か月もしないうちに、SEDは組織の面で、そしてなかんずく綱領の面でその相貌が一変することになる。一九四六年に設立が宣言された、共産主義者と社会民主主義者が共存する党から、マルクス＝レーニン主義的な「新しいタイプの党」になった。この変化のシグナルは、一九四八年七月三日のSED中央書記局の声明から読み取ることができる。この声明でSEDは、数日前に公表されたユーゴスラヴィアに反対するコミンフォルム決議に同調し、「ソ連に賛同する明白で誤解の余地のない立場」こそ、「すべての社会主義政党にとって唯一可能な立ち位置」であると宣言した。これと同時に党首脳部は「全力を挙げて、ゆるぎなく妥協せずに、SEDをマルクス＝レーニン主義を土台にした新しいタイプの党にする[21]」ことを誓った。これに引き続いて七月から九月半ばに行われた会議上、

SEDの最高幹部たちはソ連の国家教義を模範とするべきだとして、『ソ連共産党小史』を読んで学習するように党員たちに要請した。これと同時に党指導部は、「組織としての強化、敵対的で退廃的な分子の党からの粛清」キャンペーンを展開し、その結果、反抗的な旧SPD、労働組合員、そしてまた指導部に反対する考えの共産主義者も党から排除された。「民族主義との闘い」という掛け声のもと、SEDのリーダーたちはソ連の「指導的役割」を承認するように要求した。これを拒むようならば、「反ソ・プロパガンダ」と見做され、党から除名されることになった。さらに時を同じくして党指導部は「社会主義に至るドイツ特有の道」構想を非難するようになった。この考えは一九四六年に、多くのSPD党員たちにとって、両党の統一を後押ししたものであった。このテーゼを一九四五年末から四六年にかけてKPD指導部の委託を受けて作り上げたアントン・アッカーマンは、〔一九四八年夏以降〕もはやこのテーゼを、「間違っていて、いかがわしい危険な理論」であるとし、「私たちはこれを取り除かねばならない」と述べ、屈辱的な自己批判を行った。[22] 社会民主的思想は「党に敵対的」という烙印を押され、共産主義者たちの覇権が——例えば一九四六年に不動のものとして定着していた党の役職配分に関する〔KPDとSPDの〕同権の廃止が挙げられるが——組織構造的にも確かなものになった。一九四八年秋、「党の警察」、すなわち党統制委員会の設立が議決された。この委員会はすぐにSEDのあらゆるレベルで、「党のマルクス主義的統一と純粋さ」を監視することになる。「階級闘争」激化の掛け声のもと、党指導部は闘争心と恐怖心が支配する雰囲気を作り上げた。この雰囲気は迅速なスターリン主義化路線を可能ならしめた。かつてのヴァイマル時代のSPD党員であり、一九四六年にSED党員になった者たちにとって、そしてもちろん全員とは到底言えないが、SEDの指導的な幹部としての役職を得ていた旧SPD党員にとって、一九四八年という年は一つの区切りとなった。S

ＥＤに屈服するか、ＳＥＤと縁を切るか、このどちらかが要求された。例えば、旧ＳＰＤ党員でＳＥＤの共同議長であったオットー・グローテヴォールはスターリン主義化の擁護者になった一方、他方で社会民主主義者エーリヒ・グニフケは同じく高位の党指導部メンバーに属していたが、西に行くことになった。州のレベルでも高名な古参社会民主党員が党を去っていった。その中で、ザクセン＝アンハルト州のエルンスト・ターペは、一九四八年一一月二九日付の離党届でＳＥＤの発展をこうまとめている。「共産主義者たちに新しい党の指導部の地位を与えるために、占領軍があらゆる影響力を行使するであろうことが私には明白であった。しかし、国民レベルの運動や党内潮流は、占領軍の絶対的な権威を使ったとしても、思い通りに作り出すことはできない。運動や潮流は、政治的与件としてしか利用できないのだ。このことを私は政治家として、マルクス主義者として知っていた。旧ＳＰＤは新しい党の中で半数以上の多くを占め、はるかに多数の訓練された幹部を連れてきている以上、いつ旧ＳＰＤが新しい党でその力を貫徹できるかは、時間の問題であっても良かった。〔しかし〕こうした目算は実際には外れた。なぜなら私は党内に民主主義が当たり前に存在すると考えてしまっていたからだ。しかし、党内に民主主義は現実には一時たりとも存在しなかったのだ[23]」。

計画経済の優位

一九四八年に社会が政治的にも組織的にも作り変えられることになったのは、新体制がそれを必要としたからだった。一九四五年にソ連占領地域で導入された政治社会構造上の変化は、社会構造全体に関わる新しい計画が必要とするような、政治社会構造上の制度、そしてなかんずく経済制度を定着させた。遠く隔たったソ連の支配体制と経済体制を引き受けることは、論理的な帰結として、政治経済上の諸制度を、組織の面でも綱領の面でも東側の模範に合わせることを要求した。

計画経済の導入は、一九四七年秋にははっきりとしていた。ソ連占領軍とSEDによるマーシャル・プラン拒否の後、ドイツ東部では住民に対する物資供給を東ドイツだけでどうにか自力で回復させることで、すでに導入されていた経済政策方針を正当化する必要があった。他方で同時にソ連の賠償請求を満足させる方法を見つけないといけなかった。そのため、当時ようやく戦前の水準の五六パーセントであった経済の生産性を、可及的速やかに向上させないといけなかった。第二回SED党大会は、「もっと生産し、より公平に分配し、より良く暮らそう！」[24]というスローガンで、「農業、工業、手工業における生産増加を目的」としている「包括的経済計画」のために住民を味方に付けようとしていた。[25]

経済政策における新方針の出発点になったのは、SMAD命令二三四号キャンペーンであった。この命令では、労働賃金が個人の業績並びに産業部門の重要性に従うべきとされた。そしてこの命令では、厳しい労働規律と生産性の向上には、物資の特別割り当てによって報酬が払われるべきだとされた。命令二三四号は当初、労働者の側から「食に関する命令」だと理解されており、実際にこの命令は、「指導的な産業部門における企業の労働者と従業員の食糧事情を改善するため［…］追加で温かい食事を導入する」計画だった。しかし企業労働者はすぐに、喫緊で必要な追加的食糧供給が、せいぜいのところ全住民の五〇パーセント強にしか届いていないことを確信せざるを得なかった。命令の元々の目的は、労働生産性の向上だったのである。こうした目的のために「歩合制、出来高払い賃金をさらに拡大する」べきとされていた。「怠け者」に対する戦いが宣言されるようになった。[26]FDGB指導部はSMAD命令を「周知する」キャンペーンを利用し、労働組合をSEDの大衆組織へと転換させていった。この転換は、労働組合に本来の仕事を断念させ、そしてソ連占領地域における経済システムが集権的な計画経済へ変わっていく道を均すことになった。

ヴァイマル共和国で「出来高払いは殺人だ」と古いスローガンを叫び、西側占領地域での労働改革を糾弾していたのとまさに同じ共産党幹部が、新しく設置された「人民所有企業」における出来高労働の原則は進歩の保証人であると労働者に告げるようになった。労働者たちは、出来高払い（公式には表現規制によって「能力給原則」と言い直されていた原則）の導入によって、超過労働の生産物が、資本家の懐に入るのでなく、最終的に全勤労者のものになると理解するべしと言われていた。

SEDが新しいタイプの党に転換し、大衆組織が改造され、政党システムが均制化されたのが、一九四八年に計画経済が導入されたのと同時に起きたのは偶然ではなかったのである。

一九四八年六月終わり、SED党首脳部は二カ年計画を発表した。計画はこの時点で既に開始されていた第一次半年計画と統一されることになった。これによってSEDは中央集権的な計画経済へ移行し、国民経済における自分たちの支配要求を強調した。この計画は、労働生産性と生産高を三分の一強増やすことを予定していた。これが達成されていれば、一九三六年の生産性のおよそ八〇パーセントになるはずであった。この目標を達成するため、SEDはソ連の手本を見習って模範労働者運動を主導して開始した。炭鉱夫アドルフ・ヘンネッケが――周到な下準備で――一日のノルマを三八〇パーセント超過達成し、彼はその名をキャンペーンに残すことになった。

一九四八年五月からドイツ経済委員会に付設された中央統制委員会は、当時設立された「人民統制委員会」と一緒に、計画における人々の努力の裏をかく経済的なサボタージュ犯、投機家、悪徳商人を（本当にそうであれ、誤ってそう考えられた人々であれ）取り締まった。「経済犯」に対する一連の見世物じみた公開裁判は、国家が経済を計画的後見の下に置くことに対する経済界の反対を打ち破った。起業家たちが西側に逃げることは、この際甘受すべきものとされた。そして実際、これは人民所有企業とソ連所有株式会社が工業生産に占める割合を一九四八年には既に六〇パーセントを超えさせることに貢献した。

一九四七年から四八年にかけて計画経済へ移行すると、これと同時に、ソ連が戦争終結後から遠慮なく行ってきた、戦争によって荒廃した東ドイツ経済に追い打ちして負担をかけていたデモンタージュが終了した。これは人々が東ドイツで何とか適応しはじめる徴候になった。これ以降、ソ連側はより効果的な賠償政策へと移行する。二〇〇以上の企業がいわゆるソ連所有株式会社へ形を変え、その生産物や収益は東へと送られた。こうした企業は東ドイツ建国後になってようやく元の形に戻ることになっていた。しかし最も重要な例外がある。ヴィスムート・ウラン採掘ソ連株式会社である。この会社はソ連の原爆計画のため、そして核エネルギー獲得のために必要不可欠であった。会社がドイツ人の所有に戻ったのは、さらに四〇年以上経過してからのことであった。

新しい経済政策は、「計画に適した新しい行動様式と価値評価の仕方、名声に関する新しい規範を導入すること、すなわち、多種多様な生活領域を計画実現の必要条件へと組み込んでいくこと」だけでなく、「新しく集権的であると同時に広範囲に根を張った経済と社会構造の監督操作システム」を要求した。経済計画と社会計画を実行に移すためには、モーター、指導機関、監視部局として、規律があり集権的に指導されている組織が必要であった。そのため占領地域のあらゆる領域で、すなわち大衆諸組織で、国家行政機関で、企業と教育機関で「新しいタイプの」ＳＥＤ党員は人々を「再教育し、鼓舞し、監視し、統合する」べきとされ、あるいは、その大転換に敵対する者を突き止めて制裁を加えるべきとされた。党指導部は将来的に「党の全ての仕事を、国家、経済、文化生活の領域でも全面的に」、そして「実効性ある形で」指揮をとろうとしていた。これゆえ一九四九年一月から党決議は規則の上でも「全党員にとって例外なく有効であり、とりわけ議会の中、政府機関、行政諸機関、大衆諸組織の指導部に勤めている党員たちにとっても有効」であった。ここで前提条件になるのは、「イデオロギー・政治的な党員の教育、とりわけマルクス＝レーニン主義の精神に基づいた幹部の育成」であった(27)。

大衆諸組織は自らの役割を縮減し、ＳＥＤの政策のための伝導ベルトと化した。企業内で労働組合と——これを支持する限りにおいて——ＦＤＪは、能力給と婉曲表現をされている出来高払い原則が貫徹するのを保証しなければならず、「労働を忌避する怠け者」との闘いを始めなければいけなかった。

平和になってから三年目にようやく、ソ連占領地域での政治文化の変化、すなわち、ソ連を手本にすることが、労働者と下級事務職員の日常生活においても具体的に感じ取れるようになった。それまで圧倒的大多数の住民の生活環境は、戦後社会での全般的な困窮によって、東西ドイツの間で取り立てて違うということはなかった。当然ながらこの事は、東ドイツでソ連占領軍とその手先のドイツ人であるＳＥＤと何か揉め事を抱え、しばしば何年間もソ連の特別収容所へ送り込まれて世間から消された人——とその関係者——には当てはまらない。

東西別々に行われた通貨改革によって、生活水準の東西格差はハサミのように開き始めた。西ドイツに旅行する機会があった者であれば、当地の商品供給に驚いただろう。こうした西ドイツの発展に東ドイツが追いつくことは最後までなかった。たしかにソ連占領地域でも一九四八年後半から供給状況が改善し、食糧品供給が向上した。しかし東側における通貨改革は西側に比するような商品供給への効果を生まなかった。ごくわずかながら存在していた購買力のある消費者にとって、配給券制度以外で買い物ができるのは、一九四八年一〇月以降は国営小売商店だけであった。この国営小売商店は消費財と生活用品を――闇市を干上がらせて消すため――闇市をかろうじて下回る価格で提供していた。

つましい基礎供給の部分的埋め合わせともいえる現象が、当時の仕事環境の「ソヴィエト化」の中で進められた。既に言及した出来高払いのため、企業における特別な労働業績、仕事の合理化の業績に対してボーナスが導入された。いわゆる技術系、あるいは芸術系の頭脳労働者に対して、そして高位の幹部たちに対しては生活用品の小包である「パヨークス」や衣料品の特別配給やタバコが与えられ、さらに治療施設と休暇施設、次第にその数を増す賞（金）が用意されていた。こうした贈り物は全て、生産性や――後者の頭脳労働者や幹部の場合は――従順さを促進するために用意された。ここにおいて計画経済の優位がとりわけ明確になった。SEDはまだ旧体制の「頭脳労働者」、すなわち学者、エンジニア、技術者を、またこれより数はぐっと少なくなるが知識人、すなわちブルジョアとしての背景を持つ芸術家や作家を必要としていた。まだ大学の「労農学部」[★5]は「新しい頭脳労働者」を輩出していなかったのだ。この新しい頭脳労働者が生まれれば、社会主義建設は格段に容易になるように見えた。妥協の用意が出来ていたのは経済的な側面だけではない。文化政策の領域でも、例えば亡命先からソ連占領地域へ帰還した「文化人」に対しては比較的忍耐強い態度が取られた。この知識人たちを西側へと追い払わずにいることで、東側としては対外的に自慢をすることができたのだ。この状況は、一九四八年から党公式のものとして宣言され、芸術家たちを一元的な政治的扇動というコルセットへ押し込むことを企図した「社会主義リアリズム」によっても――最初は――変わらなかった。しかし当然ながら、頭脳労働者たちが当時の政治状況によって不安定な立場にあったことは間違いない。これから広がっていくスターリン主義は、この自由裁量余地をきびしく削減することになる。

スターリンによるブレーキ

一九四八年終わり、東側国家建設へのレールは全て敷き終わっているように見えた。街では噂が広まった。何回もＳＥＤ指導部は党協議会の開催を通知した。西側の事情通は、東ドイツ国家の建国宣言が間近に迫っていることに何の疑念も抱かなった。翌一九四九年一月初め、アメリカ占領地域で出版認可を得ている『ノイエ・ツァイトゥング』紙が連載記事に次のようなコメントを載せている。「ここ数日、東ドイツ政府設立の準備が集中的に行われているという報告が増える一方である。『ノイエ・ツァイトゥング』紙はこのため、東側にいる本紙の通信員による、どのように将来の東ドイツ政府の基礎が作られるかについての要約を公表する」[28]。しかしＳＥＤの中央機関紙である『新ドイツ《ノイエス・ドイッチュラント》』紙を注意深く読んでいれば、この時点では既にこうした予想を共有できなくなっていた。一九四八年一二月三〇日、党代表のヴィルヘルム・ピークはこの新聞で公表されたあるインタビューで、東側地区では既に労働者階級が支配し、これによって人民民主主義が存在しているという考えが「根本的に間違っている」と評した。さらにエルベ以東の諸条件は、他の東欧諸国の諸条件と「根本的に異なっている」と述べた。一九四九年一月に執り行われた〔第一回〕ＳＥＤ党協議会でも、自分たちの国家を建設するということは話題にも上らなかった。むしろその逆で、党員たちには現在以上に首尾一貫してドイツ統一のために「戦う」ことが義務付けられた。

こうした驚くべき方向転換の背景に、スターリン以外いるはずがない。スターリンは一九四八年一二月、SED指導部に命令を与えるため、彼らをモスクワに召喚した。SEDの両代表のヴィルヘルム・ピークとオットー・グローテヴォールが、ヴァルター・ウルブリヒトとともに密かにモスクワを訪問し、――西側国家の建設がいよいよはっきりとしてくる状況を前にして――クレムリンから「ソヴィエト占領地域のドイツ政府」の設立の許可をもらうことになっていた。だが、一二月一八日のスターリンとの会談は予期せぬ形で進展した。ソ連共産党書記長はドイツ人の同志たちを、「胸をはだけて」戦っていた「チュートン人」たちに喩え、「慎重な政策」を行うように要求した。スターリンはSEDに人民民主主義の宣言も認めず、前年に設立されたコミンフォルムへの加盟も認めなかった。ドイツにおける特別な情勢は、「機会主義的」政策を必要としている。そしてドイツでは「社会主義へのジグザグの道」を進むべきであるとスターリンは考えていた。ドイツはまだ「統一国家」ではなく、SEDは「権力の座にない」とピークはノートを残している。さらに東ドイツ政府の設立は、西側分断国家の設立という既成事実が生まれてはじめて問題になるとされた(29)。

スターリンは、経済的により価値があり、人口の多い西ドイツの「帝国主義陣営」への引き渡しという目前に迫った事態を受け入れる準備ができていなかった。こうして、〔翌一九四九年の〕一月の党協議会で宣告されることになる政治的に矛盾した路線を独裁者は命令したのである。

事実上、スターリンはSEDにさらなる人民民主主義的な社会改造を認めていた。ただし法的には、こうした社会改造はクレムリンのドイツ政策に関する留保のもとに置かれていた。SED指導部も彼らの西側のライバルも、こうした目的を達成するためにスターリンがどのような譲歩をするのか、敢えて予想する勇気はなかった。こうして――だんだんと現実味が失われていくとはいえ――ソ連と西側戦勝国が東ドイツという「獲得物」を犠牲にして統一された中立ドイツ設立に合意するというダモクレスの剣〔一触即発の脅威〕は、ドイツ人の党〔SED〕指導者たちの頭の上でぶら下がっていたままであった。
しかし一九四九年の間に、東ベルリンとモスクワのプロパガンダが一緒になっても、西ドイツ国家建設を止めることはもはや不可能ということが明らかになった。一九四九年五月八日、議会評議会は昨年の一九四八年九月から審議していた基本法を通過させ、五月二三日に基本法が公布された。八月一四日には西ドイツ住民は最初のドイツ連邦議会選挙を行った。当時はまだ五パーセント条項[★6]は効力を持っていなかったが、この選挙結果により、まだ分裂していたブルジョア政党陣営の勝利が明確になった。九月一五日、ドイツ連邦議会はちょうど過半数ごえで初代ドイツ連邦首相にコンラート・アーデナウアーを選出した。

「労農国家」建国

こうした展開を背景にして、ソ連の指導者スターリンは一九四九年九月二七日、モスクワで待機していたSED代表団に対して東ドイツ国家設立への同意を伝えた。これに先立つ一〇日間、ピークとグローテヴォール、ウルブリヒトはこの朗報を待たなければいけなかった。彼らは急いでベルリンへ戻った。

こうなると万事が迅速に進められた。あまりに早く進展する事態に飲み込まれて、ブロック諸政党のCDUとLDPの代表は東ドイツ建国に賛同するだけでなく、人民議会選挙を一九五〇年に延長することにも賛同してしまった。大臣と次官のポストが保証されることで、反対する政治家たちは、建国に賛同する決断がしやすくなった。

5.1949年10月7日の東ドイツ建国に際して行われたフンボルト大学前での政治集会。

こうした過程は公論を無視して行われたが、これによってSED指導部が真の民主主義というものを理解していないことが明らかになった。史上初の「労農国家」の建国準備を支持するべく、SED首脳部が一〇月初めに集まった時、党の宣伝家であるゲアハルト・アイスラーが滔々と語り出した。「[…]我々が政府を作れば、我々はその政府を手放すようなことは決してしない。選挙によっても、何か他の手段によっても手放すことは決してない」。これに対しウルブリヒトが思わず、「まだ何人か、このことを理解していない」と言ったことが記録されている。[30] この観点からすると、草の根レベルの党員たちの間ですら、一九四九年という一年における党指導部の権力への意志が過小評価されていたことがわかる。たとえば、もともと一九四九年秋に予定されていた郡・州選挙を目前に控えて、一九四九年の春には既に地方党員の間で、四月の党中央統制委員会会合で報告されたように「ある種の精神不安」が広がっていた。「同志たち」は、「一九四六年に可能だったような選挙があろうがなかろうが働く」ことに慣れている。では間近に迫った一九四九年の選挙とこれに先立つ今までの選挙との違いはいったい何なのかという問い合わせに対しては、率直にこう述べられていた。「一九四六年の〔郡議会の〕大半の選挙は、地方の市区町村ではSEDの選挙名簿しかない状態で行われた。なぜならブルジョア諸政党は現在のようにはきちんと選挙の準備ができていなかったからだ(31)。それが今では、〔他党と競合する選挙をしたら〕自分たちの党が「重大な後退」をするのではないのかと心配するあり様だった。

一〇月七日、とうとうその時が来た。一九四九年五月に第三回人民会議の統一リストを基盤として誕生した人民評議会という疑似民主的合議体が、暫定人民議会を宣言した。その四日後、自らを任命した議会は、ドイツ民主共和国の首相にオットー・グローテヴォールを、そして大統領にヴィルヘルム・ピークを選出した。一〇月一一日の晩、FDJ議長エーリヒ・ホーネッカーは、二〇万人の団員たちに国家・党指導部の前で松明行列を行わせた。三七歳であったホーネッカーは「ドイツの青年」の名でドイツ民主共和国に「忠誠」を誓った。「なぜなら、この国家の中で、ドイツ人民の自決権が初めて完全に確立されたのだから(32)」。

訳注

★1 SPDは戦後、ドイツの各地で再建されていたが、地方支部の権限が大きく、中央主権的な構造を持っていなかった。ここでは、地方の有力者の意味で使われている。

★2 NDPD、DBDには、旧KPD党員が党首に就任した。

★3 終戦直後に労働者が組織した団体。様々な企業で生産の再開や経営陣の非ナチ化を「下から」進めていた。

★4 ナトネクは、LDP、CDU両派の代表としてライプツィヒ大学の学生評議会の代表になっていた。

★5 一九四九年以降、東ドイツの全ての総合大学に付設された教育機関。労働者や農民の子弟を対象とし、大学教育を受ける準備を行っていた。

★6 全国投票総数の五パーセントを得られなかった党には連邦議会で一議席も与えられないという規定。

第2章

一九五〇年代の東ドイツ

東ドイツには形式上、複数政党制が生き残っており、議会制の共和国であるという体裁は保たれていたが、SEDがその保護者であるソ連から委託され統制され、東ドイツのあらゆることを決定する権力になったことは、もはや覆い隠すことはできなかった。政府と行政のあらゆるレベルに対応して、強力に中央集権化されたSEDの機構が政治、経済、社会のあらゆる領域で決定を下していた。一九四九年一〇月一七日付のSED政治局による、政府の指導に関しての指示では、以下のように定められていた。「1．重要な法律や行政指令、政府の方針決定に関するその他の資料、さらに法律と行政指令の布告案は、人民議会や政府での決議よりも前に、政治局ないしは政治局内の書記局に、その決定案を提出しなければならない。2．その他のあらゆる重要な行政措置にあたっても、その実施前には党理事会［のち〔一九五〇年七月以降〕の中央委員会］の当該部局の決定がなければならない」[1]。党機構に「些細な問題で負担をかけてはならない」という警告があったにもかかわらず、SEDは国家機構全体の役割を、都市と農村に至るまで、SEDによって細部まで決定される政策実行機関へと極めて短時間で縮小させてしまった。この際、重要な道具になったのがSED独裁の最後まで続いた人事政策である。これは東ドイツ国家の専門用語では、党幹部政策と呼ばれている。幹部・ノメンクラトゥーラ制度を利用してSEDは、東ドイツにおけるどの役職、どの幹部職が党の同意があって初めて埋められるのかを決定した。[★1] 政治局に監視され中央集権化された、幹部・ノメンクラトゥーラ制度が行われていたのはSED指導部の人事だけではなく、国家機構や人民所有企業の、そして「武装集団」の指導部の人事にも当てはまる。ブロック政党や大衆組織の指導者や中央機構の人員、重要な学術諸団体、さらには人民議会の議員までもが中央のノメンクラトゥーラ制度に組み込まれていた。既に一九五五年には中央のノメンクラトゥーラが七〇〇〇強の役職を保有していた。これよりも下の地位にある、一九五二年に〔それまでの州に代わって〕導入された県のレベルのノメンクラトゥーラたちが、〔県の下位区分である〕郡の幹部政策を決定した。そして郡の党組織の幹部計画によって、東ドイツの都市と農村において重要だと判断されたすべての役職が、SEDの人事権の下に置かれるようになっていた。そして最終的には大衆諸組織の中でSED党員のノメンクラトゥーラ幹部が、大衆組織内でSEDの利害に沿った幹部政策が行われるかを監視していた。一見すると民主的な東ドイツ憲法の本質は、「恣意的解釈が可能な条項」である憲法第六条に現れている。これを用いてSEDは「この後、都合に応じた解釈をすることで、すべての敵、あらゆる形態の反対派を刑法的な根拠をもって迫害できるようになった[2]」。この第六条では、宗教的差別、人種差別、民族差別、戦争の扇動だけではなく、東ドイツにおける「民主的な諸制度、諸機関に対するボイコットの扇動」が「刑法典上の重罪」であると定義されていた。

　ごく短期間のうちに、社会と経済の構造と政治文化はますますソ連モデルに適合させられていった。このことは、〔SED以外の〕ブロック諸政党が引き続き存続していたことをもってしても変わらない。ブロック諸政党は東ドイツの政治体制におけるその機能と位置価において、大衆諸組織とほとんど変わる

6.SED政治局員と政治局員候補。写真は1950年のもの。
前列、左から右に、フランツ・ダーレム、ヴァルター・ウルブリヒト、ヴィルヘルム・ピーク、オットー・グローテヴォール、ハンス・イェンドレツキー。
後列、左から右に、ルドルフ・ヘルンシュタット、フレート・オェルスナー、ヘルマン・マーテルン、ヴィルヘルム・ツァイサー、ハインリヒ・ラウ、アントン・アッカーマン、エーリヒ・ミュッケンベルガー、エーリヒ・ホーネッカー。

ところがなかったのだ。

一九五〇年七月の第三回ＳＥＤ党大会はヴァルター・ウルブリヒトを党書記長に選出した。「ＳＥＤが全体的な指導要求を掲げたのは、ＳＥＤが第三回党大会ではじめてルイ・フュルンベルクの『党』を披露したときである。ここでは次の様に歌われている。『党は我々に全てを与えてくれた。／党は太陽であり風である。惜しみなく降り注ぐ。／党ある所に命あり。／党があってはじめて我々は存在する。／党が我々を見捨てることは決してない。／世界が凍てつこうとも、我々は暖かい。／我々は、人民の母に守られている。／その力強い腕で、我々は支えられている。／党よ。／常に正しい党よ！』」[3]。その後まもなく党内のあらゆるレベルで広範な粛清がはじまるが、この粛清で党内の高官も犠牲になった。東ドイツ建国から一年後、ＳＥＤは自分たちの地位を確固たるものにし、人民議会「選挙」において九八パーセントの投票率、そのうち九九・七パーセントの統一リストへの「賛成」票を獲得するまでになった。一九五〇年の夏、経済相互援助会議〔コメコン〕への東ドイツの参加が認められ、一九五一年に第一次五カ年計画がはじめられると、東ドイツの東側統合が一気に促進され、同国の経済は制度的にもソ連の要求に服属することになった。

しかしながら、東ドイツにおける事態の展開には、以前と同様に一つの留保が付けられていた。ますます現実味がなくなっているように見えてはいたが、かつての連合国間の合意という留保があったのだ。スターリンは一九四九年秋の東ドイツ建国を、祝電において「ヨーロッパ史の転換点」と呼んでいたが、「平和を愛好する民主的な統一ドイツが存在すれば、同じく平和を愛好するソ連が存続することと並んで、ヨーロッパにおける新しい戦争の可能性を[4]」排除するだろうと述べていた。つまりスターリンにとっての戦後のドイツ政策の目標はまだ達成されて解決したとは言えなかったのだ。東独国家指導部、SED党指導部は自分たちをソ連帝国の西側外縁における「人民民主主義の」防壁と定義し、自分たちがこの防壁のために不可欠だと見做してもらうよう熱心に試みていた。このためのスターリン崇拝は不条理なまでにその隆盛を極めた。一九五〇年六月初め、ソ連の独裁者は五〇万人の「平和のための若き闘志たち」に祝電を送った。この若者たちは五月末、FDJに招待され、ベルリンで開催された「ドイツ青年の集い」に参加していたのであるが、彼らに対してスターリンは凡庸さにかけては誰にも負けない次のような電報を送っていたのだ。「平和のために闘うドイツの若者、全ドイツの集いの参加者からの挨拶に感謝する。ドイツの若者たち、つまり統一された民主的で平和的なドイツを創り出すために積極的に活動する人々が、この大事業において新たな成功を収めるよう祈る[5]」。これに対するFDJのプロパガンダの反応はまさにヒステリーじみていた。電報が〔FDJの機関紙〕

『青年世界《ユンゲ・ヴェルト》』に掲載される一日前の一九五〇年六月五日、FDJ指導部は、タイトル面にスターリンの写真が大きく載せられた機関紙の特別号を八〇万部印刷して国中にあふれかえるようにし、三〇万枚のポスター、一〇万の壁新聞を国民の間に広めて、ラジオと新聞雑誌がこの重要な電報について詳細に報道するよう推奨すると決定した。(6)

スターリン崇拝は代替宗教の域にまで達した。東ドイツで責任ある役職につきたいと思う者ないしはSEDに入りたいと思う者には皆、スターリンへの信条告白が徹底的に求められた。「ソ連から学ぶということは勝利を学ぶことである」というスローガンが教条主義的に実行されるべしとされた。東ドイツ建国以降、SEDや大衆諸組織、メディアや国営農場から、今日まで数えきれないほどの派遣団がソ連に行き、そこでソ連の同志たちの卓越した作業方法を学ぶことになった。東独の出版社はソ連やソ連共産党、ソ連の大衆諸組織、スターリンとレーニンの著作に関する本や冊子を大量に発行し、国中に行き渡らせた。

一九五一年末から五二年初めにかけて、西ドイツの西側軍事同盟への統合が進められると、ソ連は一九五二年二月中旬に新しいドイツ政策を主導し始めた。三月一〇日、ソ連は西側連合諸国に対して、何度も繰り返しになるにもかかわらず、ドイツの全地域を含む単一政府の「迅速な成立」を要求した。歴史上「スターリン・ノート」として知られるこの提案は、一九四五年時点での国境で、自前の戦力を保有した、中立化された一つのドイツを企図したものであり、そのドイツからは戦勝四カ国が平和条約締結後一年で撤退をするとされていた。二週間後、西側はこれを拒絶し、西ドイツの西側統合がもはや止められないことが明らかになった。四月初め、こうした理由からスターリンは、当時モスクワに滞在していたSED指導部のピークとグローテヴォールとウルブリヒトに対して唐突な路線変更を指示した。今や重要なのは、現状でのソ連の安全保障上の利害に焦点を合わせることだった。「人民軍創設、噂話は出さない——絶対平和主義の時代は去った」とヴィルヘルム・ピークは四月一日と七日のスターリンとの会話をノートにメモしている。すでにスターリンは東ドイツの包括的な再軍備を命じていたのだ。さらに社会主義的で根本的な農業の改造を、「農村における生産共同組合の創設」によって推進していくべしとされた。ただし、「誰も強制はしない。コルホーズだの社会主義だのと呼ばないこと。既成事実をつくること」と、何年か前にSED指導部を性急な「チュートン人」にも喩えたこのソ連の指導者が警告を発した。しかし、こうした過去をスターリンは気にせず、東ドイツにおける内政をより強硬に進めるよう要求し始めた。「プロセスを貫徹させる」、「絶対平和主義はなし」とピークはメモした。そしてスターリンは次のように約束した、「君たちが闘争心で満ち溢れていれば、我々は君たちをきっと助ける」[7]と。

7.1951年8月に東ベルリンで開催された〔第3回〕世界青年学生祭の参加者たち。スターリン崇拝によって一丸となっている。

SED首脳部が四月一〇日

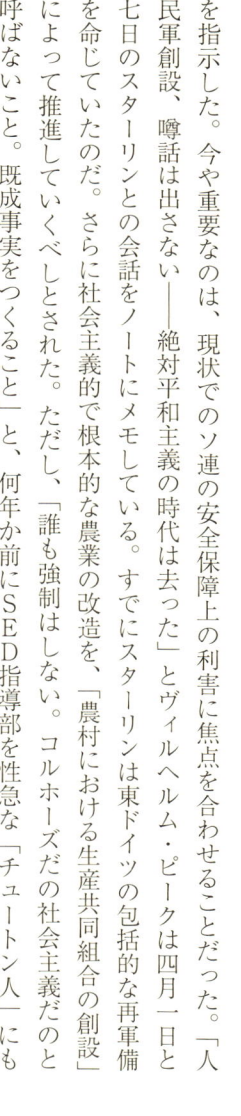

にベルリンに戻り、スターリンから命令された階級闘争激化を告げると、短い時間だけ行われていた公開の自己批判は突然の終わりを迎えた。この自己批判は、一九五二年一月以来のソ連によるドイツ政策の提案への伴奏曲として、すでに画一化されていた東ドイツの報道の中ではっきりと見ることができた。そして一九五二年の夏、東ドイツにおける政治状況はこれまで経験したことのないような激しいものになった。既に党指導部がモスクワから戻る一か月前には、かつての敵のイメージや、SEDにとって憂慮すべきシナリオが鎌首をもたげていた。党員たちを「より強力に、闘争心をもって」教育するべきだとされ、党中央統制委員長のヘルマン・マーテルンは一九五二年五月九日に委員会開催を要請した。

　依然として「党内の敵」が存在しており、彼らは「テロ行為、転覆活動やスパイ行為のための基地」を作ろうとしているとされた。続く数週間、党内の監察官たちはモスクワの指示に従い、治安問題と東ドイツ再軍備の問題をますます結びつけて考えるようになった。一九五二年七月三日、監察機関におけるアジテーションは差し当たり頂点を迎えた。「あることに対して、我々は極めて厳格に対峙し、注意を注がねばならない。それはすなわち、国民的な戦力保持〔東ドイツの軍備〕の問題にかかわる党の態度に関連して路線が変更されたという噂に対してだ。――党が、武器を持つのにも反対するような絶対平和主義であったことは一度もない。たしかに、絶対平和主義的なくだらぬおしゃべりが存在したこともあった。もちろん、平和闘争を広範に展開している時、現に存在している絶対平和主義的見解が促進されていると感じた人々もいただろう。しかし党の原則的なスローガンを正しく理解するのであれば、絶対平和主義的なスローガンは決して出てくるはずがない。こうした見解は、戦いを通じて克服されねばならない(8)」。

「社会主義の建設」

こうした闘争的な論調の原因は、間近に迫った第二回党協議会であった。会議は〔一九五二年〕七月九日からベルリンで開催されることになり、招集がかけられた。この会議においてウルブリヒトは中央委員会の名でこう提案した。「ドイツ民主共和国〔東ドイツ〕において社会主義が計画的に建設される」(9)。この路線は、会議に参加した代表団たちによって、予想通り、全会一致で熱狂的に採択された。既にSEDの党協議会や党大会は儀式と化していた。ここでは代表団の選出からシュプレヒコール、闘争歌まで綿密な議事進行上の演出があり、細部の進行まで決められていたのである。

政治局は七月一日になってはじめて、こうした行動に対するスターリンの同意を苦労して手に入れ、七月八日にようやく彼の認可がベルリンに到着したとされている。それにもかかわらず、党最高指導部にとってこの問題は、既に七月三日に処理済みの案件のように見做されていた。この七月三日、ヘルマン・マーテルンは社会主義の建設をSEDの「戦略的目標」として記している(10)。党協議会は「農業生産協同組合」の設立だけでなく、「手工業生産共同組合」の設立も決議した。州から一五の県への行政的移行によって、政治システムの更なる中央集権化が進み、国家・党組織の再組織化が進んだ★2。こうした組織では再度の人員の粛清が行われた。このことは既に数か月前にソ連が定式化していた安全保障上の利害に適うものでもあった。党協議会の決議内でとりわけ高い位置価を有したのは東ドイツの再軍備であった。

東ドイツを強制的に社会主義に作り変えるためには、イデオロギーの面でも攻勢が行われるべきであり、その攻勢は、社会の大半の人々に対して一種の宣戦布告になるであろう。このような将来の展望を聞かされても、党の統制委員たちはまったく動じなかった。彼らの考えは〔将来の戦いが大規模でしり込みするのとは〕逆であった。すなわち、SEDに起こり得る「最悪の事態」とは、マーテルンの警告に従えば、階級闘争が「我々の所では既に克服されている」という考えが「党内の多数の人々に共有される」かもしれないことであった。

　党指導部は階級闘争の雰囲気を、党の政策の駆動力として、そして政策の正当化のために必要としていた。それゆえに、抑圧は目的のための手段であり、その目的のための元手であった。だがしかし、ここでSED指導部は二つの相矛盾する問題に取り組まなければならなかった。SEDの元々の支持者の一部には、階級闘争の必然性というものがもはや感じられないということがしばしばであった。それゆえにヘルマン・マーテルンは七月末にこう警告していた。「階級闘争は激化する。敵の工作はますます陰険に、より野蛮になるだろう。党の一部を困惑させ破壊しようという敵の試みもまた、より強力に、より手の込んだものになってくる［これまで行われた過程から詳細に学ばないといけない］」。ヘルマン・マーテルンは、ハンガリーとブルガリアにおける一九四九年の裁判、高名な共産党員が（でっち上げの）西側のスパイであるという罪で死刑判決が下された大規模な公開裁判だけを念頭に置いて関連付けたのではないだろう。一九五一年には、党専属出版社のディーツ出版社がアンドレイ・ヴィシンスキーによる憎悪に満ちた裁判演説選集を出版していた。このヴィシンスキーとは、一九三〇年代のモスクワ公開裁判で検事を務めた人物である。既に翌一九五二年には重版になった。注意深い観察者たちは、東ドイツでも公開裁判が行われるだろうと予期していた。この裁判のために東ベルリンの指導者たちの背後で一九四九年秋以降、すでに証拠が集められていたからだ。党統制委員とソ連の顧問たちは、西側に亡命していたグループに狙いを定めていた。ここで致死性の感染症のような働きをしたのが、アメリカの「スーパー・スパイ」のノエル・H・フィールドに関するでっちあげだった。このアメリカ人は、教会による支援組織の任務を委託された者として、亡命中の共産主義者たちを支援していた。一九四九年五月、フィールドはチェコスロヴァキアで逮捕され、その後ハンガリーに身柄を引き渡されていた。拷問を交えた尋問によって彼が「自白」したのは、でっち上げの「スパイ容疑」だけではなかった。ソヴィエトの拷問吏とそのハンガリーでの従者たちはフィールドに、多数の高名な共産党員たち、一九四五年以降に東ヨーロッパで急速に昇進した共産党員たちをスパイと告発するよう強要したのである。これによって今や、亡命中にフィールドや彼の部下と交際のあったものすべてがアメリカのスパイだと見做されるようになった。これに加えて犠牲者になったのが、一九四五年以前に、その都度ごとに正しいとされていた共産党の基本路線に一時でも反対に回ったことがある、あるいは反対派の分派に入っていた共産主義者たちである。一九五〇年代の初め、東ドイツでの公開裁判の準備は広範に進められていた。一九五〇年の夏には西ドイツの著名な共産主義者であるクルト・ミュラーやレオ・バウアーと並んで、相当数の党の高官たちが逮捕されるか——例えば一九二〇年代からKPDにいて、後にSED指導部の一員になっていたパウル・メルカーの事例——、役職から解任された。[★3] 彼らは東ドイツの裁判における粛清候補と見做されていた。しかし、この裁判はさしあたり延期され、一九五二年夏にふたたびSED指導部の行うべきプログラムの一環として浮かび上がっていた。「一九五〇／五一年、一九五二／五三年の公開裁判準備において問題になっていたのは反対派の粛清ではなく、潜在的にライバルになり得る者たちの迫害であった[11]」。SED指導部は脅しと暴力を通じて自らの政策を身内である党や、社会の中でも同時に貫徹させようとしたのである。

上からの階級闘争

五カ年計画の中で予期していなかった軍備支出を前にして、東ドイツの国民経済がほとんど解決不可能な問題に直面していることに党指導部は気付いていた。七月初め、「我々はこのことについて明白に認識している」と党中央統制委員長ヘルマン・マーテルンは職員たちに法螺を吹いた。「我々の戦力が保有する武器は、技術的に最高で最も有効なものでなくてはならない。このことについても、はっきりと言おう。軍備には金がかかる。そしてもっと重要なのは、材料が必要だということだ。何人かの資本家に課税して、この資本家に負担を負わせることはできない。すなわち我々の経済が、我々の勤労者たちが、これを負担しなければならない[12]」。ここでSEDは、特に節約と合理化措置の効果を期待していたが、この措置のためにSEDは技術者と学者の専門知を必要としていた。そのため草の根レベルの技術系頭脳労働者との「深刻な対立」を何としてでも避けなければならなかった。「労働者大衆を教育し、次のようにはっきりとわからせ、意識を植え付け」ないといけない。すなわち「こうした前進向上は、驚くほどの労働生産性向上なくしては不可能である！」という意識である。

第二回党協議会決議は当初、モスクワがだしぬけに全ドイツの統一と中立化について西側戦勝国と合意するのではないかというダモクレスの剣の脅威を感じていた。〔その危機は現実にはならなかった〕だが、ベルリンの党指導部と国家指導部が、彼らの保護統治領である東ドイツを、さらに東側ブロックに統合するために支払わねばならなかった対価は高くついた。ソヴィエトの安全保障体制に貢献するための東ドイツの軍事的負担と、第二回党協議会で決議した重工業拡張路線は、誕生まもない国家を、一年と経たずにある種の耐久実験の前に立たせることになる。

党指導部は税金を一気に引き上げることで、党の財政上必要な金を中産階級から搾り取ろうとしただけでなく、彼ら中産階級を生産共同組合に加入させてしまおうとした。農業集団化における「行き過ぎ」は避けるべきという中途半端な警告がされていたが、一九五二年の秋には、農村部でも階級闘争の嵐が吹き荒れた。大農と中農の中で、定められた「供出ノルマ」を下回った者は即座に「詐欺師」、「投機家」として犯罪者扱いされた。一九五三年一月末までに一二〇〇人以上の農民に対して刑事訴訟法手続きが取られた。そして自営手工業者を生産共同組合に加入させるという試みにおいても、SEDは説得工作ではなく経済刑法に頼った。一九五二年の秋以降、「人民所有財産保護法」は、ごく小さな経済上の違反行為に対しても、厳罰で対応するようになった。一九五二年七月から一九五三年五月の間に、刑務所収容人数は三万一〇〇〇人から六万六〇〇〇人へと上昇した。しかしこれで充分とはいかなかった。一九五二年の終わりから五三年にかけて、SEDは国内の階級闘争において、さらなる戦線を開いた。一九五二年一二月にLDPD党員で貿易・供給大臣のカール・ハーマンが、そして一九五三年一月中旬にCDU党員で外務大臣のゲオルク・デルティンガーが逮捕されたことは、遅くとも一九四七年以降に両「ブルジョア」政党が歩んできた、SEDの大衆組織へ同化させられていく道程の最終段階を迎えていることを示していた。世間を騒然とさせた逮捕劇は氷山の一角にすぎなかった。LDPD党内で独自の審査委員会を設立することによって、LDPDは、過日SEDによって行われていた幹部人員の粛清をそっくりまねることになった。明らかに幹部人員の粛清を企図して一九五二年春に実施されたCDUの党内選挙結果に、SEDは満足しないようであった。一九五二年一二月、エアフルト県法廷は七人のCDU党員たちを裁判にかけ、重い懲役刑を言い渡した。その一か月後、今度はゲラ県のCDU党員四人が同じ運命をたどった。二つの事例で、被告人たちは西ドイツのCDUとの接触を持っていたと非難された。中央レベルと県レベルとで逮捕の波が押し寄せたため、数多くのCDU幹部が亡命することになった。党と国家のテロによって、ブロック諸政党ではあらゆる異論が封じ込められた。一九五〇年代初頭、ブロック諸政党のSED大衆組織への同化は完成を見た。これ以降、SED独裁が終わるまでブロック諸政党は「指導的政党」に命じられた政策を熱心に担い、東ドイツが複数政党制であるというあまりにも簡単に嘘だと分かる見せかけを保持することになった。

こうした弾圧は、たとえ力のある旧（小）ブルジョアエリート一部であっても、数でみると少ない人々を対象にしていた。これに対して、一九五二年の終わりからSEDが始めた――特にプロテスタントを対象にした――教会への攻撃は、あらゆる社会階層や階級に関係なく行われた。長期的に社会構造的な影響力を保持し、国家や党から唯一の独立した、そして全ドイツ的な機関である教会は、党にとって既に長いこと目の上のたんこぶであった。とりわけ福音派の教区の青年組織は、中でも高校生たちの間で、FDJの青年団体としての独占的地位を脅かしていたため、国家のテロの標的にされ、一連の公開裁判の準備が整えられていた。

事実上、一九五二年の夏にSEDの機関によって開始された「階級闘争激化」は、一九五二年末から五三年にかけて、全住民への戦争にまで――たとえそれが冷戦であるにしても――エスカレートしていた。こうした趨勢の中で労働者階級もまったく容赦されなかった。労働生産性を上げるよう演説しても節約措置をとっても、それだけでは追加の財政上の不足が満たされることはなかった。同様に、中産階級に対してますます抑圧的になる税制によっても財政上の不足は満たされなかった。これゆえSED指導部は困り果てて、だんだんと物価を上昇させ、補助金を打ち切り、出来高制の比率を上げていった。そしてこのことによって、労働者の家計はひどく悪化していった。まだ一九五三年二月の『新ドイツ《ノイエス・ドイッチュラント》』が要請していたような「人民大衆の創造力を、そして自身の力への信頼を進展させること」だけでなく、公然たるテロが、住民たちを計画実現に向けて駆り立てることになる。

一九五二年の秋、党中央統制委員会の監察官たちは、炭鉱や製鉄所や農村、SEDの郡書記局の中で、ますます明らかになる悲惨な経済状況の「責任者」を探し追及した。多数の労働者を含む党員たちが、自分たちが任命した道徳の番人である党の監察官によって、例えば酒盛りをしたとか女性問題を起こしたという理由で、きわめて簡単にSEDから除名された。あるいは、彼ら党員は自分勝手な党幹部や自治体幹部を、勇気をもって批判したために除名された。他方で人民所有企業のSED企業幹部たちはしばしば倹約措置を侮っていたし、決められた給与額の限度を超える額をもらっていた。

一見すると東ドイツの労働者層は、SEDによって取り入れられた大衆諸組織、とりわけFDGBなどの網の目に、しっかりと組み入れられているように見えた。だがこの事は、労働者の政治的信念とは何の関係もないことであった。マクデブルクの建設組合の九〇〇人の建設作業員たちがスターリン大通りを訪問するためベルリンに行った際、彼らの内七〇〇人が西ベルリンに行って、そこでの工業博覧会、デパートや映画館を訪れていた。

実際、誕生以来六年間SEDには、労働者を惹きつけるような魅力が何もなかった。党内での労働者の比率は三八パーセントにまで低下していた。一九五二年の一一月、ヘルマン・マーテルンは党の中央統制委員会を前に、「実質的に入党者ゼロである」[13]と白状せざるを得なかった。三〇〇〇人から四〇〇〇人の従業員の企業で、一九五一年秋以降、一名も入党者が出ていない企業が存在しているとマーテルンは述べた。「新しいタイプの党」に転換することで、SEDは一九四六年春の結党時において拠り所にしていた、自身の歴史的、政治的、そしてとりわけ社会的ルーツをすでに捨て去ってしまっていた。対外的に宣言されている価値観、すなわち、党や国家、社会、経済における民主主義への心からの賛同、多数者と被抑圧者の権利の擁護を政治的な指針とし、解放を目指す基本的な姿勢、そして社会民主主義と共産主義を融和させるという主張は、もはや消えてしまっていた。労働運動の政党から国家政党へと変わり、権力保持が自己目的化し、党の支持者は、住民からあからさまに嫌悪されている役職者たちから構成されるようになっていた。

SEDの官僚たちが、自らの都合の良い道具にしていた治安機関や司法機関、あるいはソ連占領軍の支援を借りて、自信をもって自らの力を誇示する限り、東ドイツの人々に——しばしば命に関わる——政治的、経済的迫害から逃れるため残された道は一つしかなかった。それは移住である。その移住の一つが、西ドイツへの亡命である。一九五二年の一年間で一八万二〇〇〇人強の東ドイツ市民が自分の国家を見限り、亡命者数は一九五三年最初の四か月だけで一二万人まで上昇した。

新たな党内粛清

一九五二年以来、SED指導部が社会で繰り広げてきたテロルは、自身の党を前にしても止まろうとはしなかった。一九五二年一一月、プラハでスラーンスキーと一三人の党高官に対して行われた裁判は、東ヨーロッパの共産主義政党内に、さらなる粛清の波が来ることを告げた。これまで相対的に迫害の心配は低いと信じていた共産党指導者にとって、犠牲者の選択は神経を不安にさせるものであった。はじめて、著名なモスクワ亡命組が粛清の犠牲者になったのだ。今回スターリンは、東ヨーロッパに——この地域だけではないが——潜在的に残っていた反ユダヤ主義を、内政にも外交にも利用することを躊躇しなかった。一九四八年にはまだ、ソ連の独裁者は新しいイスラエル国家に対して、洗礼立会人としての立場で臨んでいた。しかし、こうしたやり方で英国の世界帝国解体を進めていき、近東に橋頭保を築くという彼の当初の目論見はくずれた。スターリンが最終的に、民族主義的なプロパガンダと外国人嫌いを利用し、ソ連の人々に外国の影響に対する免疫を持たせようとした時、世界中に広がる国際的結束を持っているとされたユダヤ系市民は、コスモポリタニズムに対する闘争の恰好の標的にされたのである。プラハの公開裁判は、東側ブロックにおける公然たる反ユダヤ主義的、当時の公式の表現を用いれば反シオニズム的粛清の合図になった。チェコスロヴァキアの被告人一四人中一一人がユダヤ人であった。ルーマニアでは、かつてのスターリンの寵臣でモスクワ亡命者のアナ・パウケルが抹消させられた。ポーランドとハンガリーではユダヤ人としての出自を持つ、共産主義者の高官や将校の逮捕が起きた。東ドイツにおいてですら、ウルブリヒトたち指導グループは、ナチ時代にドイツ国内にとどまり、その後SEDの味方になることもしばしばあった、わずかなホロコースト生存者を抑圧することもいとわなかった。ユダヤ教の教区《ゲマインデ》では家宅捜索が行われ、「シオニズム」と「帝国主義」の間のつながりを「証明」するために、証拠になるような書類が捜索された。その後、逮捕の波が押し寄せた。この中でもっとも有名な犠牲者はかつての政治局メンバーであるパウル・メルカーである。彼はユダヤ人ではなかったが、メルカーが「重罪」とされたのは、彼が再三再四、過去にナチによって行われたユダヤ人に対する略奪について、補償を行うように尽力していたからである。

ソ連のいわゆる「医師団陰謀事件」の発覚によって、政治的な反ユダヤ主義は頂点に達した。★4 一九五三年三月五日のスターリンの死で、この自己破壊プロセスは終わった。この結果、東ヨーロッパ諸国では公開裁判の準備が相対的に迅速に取りやめになったのに対して、東ドイツではヴァルター・ウルブリヒトが、敷かれた路線をそのまま進もうとしていた。三月中旬、古参党員であり、党内序列第二位であったフランツ・ダーレムが解任された。先延ばしになっていたドイツの公開裁判の最重要被告にダーレムがなるであろうことを、多くのものごとが示していた。一週間後、政治局で書記長ウルブリヒトは、党と国家並びに大衆組織全体の粛清を要請した。五月中旬のSED中央委員会大会はこうした新しいキャンペーンの出発点として機能するはずであった。こうした会議の推移は、政治的テロルと、指導部の目的のために党と社会とを動員する試みの連関をはっきりとさせるものであった。統制委員長のヘルマン・マーテルンは同席した同志たちを、目前に迫った東ドイツにおける政治的な粛清の新しいラウンドへと駆り立てた。こうした視点から会議参加者たちは、フランツ・ダーレムの解任と、さらに上位幹部を処分していくことを義務上当然のことであると認めた。さらに二つの報告で東ドイツにおける計画経済のさらに気の滅入るような状態について述べられた。そしてこの状況の責めは、自分たちの幹部役員の無責任さ、「階級敵」の地下活動に帰せられた。こうして中央委員会大会の二つの決議は対を成すものにものになった。すなわち一方では、目前に迫った党内粛清一色となり、「スラーンスキー裁判の教訓」なるものが東ドイツへと移されようとしていた。そして他方では、「労働生産性の向上と極めて厳格な節約措置の実施について」というタイトルが付けられていた。

この時点で、新しく起きている党内粛清の問題には、住民のごく少数だけが関心を持っていたに過ぎなかった。しかし他方で、中央委員会の経済に関する決議は、住民の多数にとって、粛清以上にずっと重大な意味を持っていた。この決議は詰まる所、相当の賃下げを伴う一〇パーセントのノルマの上昇を予定していたからである。住民たちはこれに激高した。党指導部には、激怒した市民とあまりに頑固な党幹部の間で暴力事件が起きているという情報が続々と寄せられるようになった。東ドイツを去る人々の数は引き続き上昇した。

監視機関と諜報機関があったにもかかわらず、SEDは状況を完全に読み違えていた。東ドイツからの報告に驚き、クレムリンは六月初めにSED指導部をモスクワに召喚した。ここでグローテヴォールとウルブリヒト、オェルスナーたちは、「東ドイツにおける社会主義建設の強制を取りやめる[14]」ように勧告された。農村での階級闘争、手工業者とキリスト教徒への階級闘争は中止されるべきである。同時に、困窮深まる経済を改善させるため、東ドイツの軍備負担を減らすことが求められた。この命令は、スターリンの後継者たちが東ヨーロッパ諸国に命じていた新しい政治の基本路線に沿ったものであった。指示を通じて「新コース」を布告し、ノルマ引き上げ措置を撤回しないまま、[15]「一連の過ち」を認めるという六月九日のSED指導部の決定は、住民の忍耐の限度を超えたものであった。SEDの内部の報告書からは次のことが読み取れる。すなわち、住民たちは突然の路線変更を、社会主義統一党の破産宣告であると理解していた。例えばゲラ県からは、「オットー・グローテヴォールは服毒自殺した。ヴァルター・ウルブリヒトは行方不明になった。ヴィルヘルム・ピークは虜囚の身である。政府関係者七〇人が逮捕されていて、ベルリンと〔ハレ県にあった東ドイツ最大の化学工場の〕ロイナ工場では騒擾が起きている[16]」という噂が出回っていると報告がされた。

政治体制を揺るがせた一九五三年六月一七日

一度激高した民衆を中途半端な措置で落ち着かせることは、もはやできなかった。六月一六日、べルリン市内のスターリン大通りの建設労働者たちは仕事を放りだし、東ベルリン中心部で抗議の行進をして回った。雷雲立ち込める夏空のベルリンでの大事件を誰が引き起こしたのかを調べれば、かの怪しげな「汽船旅行」の中にその犯人がいると分かるだろう。この「汽船旅行」についてはすでに多くの史料で言及されていたが、具体的なことの顚末は東ドイツの文書館史料が公開されてはじめて再構成できるようになった。

六月一三日の土曜日、ベルリン市東部のフリードリヒスハインで病院建築現場に従事する五〇〇から六〇〇人の労働者と事務職員たちによる汽船「リューベツァール」号でミュッゲル湖を行く懇親目的だった企業旅行は、ストライキのための極めて政治的な集会と化した。一五日の月曜日には、二日前に呼びかけられていた病院建築現場でのストライキの報が燎原の火のように広がっていった。六月一六日の朝に人民警察が病院を取り囲んだとき、フリードリヒスハイン近くのスターリン大通りの労働者たちもストライキを開始した。ある参加者はこう思い出している。「私たちの仲間の状況がすぐに伝わってきました。あっという間に、私たちと同じ作業着の仲間たちが、木靴とシャツ等々だけの恰好で一緒にやってきました。それから私たちは三〇〇人から五〇〇人の隊列を作って病院へ通じる道路へと行進していきました[17]」。事件から四〇年後の歴史家は、東ドイツでの蜂起を引き起こした人々を突き動かした動機を、以下のように描こうと試みることになる。「建築現場の職人たちは新古典主義の記念碑的な巨大建築のための足場から降り、金ゴテの柄を持って、互いに腕組みをしつつこう叫ぶ。『諸君、我々に加わって欲しい。我々は自由な人間でありたいのだ!』」。彼らは闘士として、ただし大仰ではない形で、この声に呼応した。このときの問題は、何かよそよそしい理想を実現するようなことではなかった。自分たち自身の、人間としての尊厳がある生き方の実現が問題になっていた。自由についての将来の約束ではなく、今この場における直接の行動の自由が重要であった。つまり、建設現場の足場を降りて、政府の所へ行こう、監獄から出よう、国境を越えよう、ということだ。偉大で普遍的な自由のあかしとしての基本的自由への衝動が、建設労働者たち、全人民蜂起を揺り動かした動機なのである(18)」と。

西側のラジオ放送は建設労働者によるストライキのニュースを東ドイツ全域に野火のように広げていった。六月一七日の朝、全従業員が一気にベルリン・ミッテ地区へ、さらにライプツィヒ通りから省庁街・政府所在地へ、ポツダム広場近くへと、数えきれないほどの歩行者を引き連れて流れこんでいった。「群衆の中にはブルーカラーもホワイトカラー混ざりこんでいて、どんどん人数を増やしてより攻撃的になっていった。デモ参加者は人民警察によるバリケードを押し返した〔…〕一二時を過ぎるとソヴィエトの戦車がガタガタと音を立ててフリードリヒ通りを抜け、ライプツィヒ通りへ向きを変えた。まだハッチは開いたままだった」。あるソ連軍将校は人民警察に、デモに介入するように要求した。警察隊が警棒を引き抜いてデモ隊にぶつかると、警察隊に対して雨あられと石が投げつけられた。警察は退却した。そこに戦車が前進してくる。「群衆に向けて機関銃の一斉掃射が行われる。それとも自動小銃だろうか。そして第二、第三の射撃。第一撃は頭上を越える高さ〔の威嚇射撃〕、それから身体に当たる高さで行われた。男たちは驚き、胸に手を当ててから、その手を離す。血塗れである。その場で崩れ落ちた。多数の負傷者と重傷者、そして死者。〔…〕パニックと恐怖の中で人びとは四散し、ポツダム広場や〔ベルリン西側の〕占領地区間の境界線へと逃げていった。〔…〕赤軍兵は冷静さを保っていた。ふたたびデモ隊が洪水のように押し寄せる。労働者たちは腕を組み、互いに身をしっかりと固定し隊列を組んだまま鉄鋼建築材置き場へと向かう。瓦礫の中から桁《けた》や梁《はり》が引っ張り出さ

8.1953年6月17日のベルリン。ミッテ地区のライプツィヒ広場。

れた。男たちは焦燥にかられ、自暴自棄になって、桁や梁を戦車のチェーンや台車部分に押し込もうとする。一台の戦車が隊列から外れ群衆たちへと向きを変えると、群衆は一気に進む方向を変えて逃げだした。戦車は、四散して逃げ出す大勢の人々を威嚇するかのように、排気ガスを放出する。再度の一斉射撃。戦闘は押しては引いてを繰り返した」。反乱者たちに勝ち目のない、対等ではない戦いだった。

　占領地区の向こう側、ベルリン市の西側では寄る辺の無い怒りが渦巻いていた。西側占領軍は介入をきっぱりと断った。六月一七日とその後数日で東ドイツの二五〇を超える都市でストライキとデモが起きた。かつての社会民主党の牙城であった地域では人びとは群衆となって街頭へ繰り出した。ハレ市では六万人が、ライプツィヒ市では四万人が数えられている。デモ参加者の経済的な要求は、民主主義、ドイツ統一、自由選挙への叫びと即座に結びついた。党と国家の指導部は対処能力の無さを露呈した。事態を収めるにはソ連の戦車と非常事態宣言の布告が必要であった。SED指導部にとってこれはある種の衝撃であった。「党の一部の人々が、我々を見殺しにしたこと、若者たちが我々を見放したことを認めるのは――これまでどれほど愛情をかけて党を作り上げてきたとしても――まさに心臓への一突きであった。しかも大きな痛手になる一突きである〔…〕。それでは、我が党の最高機関は一体全体どうしていたのか。吾人は今にも脱糞するかの如くおびえて、座っているだけだった」[19]。一九五三年六月一七日の労働者蜂起の四日後、七四歳で旧SPD党員のオットー・ブーフヴィッツは、この時既に名誉職しか与えられていない状況であったが、SED指導部の様子をまとめている。モスクワから派遣されている代官〔であるSEDの指導者〕たちは民衆からの報復を恐れていたが、また、自らの政党の基盤を清算して無くしてしまうことも恐れていた。東ドイツの歴史上、この六月の日々における労働者たちの反乱ほど、この国が労働者と農民の国家であるというSEDの虚構を暴露する出来事はなかった。この自然発生的かつ指導者もなしに起きた抵抗運動は数週間で途切れたが、不穏な空気は七月に入っても続いていくことになった。六月一七日後の時期、八〇〇〇から一万人の市民が逮捕された。少なくとも五〇人が命を落とし、そのうち二〇名が少なくとも戒厳令下で射殺されている。一九八九年までSEDは政治的プロパガンダと歴史記述の中で、この蜂起を外部から操られた「ファシストの挑発」として貶めるよう努めた。ただしすでに一九五三年一二月には、国家保安省の新しい責任者エルンスト・ヴォルヴェーバーは党指導部の前で、「現在まで我々は、政治局の指示に従って六月一七日の一揆の黒幕、〔反乱を〕組織化した人物たちを探しているが、特定できていない」[20]と認めざるを得なかった。

労働者の反乱という衝撃は根深いものであった。ファシスト、すなわち西ドイツから遠隔操作された挑発者たちという作り話で現実から目を背けることは簡単であった。しかし、こうした国家の危機において、SED党員たちが役に立たなかったことは見過ごすわけにはいかなかった。ベルリンの党中央指導部のあらゆる指示が止まってしまった六月の日々の中で、中央の指導が来ない党支部では、ほとんど無政府状態になっていた。無数の集会の中でも、普段は至る所で見られる、ジャケットの折り返しについた党員バッジがほとんど見られなくなっていた。たいていの党員たちはきわめて消極的にふるまっていて、誰がこの戦いの勝者になるのかを息をひそめて待っていた。ごく一部がストライキに反対し、街頭や職場で扇動活動をしたが、スト破りだと見做されて、党の建物や公共機関に逃げ込んだ。きわめてわずかではあるが、蜂起に加わりデモと集会に参加するものもいた。

蜂起の間の一般党員、そしてなかんずく多くの指導者たちの振る舞いは、国家政党たるSEDの破産宣言に他ならなかった。五年間にわたって党指導部は全力を費やして、SEDの「新しいタイプの党」への変身に必須である、党機構ならびに個々の党員に対するイデオロギー上の均制化を行ってきた。五年にわたって党指導部は階級敵の「攪乱工作」について警告を発し、最大限の警戒を行うように注意してきたのだ。だがこの六月の日々の中で真実が明らかになった。一〇〇万を超える党員を有する政党はほとんど機能不全の状態であった。集権化されていた権力機構の鋼鉄の統率が数日間ないし数週間緩んだその瞬間に、社会民主主義的な構想や、非スターリン主義的共産主義の構想が生まれたのである。こうした諸構想は党内の抑圧にもかかわらず、草の根レベルでは生き続けることになる。戦後になってから入党した大半の党員は、政治的には流砂のごとく頼りにならないことが分かった。確信的スターリン主義者で積極的に政治にかかわる少数派が、危機的な状況を前にしてそのような砂上の楼閣に頼ることはできなかった。その時まで用いられてきた党と国家の指導部による支配の構想、すなわち自分たちの政党と、この政党によってコントロールされた大衆組織とブロック政党を社会の中に貫徹させて社会を操るという支配構想は、耐久試験に合格できなかったのである。

「新コース」

東ドイツでは、人民と国家政党間の公然たる対決によって、両者それぞれにショック療法による学習効果がもたらされた。「中期的にSEDは、これまでよりもゆっくりしたテンポで社会を改造するように尽力した。経済領域での改善、すなわち購買力の上昇や消費財供給を高めることを通じて、東ドイツから出国する人の数を減らすことが重要であった。［…］東ドイツ住民にとって一九五三年六月一七日は、力ずくで政治体制の変更を試みても、目下の権力関係では成功の見込みがなかったという経験を意味していた」[21]。権力関係とは、現時点ではソ連の戦車のプレゼンスに頼るほかないものであるということを、SEDですら認識するほかなかった。

SEDが一九五三年夏に不可避であると判断した「新コース」は、東ドイツにおけるSEDの支配にとって明確な転換点をなしている。ぶり返しはあったにせよ（例えば一九五〇年代末やベルリンの壁建設直後など）、これ以降SED指導部は、六月一七日事件と比肩するような住民との対立を避けるようになった。権力メカニズムがより精妙になったのだ。

一方では生活水準の改善と内政上の雪解けが、激高した住民たちを慰撫し、可能な限り中立化させることになった。

作家のエーリヒ・レーストはその著書『大地を貫く亀裂』で、党と国家の指導部が一九五三年後半のお粗末な物資の供給状況を改善しようと努力していたことを、こう回想している。「毎日、指令と決定が告知されていった。四月一日のノルマに戻ること、年金支給の最低額を六五マルクから七五マルクに、寡婦年金を五五マルクから六五マルクへ。療養〔の日数〕の休暇日数への算入が廃止された。〔…〕住宅建設が一層進められ、補修をより多くし、人民所有企業の衛生施設付設のために三〇〇〇万マルク、老人ホームと保育園には四〇〇〇万マルクが〔投入された〕！ 重大かつ、とうに行われるべき改善として感じられたのは、毎日行われていた家庭の停電を復旧させることであった。成功事例も報告されるようになった。〔シュヴェリーン県の〕ハーゲナウ郡では六三人の農民が、農場に帰ってきた。新コースが布告された七月一日付で七七五三人の囚人が解放された。〔マクデブルク県で少年院が置かれていた〕ブルク・バイ・マクデブルグからも多くの青年が解放された！〔…〕ソ連からの生活物資が届き始めた。一週間でワゴン三〇〇〇台分、バター、マーガリン、食用油、魚の缶詰が積載されていた。ソ連は一九五三年一年分として、一〇〇万トン近い穀物を約束した[22]」。

こうして一方では国家指導部が住民の経済状況を改善しようと努力していた。他方、同時に「東ドイツにおける全権力と規律化機構全体の再構築[23]」が行われていた。ヴァルター・ウルブリヒトはこのためにSED中央委員会で、「我々は、ドイツ民主共和国を敵スパイにとっての地獄にしないといけない[24]」というスローガンを布告し始めていた。熱に浮かされたようにSEDもシュタージも、監視の網をより密なものにしていった。一九五二年から一九五四年の間に、秘密機関の非公式協力者〔国家保安省に協力していた〔させられていた〕一般市民のこと〕の数は倍増して三万人になった。先般切り抜けたばかりのような事態の急進的悪化が二度と起こらぬように将来にわたって、いかなる場合でも危険は萌芽の内に摘み取られなければいけなかった。同時に、騒擾に際して「どっちつかず」だった党幹部の責任が追及された。この際ウルブリヒトにとって重要であったのは、最も面倒な敵対者たち、国家保安大臣のヴィルヘルム・ツァイサーや『新ドイツ《ノイエス・ドイッチュラント》』編集長のルドルフ・ヘルンシュタットたちの権力を奪うことであった。彼らは――一九五三年六月には明らかにソ連指導部の一部と協力して――ヴァルター・ウルブリヒトの解任を求めていた。書記長ウルブリヒトが政治的に生き残ることができたのは、ひとえにソ連の政治警察の責任者でスターリン死後のモスクワの政治局内における有力者であったベリヤが解任され、東ドイツで蜂起が起きたからである。こうした切迫した状況において、クレムリンで勝利を収めた一派が、最も速やかに東ドイツの状況を再び支配下に置く能力があるとして、ウルブリヒトの剛腕を信頼したことは明らかであった。

嵐の後の静けさ

こうした住民慰撫がせいぜいのところ一時的なものに過ぎないということを、逃亡者の数が証明している。一九五四年には一八万四〇〇〇人が、そして一九五五年には二五万二〇〇〇人が東ドイツに永久の別れを告げた。しかし、危機の年である一九五三年には、三三万一〇〇〇人の市民が国家を見捨てていたことと比べれば、この数ははっきりとした回復を示していた。

一九五五年夏、ソ連はSED最高指導者たちの最大の恐怖、仮に中立だとしても、統一ドイツのために東ドイツを犠牲にするのではないかという恐怖を取り除いた。ソ連共産党第一書記のニキータ・フルシチョフは、「二つの国家論」を提唱した。この理論に従えば、ドイツの再統一は、東ドイツの「社会主義的な成果」を維持するという条件でのみ可能であるとされた。そして同年九月に調印された「ソ連・東独条約」は東ドイツに、形式的には完全な主権を認めるものとなった。そして一九五六年一月、東ドイツは「人民兵営警察」を「国家人民軍」に改称し、ワルシャワ条約機構に加盟した。戦争が終わって一〇年がたち、ドイツ東部はソ連の帝国領域にしっかりと統合されたのである。一九五三年六月一七日と断続的な逃亡の波は、東ドイツ住民の圧倒的大多数が自分たちの国家に対して拒絶と呼びうるような態度をとったことを明らかにしている。西側に逃げることを望まなかった人々や、逃げられなかった人々には、状況に対する順応しか残されていなかった。ソ連軍部隊のプレゼンスを前にすれば、近いうちに状況が一変して良くなることはほとんど考えられなかった。

だが、東ドイツがエルベの東側すべての人間から拒絶されていたというのは、全くの間違いである。ソ連の戦車と、警察とシュタージのますます詰まっていく網の目だけでは、ＳＥＤ指導部は四〇年の長きにわたってその権力を保つことはできなかっただろう。国家の分断によって、社会にも分断がもたらされた。ただし住民たちが、ＳＥＤ政権の味方と敵の陣営にきれいに分かれていたというのは正しくない。住民たちの政治的な幅というものは、「一〇〇パーセントの」ＳＥＤの同志から、個人的に極めて高いリスクを覚悟して西ベルリンに禁止された資料をどっさりと持ち込んで東ドイツの情報を提供していた、西ドイツ〔社会民主党などの〕諸政党の東側事務局へ協力する秘密情報提供者まで、広範に広がっていたのだ。この間には、数字は決して正確に把握することができないが、党に忠実な批判者、順応者、懐疑家、政治に関心がない者等々が存在していた。だがしかし、白黒二分法を好む東ドイツの政治文化のなかでは、お上から常に従順でいることが要請され、民主主義の国で暮らす人々よりもずっと多くの住民たちが、体制に対してはっきりと賛意を示すか、――少なくとも内心で――反対するかの二者択一が強制させられた。

東ドイツにおけるマイノリティに属する少なからぬ人びとが、一九四五年以来体制が与えた、それまで想像もできなかったような社会的な上昇のチャンスを自分のものにしようとした。彼らの多くが、既に実施されてきた路線の正しさについて納得していた。だからといって彼らがＳＥＤ指導部のどの決定も肯定したことを示しているのではない。公然たる異論というものが、東ドイツの政治制度において想定されていなかったのである。戦争が終わってから、エルベの東では新しい、そして忠実なエリートが形成されていた。彼らは建国時の模範的労働者からリクルートされていた。その頂点にいたのが、ごく少数の共産主義者の亡命者たちである。彼らは戦争終結直後にソ連から帰還し、権力機構の枢要な地位を得ていた。さらにエリートの一部は、アンティファ学校の卒業生からなっていた。彼らはかつてのソ連側の戦争捕虜であり、ソ連占領地域で解放されていたという経歴の持ち主である。その他に、ドイツの労働運動の古参活動家がおり、彼らはナチ独裁を国内で生き延びてきた人々である。ここにもはっきりした序列があった。第一位の立場は共産主義者が占めた。その後になってようやく社会民主主義者が来る。社会民主主義者は共産主義者とともにＳＥＤの政策を担っていたが、長い間不信の目で見られていた。そして、最も大きい割合を占める、一九四五年になってはじめてＫＰＤかＳＰＤに入党し最終的にＳＥＤに入った人々の中では、「ＦＤＪ世代」が最も重要な役割を果たしている。ここには反ファシズム志向の家庭の青年が含まれる。彼らは、両親によって一九四五年以前から、極めて慎重ながらもナチズムに批判的な距離をおいて育てられ、戦後は両親からＦＤＪでの協力活動を勧められていた。ドイツの再建のために個人的に貢献したいという欲求には、様々な理由があり得た。それが恥ゆえか、過去の独裁体制における犯罪ゆえか、あるいは兵士として、高射砲補助兵として、ヒトラーユーゲント幹部として体制の中に自分自身が巻き込まれていたからかもしれない。多くの若者が、騙されたという感情を抱き、戦後は政治に対して背を向け私的な領域にこもってしまった一方で、他方では、未来を約束してくれる初期ＦＤＪの楽天主義の中で自分にとっての新しい人生の意味を見つけたと感じた人々もいた。社会民主主義者や共産主義者が反ナチ抵抗の中で支払わざるをえなかった高い犠牲者数ゆえに、ＳＥＤは道義的には自分たちが第二次世界大戦の勝者の側にいたと感じていた。それだけでなく党は、若者たちに対して、ＦＤＪに入ることを通じて、後からでも勝者の陣営に乗り換えることができると故意に暗示していた。彼らＦＤＪはＳＥＤ支配の屋台骨を作ることになった。一九四五年から一九五五年にかけて、ＦＤＪの中央評議会で書記を務めた五〇人のうち九人がその後のキャリアの中で政治局局員になり、一五人は党か国家の高官、あるいは国家保安省の高級将校となった。

一九四〇年代と一九五〇年代の幹部たち全員を結びつけていたのは、彼らが政治に参画するときに、完全に敵対的とはいえないまでも少なくとも不信感を持たれながら社会の中で地歩を固めざるを得なかったという経験が決定的であった。強固に理論武装して身を守る心性が、その後の政治的経歴と思考に如何なる影響を与えたのかを、一九八〇年代に政治局員に昇格したギュンター・シャボフスキーはこう述べている。「労働組合の新聞編集局内で共産主義者たちと最初に出会ったことは、私にとって、知識への欲求と説明を求める衝動を満たす予想外の源泉になりました。彼らは信頼に足る人々でした。彼らはその確信ゆえに苦しみ、懲役や強制収容所を耐え抜いたのです。しかしそのような時でも、彼らは、あの時代の問題に対して論理的で筋の通った答えを持っていました［…］。

ユートピア、そして雄弁で信心深いそのユートピアの伝道者たちの持つ影響力は、冷戦の随伴現象を通じて大きくなっていきました。敵対者たちから彼らが悪魔のように忌み嫌われていることは、彼らの正しさを疑いの余地のないものにしましたし、敵を悪魔化することが正当であるという、私たちの確信は繰り返し強まりました。政治的な立ち位置を熟慮する余地はほとんど与えられませんでした。私たちは自分たちを負け犬のように感じていたのです。つまり、金持ちの反共主義者、そして反福祉志向の西側が、マーシャル・プランと消費物というローラーで締め出したいと思っているような敗者だと感じていました［…］。

西側メディアや外国旅行の際に調達した本などで、条件付きであれ、真実を手にすることはできました。しかし、私たちは真実から目を背けていました。こうしたことは、教条主義化の典型的な兆候でした。私は、はっきり自分から進んで服従していたのです。罪業に対する恐れによって、麻痺していたのです[25]」。

一九五六年の短い雪解け

しかし、ヴァルター・ウルブリヒトが指導し、モスクワの指示によって動く、一枚岩で万能の党が、東ドイツの運命を誰にも邪魔されずに決定していたという印象は誤っていたことがわかる。一九五五年に逃亡者の数が再びはっきりと上昇すると、これまでのプロパガンダを強化するだけでは人口流出に歯止めがかからないということをSED指導部は悟り始めた。当時は政治的な「雪解け」期にあたり、当時の東側ブロック全体に、包括的な改革への希望が芽生えていた。一九五六年二月のソ連共産党第二〇回党大会は、ソ連で激しい反応を生んだだけではない。フルシチョフがスターリンの犯罪を暴露したことで、共産主義運動全体が危機に陥ったのだ。すでにヴァイマル時代から「偉大なるスターリン」を尊崇してきたSED幹部は慌ててこう説明した。「スターリンの評価に関していえば、我々のこれまでの見解は修正を余儀なくされる。［…］最後の一五年間の指導者としての業績において、失敗や過ちが目立つ。この中から、社会主義の問題に関する害が生まれた」。ウルブリヒトは、スターリンが「マルクス主義の古典ではない」と『新ドイツ《ノイエス・ドイッチュラント》』紙上で簡潔な確認するだけで、さっさと他の問題に移ることが出来ると信じていた[26]。これはとりわけ、一九三〇年代にスターリンのテロルに巻きこまれた者にあまりに酷に聞こえたかもしれない。「全勤労者の祖国」でナチズムからの庇護を求めていた何千人という同志たちが、当時のソ連の収容所で死んでいった。グラーグ〔ソ連の強制収容所〕を生き延び、幾年もあとになってようやくドイツに戻ることが許されたごくわずかな者は、東ドイツでは沈黙を強いられていた。

一九五六年一〇月までに、全体で二万一〇〇〇人の囚人が解放されていた。この中には一九四〇年代後半と一九五〇年代初めにSEDの政策に実際に反対していた人々や、反対していると思われた男女が多数含まれていた。これと同時にウルブリヒトの党内のライバルが名誉回復された。彼らは一九五〇年代初め、あるいは一九五三年六月一七日事件のあとに解任され、一部は党から除名されていた。しかしアントン・アッカーマンやフランツ・ダーレム、エリ・シュミット、ハンス・イェンドレツキーなどのかつての高官が、昔日の影響力を取り戻すことはなかった。

SEDのスターリン主義的な支配のやり方に対する批判の声はますます大きくなり、その矛先はまもなく指導者たちの代表であるヴァルター・ウルブリヒトに向けられた。住民の大多数は、事態の展開に関心がなかったが、党内と知識人の中では不穏な空気が渦巻いていた。特に一九五〇年代半ばに大学で学問を修め、社会主義のヒューマニズム的理念を真剣に受け止めていた若い世代の一部は、東ドイツにおける主張と現実との矛盾に苦しんだ。彼らは西ドイツの資本主義と東ドイツのスターリン主義的社会主義の間の「第三の道」を探していた。党員であり哲学者のヴォルフガング・ハーリヒとアウフバウ出版社の社長ヴァルター・ヤンカの周りには反対派グループが形成され、彼らはその綱領「プラットフォーム」の中で、こう明言した。[★5]「我々はマルクス＝レーニン主義の立場に留まる。しかし、スターリン主義とは決別する」[27]。ハーリヒ・グループは、思想の自由と法的安定性の復活、政治的秘密警察の廃止、党内民主主義を要求した。東ドイツの「社会主義的」民主主義は、東西ドイツ再統一の基盤を作るはずであり、この基盤のためにハーリヒは西ドイツの社会民主党員たちを、秘密の話しあいの中で味方にしようと考えていた。

9.バウツェン第二監獄内部の光景。
この場所に東ドイツにおける無数の政治犯が拘留、収監されることになった。(撮影は1997年)

一九五六年秋、ソ連軍が進駐しただけで打ち負かされてしまったハンガリー蜂起の後、ウルブリヒトはふたたび活気づいた。東側ブロックの不安定化傾向は、「雪解け」のだしぬけの終わりという結果になった。ヴォルフガング・ハーリヒとヴァルター・ヤンカ、さらに彼らの仲間を逮捕し、有罪判決を下して重い懲役刑につかせることで、ウルブリヒトは、「第三の道」にかんする議論を許さないであろうと合図を送った。人目に触れない形で、党最高幹部たちの争いは一九五八年まで続くことになる。一九五八年二月にウルブリヒトは、彼にとって最も手厳しい批判者たち、党指導部内でのライバルたちの解任に成功した。この中には政治局員のカール・シルデヴァンと国家保安大臣のエルンスト・ヴォルヴェーバーがいた。「分派形成」の廉で先の二人の最高幹部、ならびに党内で経済を扱っていたフレート・オェルスナーが政治局から除名された。もう一人のウルブリヒト批判者である中央委員会経済担当書記のゲアハルト・ツィラーは、すでに一九五七年一二月に自殺していた。健康問題で不安があったヴォルヴェーバーは、一八九八年生まれであったが〔五九歳で〕年金生活者になり、当時五一歳だったシルデヴァンは国立文書館管理局局長という閑職へ追いやられた。ヴォルヴェーバーとシルデヴァンは、その意に反してではあったが、〔投獄や処刑をされないという意味では〕その前年の非スターリン主義化の恩恵を受けていた。

社会主義への最後の一歩?

一九五八年から五九年にかけて、東ドイツ住民が実感できる経済の安定化が進んだ。ＦＤＧＢの保養施設や休暇施設、文化の家、託児所、総合病院が体制の「成果」として受け止められた。消費財生産の拡充がはじめて成功をもたらした。最後の生活物資配給券も廃止された。住民の生活水準は向上した。多くの人々は、とりわけ労働者に対してこれまでにない社会的上昇のチャンスを提供する体制に適応しはじめた。一九五九年に逃亡者の数は一四万三九一七人に低下し、これは一九四九年以来最も少ない状態であった。

東側ブロックは戦後の危機を克服し、新しい力で体制間競争に取りかかったように見えた。ソ連は一九五七年のスプートニクにより、世界で初めて人工衛星を宇宙に飛ばすことに成功し、ロケット技術の優位を示したばかりでなく、アメリカ本土も東側の核兵器の射程範囲に入ったことを暗示した。フルシチョフ時代のソ連は、自分たちが〔社会主義から〕共産主義への入り口に来たのだと信じた。一九六一年には、あと二〇年以内に共産主義に到達することが決議された。その時までに工業生産だけでも六倍にすることを意図していた。

東ベルリンでは、新しく起きたベルリン危機の克服を通じて事態が好転したように思えた。たしかに、西側戦勝国を西ベルリンから撤退するように強制するソ連の攻勢は失敗した。モスクワは、西ベルリンを「自由かつ非軍事化された都市」に変えるように最後通牒を突きつけていた。しかし、ジュネーヴでの戦勝国外相会談で、この危機に関して話し合いが行われた際、東西ドイツの代表団も初めてオブザーバーとして会談に参加できたのである。

SED指導部は国際情勢によって自信を深めていった。一九五八年七月の第五回党大会では、ウルブリヒトの地位は誰からも異論を唱えられないものであった。代表団は社会主義建設の「完成」を決議した。同時に、SED書記長〔正しくは第一書記〕が一九五七年春から開始させていたイデオロギー攻勢は勢いを増した。当時、ウルブリヒトとその取り巻きたちは、東側ブロックにおける雪解けによって守勢に立たされていたが、ハンガリー蜂起の鎮圧後、攻勢に転じることに成功した。一九五七年五月一七日に党指導部は『新ドイツ《ノイエス・ドイッチュラント》』紙上で誤解の余地なくこう宣言した。「反対派を容認するようなことがあれば、それは重罪だ」と。一九五八年にウルブリヒトが政治局内で彼の最後のライバルたちを排除したとき、「社会主義建設」という古い標語の下で、これまで以上に先鋭的な反撃が行われるようになった。一九五六年に予期せぬ形で疑問に付された自分たちの支配の要求を、今度は社会の隅々にまで妥協の余地なく行きわたらせ、長期間守りぬくことが重要とされた。確固たる支配体制は、人々をマルクス＝レーニン主義的に体系立ててイデオロギー的に教化することで達成されるべしとされた。これに加えて党は新たな「社会主義者の倫理」を喧伝した。その中では個人ではなく「集団」が、そしてＳＥＤに定義された社会的な諸要請が前面に押し出されていた。そしてこうした一連の政治イデオロギー攻勢の中でウルブリヒトは自らの地位を拡充することに成功した。一九六〇年に〔大統領の〕ヴィルヘルム・ピークが死ぬと、ウルブリヒトは新たに設立された国家評議会〔行政権と立法権を有するとされた機関〕の議長に就任した。すでにＳＥＤ書記長〔第一書記〕と国防評議会議長を兼任していたウルブリヒトはこれによって、東ドイツの決定的な役職を、自分の地位にまとめて一つにしたのである。

イデオロギー攻勢

一九五八年の第五回党大会の代表団たちの前でウルブリヒトは「社会主義者の倫理」に関する構想を、「十戒」としてまとめた。

「1．汝、いかなるときも国際的な労働者階級、勤労者の連帯のために、社会主義諸国の確固不動の同盟関係のために尽力すべし。

2．汝、汝の祖国を愛すべし。労農権力の防衛のために己が全力全能を傾注する準備を怠ることなかれ。

3．汝、人間による人間の搾取をなくすため助力すべし。

4．汝、社会主義のために善行をなせ。なぜなら、社会主義はすべての勤労者にとってより良き生活を導くのだから。
5. 汝、社会主義の建設では、助け合いの精神で、同志として絆の精神で振る舞うべし。集団を尊び、集団の批判に耳を傾けよ。
6. 汝、人民所有財産を守り、増やすべし。
7. 汝、常に汝が業績の向上に向けて尽力し、社会主義的労働規律を高めよ。
8. 汝、汝の子供を、平和と社会主義の精神で、教養豊かな、志操堅固で、身体を鍛えた人間へと育てるべし。
9. 汝、清潔で礼儀正しく暮らし、汝の家族を敬え。
10. 汝、民族解放のために闘い、民族の独立を守る諸民族と連帯せよ。(28)」

そして芸術教育分野では、「徹底的な社会主義イデオロギーと文化への転換」を達成するべきとされていた。一九五九年四月、化学工業都市ビッターフェルトで開催された作家大会では、生産と文化の分離を止揚しようと要請された。作家たちは、労働現場の日常生活を知り、社会主義リアリズムの様式で作品化するために工場に行くべきとされた。他方で、「文化の高みを攻略」すべく、労働現場の「同僚たち」に「ペンをとれ」と呼びかけた。★5

一九五九年に党大会によって盛んに進められた学校改革にも、イデオロギー的な側面があった。必修の一〇年制の総合技術学校〔小・中学校に相当〕の導入によって、東ドイツの教育水準は高められ、生徒たちも企業実習を通じて早いうちから労働の現場について知ることができた。これと並行してＦＤＪの改革がほとんどすべての一八歳から二一歳の青年に影響を及ぼした。これ以降、生徒の大半はこれまでの一四歳ではなく、一六歳で学校を離れるようになった。そして大半の青少年にとっては、第八学年〔一四歳〕でユンゲ・ピオニール団からＦＤＪに移籍するのが当然のことになった。

五〇年代半ばにはすでに党は〔一四歳の青少年を対象にした〕「成年式《ユーゲントヴァイエ》」の導入によって、青少年に対する教会の影響力に対抗して宣戦布告し、――その結果はすぐに明らかになったが――少なからぬ成功を収めることになった。この際に党は、カトリック式やプロテスタント式の堅信礼の代わりに、一九三三年以前に労働者運動や自由信仰者の間で広まっていた無神論的儀式を引きついだ。一九五七年にＦＤＪは「社会主義的な青年の大衆組織」だと自認するようになった。

「風紀取締志願部隊」を用いて青年団は、「若者たちの乱暴、飲酒、年長者に対する狼藉行為、低俗な読書など、若者の間にはびこる資本主義的な生活態度の残滓を一掃するのを援助[29]」しようとしていた。青シャツを着た若い狂信的ＦＤＪ団員は、社会主義的美徳の保護者のように振る舞うことができた。このことは「青年」組織であるＦＤＪの魅力向上にほとんど役に立たなかった。ＦＤＪはその存在した期間ずっと、「指導的政党」の利害に完全に服属していた。何か問題が起きた場合つねに、ＳＥＤの政策の伝導ベルトという役割が、青年の利害を党に伝えるという課題にすら優先された。ＦＤＪがＳＥＤによって定義された政治課題に精力を傾注するほど、ＦＤＪに留まる、ないしは加盟することへの動機は小さくなっていった。青年組織が大量の脱退者を出した一九五〇年代後半、このことが明らかになっていく。

ＦＤＪ幹部のための機関紙『若き世代《ユンゲ・ゲネラツィオン》』で模範的に描かれている風紀取締部隊の出動風景を読むと、青年団にはほとんど新しい支持者がもたらされなかったであろうことが分かる「或る〔…〕〔ハレ県の〕ザンガーハウゼンの風紀取締隊は、しばしば喧嘩が起き、若者たちが度を越してうるさく踊っている国営レストランに秩序をもたらすことを課題にした。風紀取締隊は二回の点検を行い、〔レストランにいた〕バンドに対して、彼らの音楽が、若者たちを我々の味方につける教育に貢献していないことを納得させた。

バンドはここから学習し、以降、若者たちがひんしゅくを買う行為をすると、即座に演奏を中止するようになった。風紀取締隊団員は、呑みすぎた者を叱り、若者たち全員を話し合いの場に呼び出し、次のような標語を掲げた。『ダンスホールで若者はどんな態度でいるのか』というものである[30]」。

一九五八年からは、このスローガンも出てきた。すなわち、「平和と社会主義のために。準備せよ！　常に怠るな」。これは六歳から一〇歳の「テールマン・ピオニール団」、一〇歳から一四歳までの「ユンゲ・ピオニール団」世代にとって、この先三〇年間にわたる挨拶になった。これから大人になる世代に、幼少期から国家の教義を誓わせることに成功したら、東ドイツにおけるＳＥＤの社会主義構想が実現することに何の障害もなくなるであろう、そうＳＥＤは計算していた。

政権による後見に対して、公に、あるいはこっそりと不満を言うことは、「反民主主義的な非行為」として何重にも厳しく罰せられた。一九五九年の春、政治局は、明らかになっている犯罪件数が一九五六年には一一万一〇〇〇件だったのが、一九五八年には一八万九〇〇〇件に上昇したことを記録している。また、一九五六年における政治犯に対する「刑事訴追の一定度の緩和措置」はこの間に過去のものになったとされた。何も達成されなかったのではない。「地域専属警察官」が導入され、さらに「刑事訴追において、勤労者の協力を求める更なる可能性」が増えたことで、「規模の小さい犯罪との戦いにおいて、これまで以上の犯罪行為を発見する」ばかりではなく、「扇動と国家否認の罪状での住民からの告発」も「目立って増加した[31]」。党と秘密警察の支援をうけて、私生活監視の拡充にSEDは一歩一歩成功していった。

「追いつくことなしに追い抜く」

一九五八年の〔第五回〕SED党大会によって開始した国内政治上の緊張激化は、政治やイデオロギーの領域に限られるようなものでは全くなかった。党は野心に富んだ目標を設定した。一九五八年の党大会でヴァルター・ウルブリヒトは、誇張されたソ連の計画と合わせて、東ドイツ国民経済が、「数年以内にボン国家の帝国主義勢力支配〔西ドイツ〕に対する東ドイツの社会主義秩序の優位を明らかにし、その結果として、全生活物資・消費財において、我々勤労住民の一人当たり消費量が、西ドイツ全住民における一人当たりの消費量に到達し、さらに上回る」[32]★7と宣言した。東ドイツ住民たちは消費という観点で、自分たちがドイツのより良い部分に暮らしていることを実感できるべきだとされたのだ。翌年、こうした要請は七カ年計画の構成要素になった。SEDの戦略家たちは、衣料や家電、家具による体制間競争を選択したのであった。この競争は、どちらの陣営が卵や脂肪、肉、ジャガイモを、一人当たり消費量として提供できるのか、すなわち、多ければ多いほど良いという折り紙つきの量重視イデオロギーによって戦われた。熱心に東西両ドイツの食に関する数値化が行われ、冷蔵庫、洗濯機、掃除機、テレビの数が数えられた。

「追いつき追い抜く」というのは、こうした量重視の考え方を表したスローガンなのであるが、これは後に「追いつくことなしに追い抜く」というものに変わった。最終的には――屁理屈のようではあるが――社会主義の優越性を、SEDの視点からすると西ドイツの経済の奇跡を特徴づける「何かの消費財をもってではなく、つまり、つまらないものや過剰計画によるものではなく」、「高い使用価値を有している商品、美しく趣味が良く、働く人々が買って嬉しい、所有して嬉しいもの[33]」によって証明しようとしたのだ。

だが、商品の層が薄く、硬直した計画制度は、東ドイツにおける小売業の責任者たちにとって、恒常的な配給の困難を引き起こしていた。一九五〇年代の終わり、東ドイツの産業の生産性は、東ベルリンの計画経済学者の見積もりによれば、本来追い越すべきはずの西ドイツの生産性に対して三〇パーセント下回っていた。ソ連への物資提供義務や、外貨を稼ぐための輸出によって、国内取引はさらなる隘路をたどることになった。計画経済のための統計機関は、多大な時間と労力をかけて、全ての商品を、需要に則した数で、需要に応じた場所で自由に手に入れられるように試みていた。しかし、こうした試みは、初めから失敗する運命にあった。仮に計画経済の立案者が特定の生産物の一人当たりの需要を正確に計算できるとしても、例えばある場所で過剰に供給されている小麦一キロが、他の場所では実際には足りないという状況になるであろう。さらに東ドイツでは長いこと、買い手が特定の商品を無駄に探し回っていた。そのため、特定の商品が時々別の場所であふれるほど存在していても、消費者たちには、供給危機、つまり不足が終わったのだと信じることができなかった。このことは、とどのつまり、他の生産物に関して同じ現象が鏡写しのように起きるということである。そのため、今あるものをすべて買い占めて、貯蔵してしまうので、これが計画経済をさらに妨害したのである。

こうした重大さを増していく欠陥に対してSED指導部は、そもそも計画経済に内在的な問題があるという説明を一切許さなかった。不足は、「階級敵の攪乱工作」の責任に帰せられた。階級の敵は、熟練専門労働者と技術者と学者を「引き抜き」、意図的にサボタージュして東ドイツ経済に損害を与

10.東ドイツ農業集団化を風刺する西ドイツのプロパガンダ雑誌。
〔「LPG(集団農場)」の旗を振る男が、「MTS〔機械・トラクター・ステーション〕」と書かれたトラクターに乗り、これを農民が手動で引っ張っている。下には、「国家がこうだと、収穫もこうなる」と書かれている〕

えようとしているとされた。これとは異なるもう一つの説明は、重点的に補助されている東ベルリンの生活物資と消費財が、西ベルリンの「ヤミ商人」と「密輸業者」を通じて、ベルリンの周辺地域で大量に買い占められているというものであった。これはＳＥＤの経済機構の内部における見積もりとは矛盾する主張であった。ここでは、西ベルリン住民が東に買い物に来ていることの東ドイツ国民経済への影響は低いと見積もられていたのだ。

党のプロパガンダが、何年間も具体的成果も変化もなかった一方で、他方で一九五〇年代の終わりに開始された経済政策上の攻勢は、重大な作用を持つことになった。東ドイツが建国されて一〇年以上が過ぎ、様々な経済問題の原因の役回りをさせられていた私経済の残余領域に、勝利を確信した党と国家の指導部が攻勢を仕掛けた。結局のところ、経済と社会構造の社会主義的な大転換は、一九五三年六月以来、停滞していたままだった。党指導部は、多くの人々が国家に順応しているのを、誤って同意であると解釈し、東独国家建国一〇年目にして大転換のプロセスを完了できると信じた。東ドイツにおける「資本主義的土台」の最後の残滓を片付けることに成功したら、社会主義的な理念は「上部構造」においても、すなわち、住民の思考と行動にも浸透していくだろう。党の戦略では、こうした期待がされていたのだ。このためSEDは、党と住民との間の脆い「城内平和」を取り消した。農民たちはまた「自由意志で」農業生産協同組合に加入するよう強いられ、反抗的な農場主は国家保安省に逮捕された。ただ福音派教会だけがこの時期にSEDの政策に対して敢えて抗議し、反抗した。一九六〇年三月のオットー・グローテヴォール宛の共同書簡の中で、福音派の監督たちは、自分たちの教区で伝え聞いた「農民たちを農業生産協同組合に加入するよう強いるために用いられている恐るべき手法」を報告している。その手法は、「経済的、政治的、倫理的圧力をかけて、しかも検察官や警察、シュタージ職員も含めて行われている。被害者たちは農業生産協同組合に『自由意志』で加盟した」ということを「書面で宣告させられた」。これは「良心に反する強制」にほかならない。監督たちは首相に、「我々の人民の平和を脅かさないように、あらゆることをする」ように「切願」した。[34]しかしこれも無駄だった。都市と農村では多くの手工業者が生産共同組合への加盟を強制された。手工業全体の生産に対する民営手工業の割合は、一九五八年の九三パーセントから、一九六一年には六五パーセントに下落した。都市と田舎における階級闘争は、ますますの生産低下をもたらした。

崖っぷちの東ドイツ国家

「社会主義への大転換」の最後の一行程（とSEDが思っていただけなのであるが）に払わざるをえなかった代償は高くついた。大慌てで行われた農業集産化によって起きた供給の困難、激化するSEDの政治路線によって、市民たちが自分の国に背を向けていく流れは新たな大量逃亡の波になった。

その中ではますます若者たちが増えており、労働者、「頭脳労働者」に属する人々がいた。東ドイツは息継ぎをする休息が必要だった。すなわち、経済の安定化と社会的な安寧が必要であった。さもなくば、崩壊の恐れがあった。

一九六一年六月初旬の政治局で、当時の経済政策を舌鋒鋭く批判したのは、ほかでもない、その経済政策の責任者ともいえるウルブリヒトその人だった「多数の工業消費材と農産物において、計画が達成されておらず、それゆえに［…］やっかいな問題が現れているということから、我々は出発しないといけない。［…］数値全般を見ると、我々の生産がこれこれしかじかの高さで大きく伸びているように見えるが、こんな数字は我々にとって何一つ役に立たない。こんな数字は、いずれにせよ誰も信じない。家畜が食肉処理場で肉にする前に死んでしまうとしても、今我々は困難な状況にいるのだから、何も驚くことはない。しかし、問題はこのことだけではない。むしろ、現在のモノ不足という問題の原因が、協同組合化の所為であるという噂が住民の間で出回っていることが問題だ。［…］国家と党機構全体が、仕事のやり方をはっきりと変えることが一番肝要だ。そうでなければ事態は好転しない。ベルリンや至る所で、あのパン屋もこの肉屋もみんな潰してしまったのは空理空論に基づく失敗といわざるを得ない。これが人々の話題になっている。さらに、手工業者を破産させて無くした者たちの責任を問う声があがっている。［…］ほんの少しの自営商人がいるとしても、彼らが社会主義に危害をもたらすことはない。諸君〔政治局員〕が肉屋の職人の存在を許していても、彼らが社会主義を危険に晒すことはないのだ。もしパン工場がパンを十分に生産できなければ、諸君〔政治局員〕は、大量のパン屋をとにかく再び開店させたまえ。パン屋は自分でパンを焼くだろう。ただし、住民にパンが行き届くように調整しないといけないのは君たちだ[35]」。

一九六一年の夏、ＳＥＤとその庇護者のソ連が、ソ連の西側前哨基地の出血を止めるために何らかの措置を講ずるだろうと、東ドイツ住民の多数は確信を深めていった。再三再四、その措置が「どのようにして行われるか」について噂が廻った。そして多くの市民は、一九六一年六月一五日の国際記者クラブの会見におけるウルブリヒトに聞き耳をそばだてた。『フランクフルター・ルントシャウ』のジャーナリストのある質問、「東ドイツはブランデンブルク門前に国境を設置する気があるのか」という質問に対して、ウルブリヒトはこう答えた。「あなたの質問は、こう理解できます。西ドイツには、私たちが東ドイツの首都の建設労働者たちを動員して、壁を建設するように望んでいる人々がいると。そのような意図があることを、私は承知していません。［…］誰も壁を作る気はありません」[36]。七月、逃亡者の数は三万四一五人に上昇し、八月前半の二週間で四万七四三三人になった。

しかし、大抵の人にとって生活は今まで通りであった。あまりに多くの危機をベルリン市民たちは経験し、生き延びてきたのだ。人びとは夏季バーゲンセールに行ったり、マルクス＝エンゲルス広場に客演に来ていたサーカスを訪れたりした。西ベルリンの芸術マニアたちは「フィガロの結婚」、「椿姫」、あるいは「蝶々夫人」を楽しみしていた。これらは〔東ベルリンの〕ドイツ国立オペラで、八月末の夏季休業後に上演が告知されていた。東ベルリン市民は、町の西側で、東ドイツの通貨を使い、西の新聞や雑誌を買い、劇場や映画館を訪れることができた。八月一二日夜から一三日にかけて、東ドイツのテレビは〔ドレスデン県〕ラーデヴェルクの「ラフェナ工場〔テレビ工場〕」からの放送をしており、そこでは、「何百万台の」東ドイツで生産されたテレビ受信機についてほめたたえられていた。この夜、東ドイツ誕生一二年目にして、あらゆるものが一夜にして変わることとなる。

訳注

★1　社会主義体制下のエリートのこと。もともと「ノメンクラトゥーラ」は、ソ連における党や公的機関の手続きを指した。ここから、ソ連の特権階級一般をさす言葉として用いられるようになったが、本書ではより広く、社会主義国家における政治家や官僚などのエリートという意味で用いられている。

★2　東ドイツでは建国時から一九五二年まで、東ベルリンを除くと、五つの州〔Land〕が存在していた。一九五二年、この州がそれぞれ分割され、一四の県〔Bezirk〕が作られた。

★3　レオ・バウアーもクルト・ミュラーも、古参のドイツ共産党メンバーで、ナチ時代、前者はフランスやスイスを中心に活動し、後者はドイツ国内の収容所で過ごした。一九四五年以降は両者ともに西ドイツで活動していたが、一九五〇年に東ドイツ滞在中に逮捕され、アメリカのスパイとして有罪判決を受けた。パウル・メルカーも古参共産党員で、ナチ時代にメキシコに亡命していた。西側に亡命した経験のあるSED幹部として、唯一政治局のメンバーになっていた。

★4　共産党および軍の要人の暗殺を企て実行したとして医師専門家グループが投獄された事件。逮捕された医師九人中六人がユダヤ系の市民であったため、特にユダヤ系住民は大規模な迫害の前兆として理解した。しかし、スターリンの死によって捜査は中断され、被告も釈放された。

★5　『プラットフォーム』は、ハーリヒが一人で作成した文書であり、ヤンカはその作成に携わっていない。また、「ハーリヒ・グループ」という存在は、シュタージや裁判所が作り上げたものである。

★6　「ビッターフェルト路線」では、芸術家が労働現場を経験して作品を作るほか、労働者に自主的に日誌などをつけさせて、日常を文学作品にすることが奨励された。

★7　ここでウルブリヒトは、東ドイツの就労者（勤労住民）一人当たりの消費量と、西ドイツ全国民一人当たりの消費量という、あえて異なったものを比較している。子供や老人、病人など、就労していない層も含めた全住民当たりの消費量は、就労者一人当たりの消費量よりも少ない。東ドイツの指導部は、短期間で全住民一人当たりの勝負では勝てなくとも、西ドイツの住民一人当たりと、東ドイツの就労者一人当たりであれば追い越し可能と踏んで、こうした発言をしている。この点にかんしては藤澤潤『ソ連のコメコン政策と冷戦——エネルギー資源問題とグローバル化』(東京大学出版会、二〇一九年)を参照のこと。

第3章
壁の影での安定化
一九六〇年代

一九六一年八月一三日の早朝、その最終的な帰結がどうなるのか、ほとんど想像がつかないことが起こった。深夜二時ごろ、西ベルリンの警察に町の東側部分が遮断されているという最初の報告が入った。通行人や近隣住民は、重装備した人民警察と国家人民軍の中にまぎれた工兵部隊が、西側地区に通じる道を鉄条網と防御柵でどのように遮断し始めるのかを目撃することになった。その一五分後、エアハンマーの打撃音によって、フリードリヒ・エーベルト通りの近隣住民たちは叩き起こされた。ＳＥＤの労働者階級戦闘団〔ＳＥＤの直接の命令指揮下にある準軍事組織〕がアスファルトの塊と敷石を使ってバリケードを作った。午前二時から町の東部のＳバーン〔地上の電車〕、Ｕバーン〔地下鉄〕の交通は停止されていた。二時半ごろ西ベルリンの警察は非常警戒状態になった。その一時間後、戦車が町の東側部分からやってきた。戦車は町の中心部に、すなわち、ウンター・デン・リンデン、アレクサンダー広場、オーバーバウム・ブリュッケで配置についた。西ベルリン包囲網はますます狭められていった。四時四五分、市内で西側へとつながっている六〇の道路が遮断された。その一時間後、すべての〔東西の〕結びつきは分断された。まだこの時点では、若干名が、国境となった分断線の中で見張りがない部分から逃亡することに成功していた。つい先ほど封鎖された運河や水路を泳いで逃げるものもいた。朝になって、ことの展開に呆気にとられた何千というベルリン市民たちは、いつのまにか完全に分断された国境へと押し掛けた。ここで彼らは重装備の人民警察と鉄条網によって分断され、為すすべもなく〔西と東で〕互いに向かい合っていた。続く数日で、一時的に作られた要塞は工兵たちによってしっかりとした壁に作り替えられた。ベルリンは封鎖された。また東ドイツではすでに一九五〇年代以降〔一九五二年以降に〕、西ドイツとの国境は官庁の許可がないと通り抜けできないようになっていた。ドイツの分断は、これによって「構造的に」完成したのである。〔壁ができる〕その時点までで、国家が分断されているにもかかわらず、毎日五〇万人のベルリン市民たちが占領地区を行き来していた。この動きは東から西へも、西から東へもあった。具体的には、五万人の東ベルリン市民たちが西側へ、一万二〇〇〇人の西ベルリン市民が町の東側で働いていた。この壁建設後の数週間、〔東ベルリンの中で〕西側占領地区に隣接

11.人民警察による監視下の東西交流。
占領地区間境界の遮断から10日後のハルツ通り。

している家の住民たちは強制的に引っ越しさせられた。こうした家々は部分的に破壊され、何百という〔西側に接している〕窓が塞がれることになった。

西側戦勝国は慎重な姿勢で応じた。七月二五日にアメリカのケネディ大統領が表明していたベルリン政策上の最重要の譲れない点、すなわち、西側の軍隊の駐留とベルリンへの自由な通行権の保障が、八月一三日の出来事によって侵害されなかったからである。

その後も続いた、人々の逃亡の企てに対処すべく、党指導部と東ドイツ国家指導部は国境施設を、「死の障害物」へと拡張させた。東ドイツにおける公式の表現では、その国境の要塞施設は「反ファシスト防壁」と呼ばれた。しかし実際は、外に向けて建てられた防壁ではなく、内に向けて建てられた防壁であった。町の遮断から一一日後、最初の死者が出た。壁を越えて逃亡しようとした男が、国境警備隊の銃撃によって死んだのだ。この年の終わりまでに、さらに一二人が同じ運命をたどって死ぬことになった。一九六二年八月一七日、東ドイツ国境警備隊は、東西国境のチェックポイント・チャーリーのすぐ近くで逃亡を試みた一八歳の建設労働者ペーター・フェヒターを銃撃した。彼は撃たれて重傷のまま〔壁の東側の〕「死の区域」と言われる立入禁止区域で倒れ、一時間そのままにされた。西ベルリンの警察も、進駐している西側戦勝国の軍隊も、あえて手を出そうとはしなかった。ようやく東ベルリンの国境警備隊がフェヒターを引きずり戻したが、その時には彼は出血多量で死んでいた。およそ七〇〇名がベルリンの壁崩壊までに、ここで命を落とすことになる。★1

壁構築は東ドイツの歴史にとって重大な転換点であった。東ドイツに残ることを強制されながら、人々はだんだんと体制にも順応するようになっていった。

壁構築から数か月後が経ち、教条主義者と「狂信者」の時代は終わった。今や人々は、企業内の

「怠け者」、「不満分子」、「国家の敵」を取り除けると考えた。そして東ドイツに留まることを強制された人々への配慮はもう不要に思われた。一九六一年八月一三日、ＳＥＤ指導部は西側国境の閉鎖と並行して「党及び大衆諸団体の国内総動員」を行った。これは「一時的な内戦の準備という状況」であった。[1] 同日の八月一三日、ＦＤＪ第一書記ホルスト・シューマンは以下のような命令を下している。「〔ＦＤＪの〕戦闘任務として数日以内に、ＦＤＪ県青年団ごとの『風紀取締部隊』を作るべく緊急措置を取ること。この部隊は、特に都市部において、人民警察の指導下で、映画館やレストラン、その他の場所で、挑発者や愚か者が乱暴狼藉を働けないように補助業務を行うことが目的である。［…］挑発者とは口論しないこと。まずは袋叩きにしてから、国家機関に引き渡すように[2]」。

こうして東ドイツに批判的なことを言う若者たちは、部分的に合法的なテロの対象とされたのである。さらに多くの場所では、一九六一年八月一六日から「祖国は呼ぶ！　社会主義共和国を守れ！」というスローガンによって、国家人民軍へ志願させる宣伝キャンペーンが緊急で行われた。多くのＦＤＪとＳＥＤの幹部たちは、このキャンペーンに従う気があるかないかを、市民一人一人が体制へ順応しているのかを徹底的に調べる機会として利用した。それゆえ例えば〔カール＝マルクス＝シュタット県〕プラウエン市のＦＤＪ地区指導部から県指導部に対して、八月二一日に次のような報告があげられている。ある若者はＦＤＪ幹部に対し、殴ると脅し、「お前なんかのために軍に志願することはない。お前もまず、一度きちんと働いてみろ！」と言い切った。これ以来、彼は即刻解雇されたという。そしてこの青年の母親は自身がＳＥＤ党員でもあるのだが、「私の息子が軍隊に行かないといけないのであれば、私たちは服毒自殺いたします」と脅しにかかったことが、国家保安省に通報された。〔カール＝マルクス＝シュタット県〕ツヴィッカウ郡では、二一歳の青年がＦＤＪの点呼で、「戦争でボロボロになるくらいなら、ファシズムの奴隷の方がましだ」と叫んだ。ＦＤＪ郡指導部の「対処」は単純なものであった。「この案件は国家保安省に引き渡された。ＦＤＪからの脱退が会員集会で決議され、ＦＤＪ代表として通っていた大学からも退学することになった」。

こうした抑圧を前にして、青年団は急激に成果を提示することができた。ＦＤＪの朝礼で「旗の下へ」集まるように告示された二日後、エアフルト県から一二三五名の青シャツの隊員たちが集まり、エアフルトの町の通りや県庁で行進を繰り広げた。彼らは最初のＦＤＪ連隊を形成することになる。

東ドイツの「障害除去」は一風変わった形で進められた。「ＮＡＴＯの電波に反対する電撃行動」のスローガンのもと、ＦＤＪの機動襲撃班が家々の屋根によじ登り、西側に向けられたラジオ、テレビ・アンテナを、「平和と社会主義の放送側に」ひねり回すのである。一九六一年の夏には、企業やその他の場所で、壁の建設について非難したり、壁の建設を国家の破綻宣言であると糾弾したりする者は少なからずいた。彼らはしばしば、上から唆《そそのか》された党の活動家によって暴力的に釈明をさせられることを覚悟しないといけなかった。こうした熱くなった声を報道は力の限り掻き立てた。「さあ、転げまわりたいならかかって来い」と、ライプツィヒのＳＥＤの新聞は当時、ある労働者についてあざ笑い、以下のように報じた。その労働者はベルリンの壁を批判したために、入院加療が必要なほどに殴られた。「彼は拳で徹底的に殴られ転げまわった。最初のうちはまだ歩けた。その後車で運ばれるようになった。しかし厳重に付き添いがついてであるが」(3)。一九六一年の下半期、政治犯の有罪件数は、同年の上半期に対して四倍になった。

「我々の敵でなければ、我々の味方である」

一九六一年の終わりから一九六二年にかけて、党と住民の関係は熱気がなくなり冷静なものになっていった。一九六〇年代初めには、国家指導部が特定の物資、とりわけバターと肉を再び配給制にしなければならなかった程であったが、しかしソ連からの生活物資の輸入によって、供給の危機は緩和された。その時まで生産共同組合への「自発的な加入」を拒むことができた手工業者と中小零細自営業者たちには、しばしの猶予期間を与えられた。一九六一年一〇月のソ連共産党二二回党大会によって引き起こされた二回目の非スターリン化の波は、東ドイツの内政と文化状況にも影響を及ぼした。ひっそりとスターリンの肖像が取り外され、「〔東ドイツ各地の〕「スターリン通り（スターリン・シュトラーセ）」や〔東ベルリンの〕「スターリン大通り（スターリン・アレー）」は改称され、彼の「作品」も図書館から取り除かれた。スターリン大通りはカール＝マルクス大通りに改称され、そしてこの通りからは工兵隊によってスターリン記念碑が撤去された。スターリン・シュタットはアイゼンヒュッテン・シュタット〔製鉄の町という意味〕に改称された。

一九六二年一月、東ドイツで国家人民軍への一般徴兵制が導入された。この国家人民軍は一九五六年に設立されていた。他方で東ドイツは東側ブロックの国として、初めて良心的徴兵拒否を認めた。SEDの共同設立者の一人であるオットー・グローテヴォールが一九六四年に死去すると、首相職はヴィリ・シュトーフが襲った。

SEDは、自分たちの支配の方法を、どんどん複雑になっていく工業社会の要請に適合させようと試みた。住民は政治的に中立化されるべしとされた。かつての「我々の味方でなければ、我々の敵である」というスローガンが、いまや反対になった。一九六三年初頭の第六回党大会後の「計画と指導の新経済システム」は、経済システムを近代化し、経済効率を高めることを目的にしたものであった。国営企業には、これまで以上の自社責任が付与され、これまでよりは自由に計画枠組を作れるようになり、費用を節約できるアイデアには報奨金が出るようになり、実践現場へ研究と科学の成果を技術移転することが奨励された。改革の試みの射程範囲は、一九六三年七月一三日付の『南ドイツ《ズュートドイッチェ・》新聞《ツァイトゥング》』の時評が「資本主義への帰還」を予想させると明言したほどのものであった。むろん、そのようなことは問題にすらならなかった。ヴァルター・ウルブリヒトによって推進された新経済システムは、これまでの政策が危機に陥った後、権力の安定化と維持にのみ役立ったのである。当初の成功にもかかわらず、新経済政策はまもなく壁にぶつかることになる。予期せぬ形でソ連からの原材料と穀物供給が止まったことで、計画目標と現存する資源の差が、ハサミのように開いていき、これが更なる生産の遅れを引き起こした。しかし当初は、経済改革によって、東ドイツ内の思いがけない覚醒気分が盛り上がり、次第に政治システムの慎重な自由化を伴うものになっていった。

　国家政党たるＳＥＤは、女性との新しい関係を築こうと努力を始めた。社会主義建設において、女性はこれまで以上に活躍すべきとされた。若者に対する態度も新たに定義された。一九六三年九月の政治局の包括的な決議は、「若者に信頼と責任を」という表題が付けられていた。この決議はこれまでの青年政策の諸原則からの方向転換を示し、これまでにない寛容さでこう述べている。「若者を厄介者であるとか挑発者であるとして『不快な』問題を片づけることは、もはや重要ではない。なぜなら、こうした行為によって若者は偽善の道に押しのけられるだろうから。むしろ我々が必要としているのは、しっかりとした人間性を持ち、古臭い考えや反動的イデオロギーと対決し、自分で考えることを通じて獲得した社会主義的な世界認識を有する、自立して自覚した公民である」。「保護監督、細かい指導」とは決別しないといけない。「その気もない若者たちに、文化やスポーツに関するイベントに行くことを強制はできない。重要なのは、愛情とやる気を引き起こし、青少年、少女たちが自分たちの余暇を、広範にわたって自分で管理して過ごすように刺激を与えることなのだ」。政治局決議は、これまでの青年政策が思い上がって間違っていたとはっきりと述べた。「最近、特定のダンスの形式に関する多くの議論が沸き起こった。こうした議論は、一方では西側の野蛮な文化の流入によって引き起こされた。しかし他方では、若者に対する了見の狭い態度、行動によって引き起こされたものである。この問題に対する党の態度は依然と同様に明々白々である。我々は、生きる喜びと活力の正当な表現としてのダンスを求める。ダンス集会と政治集会を見分けるのが苦手な者もいる。政治集会では、政治問題が冷静と情熱の両方を用いて言及される。ここでは頭脳が主として活躍する。ダンス集会では、少しばかりこれとは異なる。そこでは確かに頭も一緒に連れていくことになるが、そこで自分の感情や考えを、なによりも演説ではなく体の運きによって表現するのである。若者たちがダンスを踊る際に、ワルツのリズムだけ、あるいはタンゴのリズムだけで自分たちの感情や考えを表現するべきなどと指示しようとは、誰も思いつかないだろう。何拍子《タクト》を選ぶかは若者にゆだねられている。重要なのは、礼節《タクトフォル》を心得ていることだ！(4)」

FDJは自分たちの「無愛想でダサい」イメージから脱却を図った。FDJ議長のホルスト・シューマンは公衆の面前で、その時まで忌み嫌われていた流行のダンス「ツイスト」を踊った。ヴォルフ・ビアマン★2やハインツ・カーラウ★3、アルミン・ミュラー★4のように体制に批判的な若い詩人たちは、超満員のホールで朗読し弾き語りを行った。一九六四年五月に東ベルリンで開催された「ドイツ青年の集い」のため党指導部と国家指導部は、二万五〇〇〇人の西ドイツと西ベルリンからの参加者たちに門戸を開いた。三日間にわたるイベントに、公式統計で五〇万人を超える若者が東ドイツの全国から参加した。数え切れないほどの文化イベント、ジャズイベントで東ドイツは自信を深めていく様を見せていった。ベルリンのラジオ放送ははじめて一時間強、若者向けの番組を放送した。この番組は大変な人気を得て、「DT64」[★5]として定番番組になっていく。「共和国は皆を必要としている、皆は共和国を必要としている」というソフトなスローガンは、一九五〇年代の階級闘争が盛んな頃の空気とは対照的なものだった。一九五九年から一九六一年の先鋭化した危機の後、東ドイツは壁の影で、それまで体験したことのないような安定性をようやく持つに至ったように思われた。

文化の皆伐《かいばつ》

こうした東ドイツの内政上の雪解けは一九六五年一二月には出し抜けに終わりを迎える。この急激な路線変更の一年前には、この変化に先行してニキータ・フルシチョフが権力の座を追われていた。その後継者であるレオニード・ブレジネフが非スターリン化の終了を宣言したのち、東側ブロック全体で教条主義的な勢力は好機到来と捉えた。

ＳＥＤ指導部の中でも多くの者たちにとって、東ドイツの自由化路線は行き過ぎに映っていた。ウルブリヒトの「皇太子」と言われていたエーリヒ・ホーネッカーの周りには、西側由来の一九六〇年代若者文化に対してまるで理解がない党員たちが集まっていた。彼ら党員にとって、長髪のジャズファンたちは、社会主義的道徳を掘り崩すように思われた。コンサートやダンス集会の片隅で「チンピラたち」が問題を起こしていくと、教条主義者に反撃のチャンスがやってきた。このきっかけを与えたのは、一九六五年の九月と一〇月に起こされた若者の暴動であった。[★6] メディアは「ヒッピー」や「長髪男」、「不良」、「フーテン」をやり玉にあげ、さらに、FDJの指導部は、学校で生徒がクラスメイトに長い髪を切られる行為を是認した。メディアでは、「肉体労働は『正常な』暮らし方に戻るのを助ける」というスローガンが躍った。

しかし――党の観点からすると――、若者たちの「野蛮な文化」は、SED指導部内の「タカ派」にとって、これまでの数年間大きくなってきた現状に対する批判を、包括的に清算してしまうための契機に過ぎなかった。一九六五年一二月の第一一回中央委員会総会において、SEDは映画とテレビ放送、演劇と文学の「有害な諸傾向」を批判した。ここで決定的な一撃を加えたのはエーリヒ・ホーネッカーであった。「我らが東ドイツは清潔な国家である。東ドイツには礼節とよき慣習のために倫理と道徳の確固とした尺度が存在している」。ザールラント人〔ザールラント出身のホーネッカーのこと〕はこう宣言する。「ここ数か月、我々にとって、特別な関心を集める事例がある。幾人かの若者たちは徒党を組み、犯罪行為に手を染めている。強姦事件や乱暴狼藉の発生が確かめられた。学校や職場、そして大学ではより多くの重大極まりない非行事例がある。彼らは収穫動員[★7]に行っているにもかかわらず、西ドイツの反動的学生組合員よろしく酒盛りを開催していたのである。いくつかのグループにおいて、この動員中の労働モラルはひどいものであった」。ホーネッカー曰く、明らかになったのは、「西ドイツのテレビとラジオ放送の」住民への「悪影響」だけではない。「こうした不道徳な現象の原因、および社会主義に縁遠い暮らしぶりが、我が国の若干の映画やテレビ放送、文学作品や雑誌の中に見出されると断言する人々に首肯せざるをえない。最近、テレビ放送や映画や雑誌の中で人道に悖る表現が増えている。人間の行動を性衝動に還元するような残酷なシーンが描かれている」。ホーネッカーはさらに続ける。

「アメリカ的な非道徳と退廃にはっきりと反対を表明していない」状態が続いている。このことはなかんずく「一方的にビート音楽のプロパガンダを行ってきた」ラジオ放送「DT64」に当てはまるという。ホーネッカーによって特に有害だと名指しされたのは、映画の『私はウサギ』、『考えることなく、吠える』、劇作品『建設』、小説『流星の願い』やヴェルナー・ブロイニヒの『遊園地』である。そして最も苛烈な批判にさらされたのがヴォルフ・ビアマンであった。ホーネッカーはこの詩人を非難してこう言う。「ビアマンは、敵の立場から書かれたシニズム的な詩によって、自分が高い教育を受けることを可能にした国家を裏切るばかりか、ファシストによって殺された彼の父親の生と死をも裏切っている」。シュテファン・ハイムの『Xデー』は、東ドイツを徹頭徹尾擁護しながら一九五三年六月一七日事件を解釈したものであったが、ホーネッカーによって蜂起の「完全に間違った叙述」であると批判された。ホーネッカーはハイムのテーゼに、すなわち、作家と学者は新しい社会の指導者の一員として招聘されるべきというテーゼに激高した。この後二〇年以上しても、しばしばホーネッカーはマルクス＝レーニン主義政党によって導かれた労働者階級だけが社会主義を建設できるという自ら宣告したドクトリンを繰り返すことになる。ホーネッカーは、知識人と学者の役割ならびに文化や芸術というものは、二次的なものにとどまると考えていたのだ(5)。

第一一回総会をもって多分野における経済システム改革は後退し、東ドイツ国民経済は再びソ連の利害に強く従属することになる。再度のイデオロギー化とこれと密に結びついた文化の皆伐《かいばつ》は、東ドイツの知的生産活動を麻痺させた。SEDは、ヴォルフ・ビアマンを含む芸術家たちに、出演公演禁止処分を浴びせかけ、断罪された本や映画を回収させたのである。

近代化の努力

これにもかかわらず、この同じ一九六〇年代には、「科学技術革命」によって生産力が解き放たれ、社会のため、とりわけ経済に資するように試みられたことが特色である。一九六五年には教育制度がさらに改革された。就学前教育、一〇年制の総合技術学校、並びにこれに付属する二年制の上級学校、エンジニア学校、専門学校、成人教育、生涯教育機会の供給などは、全市民が教育を受ける権利として保障されるべきとされた。また大学制度の改革によって、研究と教育は、実践的側面が強化されるべきとされた。当時、総合技術の授業の仕組みが出来上がり、「この基本的な特徴は一九八〇年代終わりまで保持された。一〇年制の学校と付属の二年制の上級学校では、すなわち一年から一二年生クラスでは、三段階の総合技術のサイクルが存在した。第一のサイクルの一学年から六学年は事前段階として、工作と学校庭園授業を行う。第二サイクルは七学年から一〇学年であり、この授業は三つの要素から成る。社会主義的生産の手ほどき、製図作業、生徒たち自身による生産活動の三つである。第三サイクルの一一学年から一二学年では科学的、実践的活動を行う。総合技術の授業は、一〇年制学校の時間割の中での授業時間全体の一〇・六パーセントという相当に重要な地位を持っていた」[6]。

一九六八年、「人民討論」とその後に続いた「国民投票」に従い、新憲法が制定された。この新憲法は、それまで効力を有していた一九四九年憲法とは対照的に、今まで以上にはっきりと、現実政治に対応したものになった。たとえばＳＥＤの指導要求が憲法の第一条に書かれ、この指導要求が憲法における重要な位置を占めていることが分かる。憲法によって宣言されていた良心と信仰の自由、

12.壁の向こう側における近代への覚醒？
新たに建てられた東ベルリンのテレビ塔。
〔1965年着工、1969年完成〕

「報道、ラジオ放送とテレビの自由」にもかかわらず、東ドイツは法治国家の原則から遠く隔たっていた。SED指導部は相変わらず、個人の自由と基本権の枠組みに対して限界を定め、その枠組みを必要に応じて拡張させたり縮小させたりした。国家機構全体をより効率的に、より機能的に、より近代的に作り替えようと尽力しても、最後はいつもSED指導部に反対されることになった。彼らは国家や社会を隅々まで指導することを要求し、その力が少しでも限定されることを拒んだからだ。こうして、一九六〇年代後半において東ドイツの近代への覚醒を象徴的に表すことになる社会主義様式の巨大建築物——例えば一九六九年に開業した東ベルリンのテレビ塔やライプツィヒ大学の高層建築——は、前近代的な東ドイツの支配機構とはっきりとした対比を見せていた。

それにもかかわらず、多くの東ドイツ市民は一九六〇年代を——壁の建設や内政上の政策変動にもかかわらず――慎ましいながらも豊かさというものが家庭に入ってきた時代として回想することになる。公式統計では、小売業の売れ行きが上り調子で発展していくのが記録された。テレビ受信機や冷蔵庫、洗濯機はもはや手に届かない家財ではなくなった。土曜労働の段階的な廃止によって労働時間が短縮されると余暇時間が増えた。そしてこの時間を家族の時間にするようになり、さらに新しく手に入れた「トラバント」で休暇を過ごせるようになった。トラバントは二ストロークエンジンと「プラスチック」のボディーで、西でも東でも東ドイツ経済と日常の象徴になる。

ある西ドイツの情報通は一九六八年にこのように断言した。「共産主義者たちは東ドイツの中で安定した地位を得て」おり、「より若い世代は、他にどうしようもない以上、だんだんと共産主義者たちと折り合いをつけるようになり、共産主義者たちに順応してきている」。こうした評価は当時珍しくなかった。[7]「共産主義とは別に、住民たちの間にはある種の国家意識のようなものすら芽生え始めている。この国家意識とは、半ば懐疑、半ば誇りが入り混じっているものであるが、自分たちのやり遂げた成果や共同体の成果が、東ドイツの外でも認められているという意識である。『ところで、私たちの所を気に入ってくれましたか』という質問がしばしばされるようになった。西側から来た訪問者との会話の中でこう聞くことは、特別な重要性を持った政治的現象になった。というのは、共産主義に対して、SEDに対して、東ドイツの現状に対して、そしてとりわけ生活水準に関して、西側の訪問者からの徹底的な酷評がすぐさま予想できたのは、つい最近のことなのだ。仮に粗探しをするのではなく、何かしら東ドイツに肯定的なことを言おうとしても、東ドイツに褒める場所がなく会話が途絶えてしまうことや、その逆にどれほど東ドイツが酷い場所かについては、いくらでも話が長くなるということは記憶に新しい。それが今では、反対にこう問われる。『さあ、私たちの所を気に入ってくれましたか』と。こうした質問するということは、ごくわずかであっても、部分的には肯定的な答えを期待しているということである」。

一九六〇年代末の東ドイツは、すでに西が勝利したと信じられていた体制間競争の一要素に再びなったと見る西ドイツの人々もいた。西ドイツの一部の人々は東ドイツを不安の眼差しで眺め、別の人々はＳＥＤのプロパガンダによって掲げられた東ドイツの社会的成果に熱狂した。西ドイツでは、東ドイツの生活条件を論じることがブームになった。しかしこれは西ドイツのほとんどの人々にとって、ぞっとさせるような効果しか生まなかった。すでに引用した、もう一つのドイツ国家〔である東ドイツ〕に関する報告では、ある若い夫婦が素描されている。「二人とも人民所有企業の〔ロストック県にある〕ヴァルノウ造船所で働いている。夫は溶接工として、妻は給与課で働いている。二人は進んで自分たち共通の給料について、そして生計費用について話をすることにしている。彼は月総額で七〇〇から七五〇マルクを稼ぐ[8]。そこから税金が一三・七マルク、保険料が六〇マルク引かれる。保険料は総収入の一〇パーセントと定められている。ただし保険料は、給与が六〇〇マルク以上であれば更には上がらないようになっている。妻の方は事務仕事で四三〇マルクを稼ぎ、税金に六マルク、保険料四三マルクを払っている。さらに彼女は子供二人分、四〇マルクの『子供手当』をもらい、さらに生活物資配給券が廃止された際に代わりに導入された、二五マルクの追加手当てをもらっている。このような全くもって典型的な東ドイツの労働者家庭の予算は、以下のような使途で使われる。古い建物の中にある二部屋付きの住居に三〇マルク。妻が三六〇マルクを生活用品に使用する。ここで考慮に入れておくべきなのが、夫婦は平日の昼間、社食で〇・七〇マルクか〇・八五マルクで昼食を食べていることだ」。一家は新しい建物の物件に引っ越しをするそうである。そのためには月九五マルクの家賃が必要であるが、この家賃にはセントラルヒーティングの費用も含まれている。「しばしば引用される『社会的成果』というものは、ここロストックでは、ミュンヘンやハンブルクとほとんど変わるところがない。病気の際には、六週間分の疾病給付金が初日から出る。その後は、月四・五マルクの保険料がかかる任意の追加保険から支払われる分が〔疾病給付の支給額から〕引かれる。老齢年金は西ドイツと同様、かつての現役時代の所得に応じて、そして保険加入期間の長さによって支払われる。退職者は統一保険制度に基づく早期年金〔基礎年金に相当〕を受給できる。公的保険からの年金に加えて、労働組合員は追加年金を受け取る。この年金請求権は組合費を払うことで得られる。この場合は月に九マルクを払う」。

これを書いた特派員はこの中で、基本的生活物資の供給の範囲を超えてしまうと、東ドイツの消費者たちには、ほとんど喜ぶ機会がないことに言及しなかった。当時車の購入には一万五〇〇〇から一万八〇〇〇マルクと、一二〜一六年の待ち時間を要した。これには多大な忍耐だけではなく、丸一年間の収入に相当する金を調達する必要があった。こうした金を工面することは、衣服や耐久消費財が西ドイツのそれと比べるとはっきりと高額であるせいで、輪をかけて困難であった。

ＳＥＤ指導部が一九六〇年代半ばまでに、大半の住民から——彼らがたとえ体制に批判的であっても——同意を得ることに成功したとすれば、指導部はこの信用という資本を一九六〇年代末に失うことになった。一九六八年八月二一日、ワルシャワ条約機構の軍隊がチェコスロヴァキアに侵攻し、ソ連の戦車がアレクサンデル・ドゥプチェクによって喧伝された「人間の顔をした社会主義」を蹂躙したのだ。しかしそれだけではない。プラハに向けては、東側ブロックの至る所から、自分の国で近代的な社会主義を築くことを夢見る、期待に満ちた視線が送られていたのである。侵略の道義的な効果

13.仕込まれた歓喜の声。
1968年11月、チェコスロヴァキアへの軍事介入後、東ドイツの駐屯地に帰還するソ連の部隊。

は破滅的なものがあった。東ドイツでは知識人や学生だけには全く限らず、とりわけ多くの若者たちが希望や理想の残骸の前に呆気にとられて立っていた。その日、東ドイツ全国にいた、軍に属する何千という若者たちが進軍命令を受けた。第二次大戦後初めてドイツの軍隊が戦闘準備の状態で隣国の国境に立ったのである。★8

訳注

★1 ベルリンの壁付近で射殺された市民の数は、一二二名から二〇〇名と言われている、これに対して著者は、第5章で詳述するように、東西ドイツ国境での犠牲者や、逃亡しようとして事故死した人間も含め、七〇〇という数字を出している。

★2 Wolf Biermann、一九三六―、詩人。一九六五年には東ドイツでの演奏と公演が禁止される。

★3 Heinz Kahlau、一九三一―二〇一二。詩人。東ドイツ・ペンクラブ会長などを歴任。一九五六年のハンガリー革命に際して東側に批判的な詩を書く。

★4 Armin Müller、一九二八―二〇〇五。作家、画家。第二次世界大戦に伴うドイツ人の強制移動に取り組んだ最初の芸術家の一人。なお、強制移動は公的な場においてタブー化されていた。

★5「DT64」とは、本文中にある一九六四年に開催された「ドイツの集い(Deutschland Treffen)一九六四＝DT64」に際して誕生した番組名のこと。この設立年には、休止なしに九九時間のライブ音楽、海外音楽を中心にした放送を行い、高い聴取率を得た。なお一九八六年には独立した放送局になり、一九九三年以降はMDR Sputnikという名前で継続している。

★6「ライプツィヒ・ビートデモ」、あるいは「ビート族暴動」と呼ばれる。サブカルチャーへの国家の取締りに反対する若者たちが起こした抗議運動を指す。特にここでは、一〇月三一日市内中心のロイシュナー広場で二五〇〇人の若者が抗議集会を行い、当局が二六七人を逮捕した事件を述べていると考えられる。井関正久『戦後ドイツの抗議運動――「成熟した市民社会」への模索』(岩波書店、二〇一六年)、五二頁を参照。

★7 秋の収穫期や農繁期に、生徒や学生が農場に行って収穫作業を手伝う仕事のこと。

★8 現在では、東ドイツの国家人民軍が、ワルシャワ条約機構の中でも後方支援任務に就き、チェコスロヴァキア領内に入ることはなかったことが明らかになっている。しかし当時はこの事実は発表されていないため、東ドイツはチェコスロヴァキアへの侵攻に参加したと考えられていた。Vgl.Stefan Wolle, *Der Aufbruch nach Utopia: Alltag und Herrschaft in der DDR 1961-1971*, Berlin 2011.

第4章

ホーネッカー時代
一九七〇年代

一九七一年の四月終わり、毎年行われる五月の祝祭〔メイ・デー〕の準備がもっとも忙しい時期、政治局員のヴェルナー・ランベルツはベルリンである秘密任務の支度をしていた。この任務については、ほんの一握りのソ連と東独の最高幹部だけが知ることを許されていた。詳しい日付はわからないものの、五月一日よりも前の日、午前中の早い時間に、在独ソ連戦闘部隊の高位の職員であるユーリ・バシストフが、ホーネッカーの腹心である四二歳のランベルツを、〔東ベルリンの官庁街〕ヴェルダーシャー・マルクトにあるSED中央委員会まで迎えに来た。表向きはソ連軍に関する講義を行うものとされていた。バシストフはこう回想している。「ランベルツの同僚がいるときには、我々は間近に迫ったソ連軍についての『講義』について話をした。ランベルツが〔そこにいた同僚に〕別れを告げて、我々は出発した。さらに政治局員の警護の国家保安局将校も通常通り同席していた。そして〔ポツダム県にあり、在独ソ連戦闘部隊の拠点があった〕ヴュンスドルフでマルツェフ将軍を待っていた。コーヒーを飲みながら、もう一度『講義』をどこでいつ行うのか話をしていた。マクデブルクの周辺地域の練兵場が良いだろうということで意見が一致し、〔ソ連製のリムジンの〕『チャイカ』ではなく、軍用自動車のほうが旅行に適した車だろうと決めた。そして望ましからぬ同伴者〔である警護〕は局外に置かれることになった。同志ランベルツは翌日、車でヴュンスドルフからベルリンに戻るであろう、という指示を受けたうえで警護は帰宅を許された。数分後、〔ヴュンスドルフのある〕ツォッセン郡の検問所からは、（途中で乗り換えた）『チャイカ』が国境検問所を通過し、これで『講義』を始められるという報告が入った。我々は急いでヴュンスドルフから何キロも離れていないシュペーレンベルクの軍事飛行場に向かった。二機のエンジンを積んだＡＮ24〔旅客機〕は滑走路で離陸準備ができていた。搭乗員たちは、自分たちの唯一の乗客が誰であるか、まるで知らされていなかったことも言っておくべきだろう。翌日、飛行機は予定通りモスクワから戻ってきた。ランベルツは上機嫌で端的にこう伝達した。万事順調。決定は下されたと。飛行場から、私が直接ランベルツをベルリンまで送り届けた」。そしてランベルツはホーネッカーに報告をした。[1]

ウルブリヒト解任

二〇年以上が経って分かったことではあるが、この電撃訪問のニュースは一九七一年五月三日に一つの時代を終わらせたある出来事の経過を明らかにしてくれる。五月三日の月曜日の午後、東ドイツのラジオとテレビで党中央委員会の声明書の五行にも満たない要約が読み上げられた。この声明書は次の言葉で始まった。「ＳＥＤ中央委員会は全会一致で、同志ヴァルター・ウルブリヒトの願出に沿って、高齢を理由に中央委員会第一書記の役職から解任し、これによってこの役職のバトンを、より若い世代に渡すことを決定した」。そして「彼の功績をたたえて」、中央委員会はウルブリヒトをＳＥＤ議長に選出したと報じられた。[2]★1

西側の事情通たちはすぐさま、ヴァルター・ウルブリヒトの突然の「退任」は、彼が一九六〇年代からソ連に対抗して、国民的特性が刻印された社会主義というものを頑固に強調してきたことと関係があるのではないかと推察した。SED党文書館史料はこの推測を証明している。ニキータ・フルシチョフが失脚した直後の一九六四年にはすでに、ウルブリヒトの独断的やり方は、ソ連の新しい最高指導者であるレオニード・ブレジネフの機嫌を損ねていた。一九七〇年七月、ブレジネフはエーリヒ・ホーネッカーとの個人的な会話の中でこの点について打ち明けていた。「君は知っているだろうが、一九六四年当時、（〔ノイブランデンブルク県の湖〕デルンゼーの）ダーチャ〔休暇用の別荘〕で、私の率いる使節団（チーホノフたち〔ブレジネフの側近のニコライ・チーホノフ〕）を押し返して、私を狭い部屋に追い込んで、我々のところでは何もかも間違っていて、君たちのところでは何もかもが模範的であると一方的にまくしたてられた。暑くて私は汗をかいていたが、ウルブリヒトは気にも留めなかった。ウルブリヒトは私に、我々がどう活動すべきなのか、いかにして統治しなければいけないのか指示したいようで、私に一言も話させなかった。私はこのことしか覚えていない。彼の傲慢さがそこで明らかになったよ。彼は他人の考えや経験を軽視しているね」。

そうこうしている間にも東ドイツは東側ブロックで二番目の工業力を持つ国家に発展していた。自信を深めたヴァルター・ウルブリヒトは、一九四五年からの東ドイツ建設という事業に、高度に工業化された社会主義国家のモデルとしての地位を与えるように主張していたのである。イデオロギーの領域においてもウルブリヒトは、ソ連に対してこれまで以上の独自性を強調していた。ウルブリヒトは、当時のソ連が行っていた中欧での緊張緩和政策を熱心には支持しなかった。他方、一九七〇年夏にモスクワで行われた東側ブロックのサミットの開催中、ウルブリヒトとソ連共産党指導部間で、ドイツ問題に関する考え方が異なっていることということが交渉参加者たちにも明らかになった。たしかにウルブリヒトもブレジネフも、西ドイツが東ドイツを国家として公式に承認することが不可欠である点では考えを一にしていた。しかしながら、ソ連側はそれに引き続くウルブリヒトの諸構想を追認する気はなかった。ウルブリヒトは西ドイツとの経済関係の拡大を目指しており、これによって東ドイツが西ドイツを経済的に追い抜いて、「民主主義と社会主義という土台に基づいて」、いつかドイツの統一を取り戻すというものであった。こうした問題は、ソ連側にとっては、とっくに処理済みの案件であった。「ドイツはもはや存在しない。それは良いことだ。東ドイツの将来は社会主義共同体の中にある」と、ブレジネフは東ドイツの友人の肝に銘じさせようとした。〔一九六八年の〕プラハへの侵攻から二年後、ブレジネフはさらにこう回想している。「我々はソ連の部隊をあなた方の所においている。これは良いことであり、今後も良いものであり続けるであろう」。さらにブレジネフは誤解の余地なくはっきりと、「東ドイツと西ドイツが関係を改善するプロセスなど存在しない。あり得ないし、あってはならない」と述べている[3]。

今やホーネッカーの出番になった。彼は脆弱な経済状態を利用し、これをウルブリヒトの見当違いの政策の所為であると責任を押しつけることで、自身の政治上の育ての親を一歩一歩潰してゆくすべを心得ていた。東ドイツ政治の専門家たちは長いこと、ウルブリヒトはこのザールラント人を最初から最後まで後継者として適任としていたという前提に立っていた。少しずつウルブリヒトはホーネッカーに人事関係業務、党機構での職務、さらに公安問題を委譲していた。しかしながらウルブリヒトは現実に起きたのとは少し違った形で権力移譲を想定していたのかもしれない。ホーネッカーは少しずつ政治局の多数派を味方に引き入れることに成功していた。そして再三再四、ホーネッカーと彼の腹心たちは、東側の兄弟国のソ連のまえで、自分の政党のリーダーであるウルブリヒトの政治的見解を批判していた。一九七一年一月中旬、SED政治局のメンバー一四人中一〇人、および六人の政治局員候補のうち三人が、ソ連指導部の「親愛なる同志」たちへの手紙の中で、「同志ウルブリヒトが、高齢と健康状態を理由に、ドイツ社会主義統一党中央委員会に対して、党中央委員第一書記の任を解くことを自分から願い出させるため」、ブレジネフに、「近日中にウルブリヒトと会談することを勧める」と決定した(4)。

一九七一年四月の終わり、ヴェルナー・ランベルツがモスクワから「青信号」が出たことを知らせると、党内の権力問題に熟達したウルブリヒトは数十年の党員としての体験から、自分の権力の掘り崩しにこれ以上反抗しても無駄だと悟った。こうして規律ある形で、党の兵卒であったウルブリヒトは用意されたシナリオに同意したのであった。

飴と鞭

こうしてホーネッカー時代が始まった。一九七一年六月のSED第八回党大会で新しい第一書記は、「人民の経済的水準と文化的生活水準をさらに向上させること」がSEDの「主たる使命」であると宣言した。ウルブリヒトはその統治期間の後半、生活水準を犠牲にして、経済的に合理性があるかどうか疑いの余地がある、科学やテクノロジー、自動化やその他の威信をかけた建設プロジェクトに莫大な金額を投資していた。これに対しホーネッカーの政治の新路線は、これまで以上に「勤労者」たちに自分たちの労働の成果の分け前にあずからせようと企図していた。こうした政策は、その五年後のSED第九回党大会で「経済政策と社会政策の統一」というスローガンのもと、党と国家の拘束力ある基本政策として宣言された。社会福祉のための諸々の措置が、より低い収入層ならびに社会の中

14.1971年6月、第8回SED党大会。
ソ連書記長レオニード・ブレジネフ〔前列左から2番目〕との結束を誇示している
エーリヒ・ホーネッカー〔前列右から2番目〕。

の弱者、例えば病人や老人に配慮して行われるべきとされた。実際、一九七〇年代初め、東ドイツ経済は飛躍を遂げているように見えた。つましい範囲ではあるものの、生活水準は向上した。しかしこの東ドイツの発展は、第八回党大会におけるホーネッカーの諸要求のうちある一つの観点からの思惑が達成されたに過ぎない。たしかに「生活水準」は高まった。しかしながらこのことは、ホーネッカーの演説が述べたような「社会主義的生産の向上、科学技術の進歩、そして労働生産性の向上の高速の発展を基礎にして」起きたのではない[5]。事実上、一九七〇年代初めには致命的となる負債の悪循環が始まっていたのである。社会政策のための給付（「第二の給付袋」と言われた安価な住宅、無料の医療サービス、子供手当、年金等々）の財政を賄うため、西側諸外国から起債しなければいけなかった。利子は新規国債によって支払われた。ホーネッカーの経済・社会政策は最初から危険が潜んでいたのである。しかしこの政策で、党と国家の指導部は差し当たり、これまでにないほど期待がこもった国民からの支持を獲得することができた。慎重にはではあるが、市民を地域の意思決定にこれまでよりも積極的に参加させるための第一歩が踏み出された。ホーネッカーの方法は当初、前任者以上に徹底した実用主義が特徴だった。ホーネッカーは一九七三年に、「私たちの国では」西側の放送を「誰でも好みに応じて点けようが消そうが構わない」と物のついでに言及した。これをもってSEDはそれまで必死に闘ってきた西ドイツのテレビ・ラジオ放送の受信を受け入れたのである。SEDは、若者をあらゆる領域で統制しようとすることを放棄した。ファッションや音楽に関する問題はもはや「進歩性」というコルセットで縛り付けるべきではなくなった。それまでプロパガンダによって何年間も「ジーパン」は西側の退廃の象徴と糾弾されていたにもかかわらず、国営商店は一九七一年一一月のたった四日の内に約一五万本のリーバイスの「ブルー・ジーンズ」を売り上げた。学校において続いていた、長髪やミニスカートをめぐる諍いは終わりを見た。一九七三年、東ドイツは「第一〇回世界青年学生祭」で、これまで以上に近代的で、ほとんど開放的な国家として自分を演出して見せた。この国の若者文化は西側のそれと比べてほとんど違うところがないように見えた。しかし、こうしたこと全ては、SEDが政治経済社会の全領域で自分たちの覇権要求を何らかの形で制限するということを意味するわけではなかった。反対である。ホーネッカーが権力の座に就くと、既に長年にわたって〔一九五七年から〕国家保安大臣であったエーリヒ・ミールケが、権力機構の司令塔である政治局に加わった。「独裁の心地よき世界」(6)の舞台裏では、広範囲に張り巡らされたシュタージの網が、SEDの指導要求に対するいかなる異議申し立ての芽も摘み取ることになった。以後二〇年間のホーネッカー時代、国家保安機関の専従職員は九万一〇〇〇人に増加し、それまでのほとんど二倍になった。それだけでなく、非公式協力者数が一九六八年から一九七五年までに一〇万人から一八万人強に上昇している。そして世界青年学生祭は、体制の「隅々まで統制されている留保つきの開放性」の表現であったのだ。世界中から来た若者たちが夜遅くまで大庭園でたむろし、西からのゲストたちは邪魔されずにビラを配ることができ、いたるところで活発な議論が起きている。その一方で、裏では国家保安局関係者、特に高い教育を受けている幹部、高度警戒出動準備をしている軍が大量に動員され、治安を監視していた。

15.東ベルリンで開催された第10回世界青年学生祭。東ドイツは自国の現代的発展と世界に対する開放性を誇示した。

SEDの公式声明とSEDによって操作されたメディアは、党の基本方針が変わっていないと絶えず思い起こさせた。公的プロパガンダはあらゆる機会に、ソ連との確固不動の同盟関係を幾度も強調した。ソ連から学ぶことが肝要であると言われ、ステレオタイプ的に、高められた警戒心と階級闘争という古くて新しいフレーズが繰り返された。あらゆる場所で繰り広げられたアジテーションは、東ドイツの住民だけに狙いを定めたわけではない。エーリヒ・ホーネッカー率いる党指導部は、疑り深いモスクワの長兄が、ソ連の西側衛星国家である東ドイツの不変の同盟への忠誠心について、少しでも疑心を抱かないように尽力した。このために東ドイツの新しい「トップ」は、一九七二年にいそぎソヴィエトにおける党と国家の指導者ブレジネフに祝報を送り、東ドイツではこの数か月で資本主義の最後の残滓まで除去したと伝えた。一九七二年春、当時はまだ事業主と中小自営業者と半国営企業主が一万一四〇〇人強はいて、その時点までで東ドイツの消費財の四〇パーセントを取り扱っていたが、彼らのほとんどが終わりを迎えることになった。それまで生き残っていた中間層は、一九五〇年代に強制的に作られた「手工業者生産協同組合」ともども潰されて、ごくわずかの例外を除いて「人民所有企業」へとまとめて転換させられた。そして一九七〇年代に最終的にエーリヒ・ホーネッカーの後押しで、東ドイツ社会の更なる軍事化がすすめられた。ホーネッカーは一九七八年に、こう要請した。「社会生活の中で、国防の重要性をこうむっていないような分野など」存在してはならない。(7) 一九七〇年代終わりには既に実際そうなっていた。ごく幼少の頃から、託児所で、ユンゲ・ピオニール団とFDJで、軍事的プロパガンダが常に存在していた。五〇年代終わりにはスポーツ・技術協会が若者たちを集めた。若者たちにはここでグライダーとパラシュートの技術を習熟する機会を得るとともに、自動車とバイクの運転免許を取得できた。ここではさらに、気乗りするにせよしないせよ、小口径銃の練習と兵役準備教育を受けることを甘受しなければならなかった。一九七八年から生徒は必修の国防軍事教練を受けるようになる。学生たちは男も女も、数週間の射撃訓練と野外訓練、医療衛生講習課程が必修だった。一九七〇年代終わりには民間防衛が国防省の管轄になった。民間防衛は、特に女性を軍事的な事柄に結びつけることを目的にしていた。一九五二年に設置されていた「労働者階級戦闘団」に、企業に勤める男性四〇万人が組織され、SED党員であればこの徴募を逃れることは困難だった。テレビ、ラジオ放送、教材、そしてとりわけ児童青年文学において、軍人や「平和情報偵察者」（東ドイツに帰還した国家保安省のスパイはこのように呼ばれた）は、模範的人間として描かれた。とりわけ大学入学資格を持ちながらも、「社会主義的祖国防衛」をかたくなに避け続け、さらに武器を取る任務そのものを拒否して、「建設兵士」として兵役に服することを希望した者は、甚だしい不利益を被ることを覚悟しないといけなかった。★2 こうした人々に単科大学や総合大学への門戸が閉ざされることもよくあった。

それにもかかわらず、一九七〇年代前半の東ドイツでは、ある種の覚醒の気風というものが広まっていた。これに貢献したのは、生活状況が改善したことばかりではない。とりわけ比較的若い層は、その核にヒューマニズム的な要素を持つ社会主義イデオロギーを額面通り受け止め、希望と喜びの眼差しで、アフリカや南米、アジアの新しい国民国家を見ていた。世界中のあらゆる場所で、社会主義の前進は止められないように見えた。キューバではフィデル・カストロが超大国アメリカと渡り合い、そのアメリカは一九七〇年代初めにはヴェトナムで大敗北を被らざるを得なかった。チリにおけるサルバドール・アジェンデの選挙での勝利は、社会主義への民主的な道を期待させた。ポルトガルでは一九七四年に平和的な「カーネーション革命」が勝利した。鉄のカーテンの両側で解放闘争の英雄たち――とりわけエルネスト・チェ・ゲバラが――共感を呼び、人々の憧れとして機能した。熱帯の椰子の下における社会主義革命ロマンは、東ドイツの固有の日常にある諸矛盾を、一時的ではあるにせよ、後景に退かせた。一九七三年のチリにおけるアメリカの支援を受けた軍事クーデタのような反動は、「世界平和陣営〔東側ブロック〕」の内側で――外側でもそうなのであるが――団結をもたらすことになった。この団結からは、体制に批判的な左翼も一時的ではあるにせよ逃れることができなかった。

両ドイツの接近

東ドイツのたいていの人々は、特に一九七一年以降見られた段階的な両ドイツ関係の改善から、楽天的な観測を引き出すことができたかもしれない。

西ドイツで一九六六年に「大連立」が作られ、ボンのドイツ政策と東欧政策が大きく転換することがはっきりしてくると、SEDはこの西側隣国の緊張緩和政策に対し、これまでと違い無愛想な態度で接した。[★3] その時まで東ドイツは、西ドイツが否定的な態度を取ってくることを念頭に置き、「ドイツ人は一つの机につこう!」と絶えずプロパガンダをしていたのだ。しかし今や、東ドイツ政府は二つのドイツ国家の分断を強調するようになった。『新ドイツ《ノイエス・ドイッチュラント》』紙の「読者投稿欄」には、「我々の社会主義的祖国と独占資本主義によって支配されている西ドイツの統一というものは不可能」であると請け合う発言が載せられた[8]。両ドイツ国家再統一への住民たちの希望は芽のうちに摘み取ろうというわけだ。西ドイツの社会民主党員ヴィリ・ブラントによって推し進められている緊張緩和路線を苦々しい気持ちで注視していた者も、SED党指導部には少なからずいた。東ドイツ外務大臣オットー・ヴィンツァーにとってこれは、「フェルトのスリッパを履いた侵略〔平和外交を装った侵略〕」であった[9]。一九七二年、国境警備兵を前にホーネッカーはこう強調した。「我々共和国と西ドイツは、互いが互いを第三国として振る舞う。すなわち西ドイツは外国なのである。いや、それ以上に悪い。彼らは帝国主義的な異国なのだ」[10]。数多くの組織や機関は、その名前から「ドイツ」や「ドイツ（人）の」という概念を消し去らねばいけなくなった。ドイツ科学アカデミーはそれ以来ＤＤＲ科学アカデミーに改称し、ラジオのドイツ放送は「ＤＤＲの声」と名乗るようになった。[★4] 一九七四年の憲法改正によって、一九六八年の憲法第一条「ドイツ民主共和国は、ドイツ国民の社会主義国家である」が、「ドイツ民主共和国は、労働者と農民の社会主義国家である」に変容することになった。そして第六条で、東ドイツが「ソヴィエト社会主義共和国連邦に、永遠かつ取り消されることない形で結びついて」いることを宣言した。

　こうした対西隔絶政策が、ＳＥＤ指導部には当時非常に好ましく思われた。どんな代償を払っても避けなければいけなかったのは、一九七〇年代初めから開始された両ドイツ国家の交渉が、モスクワあるいは東ドイツで、対等ならざる隣人である西ドイツと〔ソ連との関係以上に〕より親密な関係を築く端緒になるのではないかと誤解されることであった。まずは一九七一年一二月、西ドイツとの間で「トランジット協定」が調印された。一九七二年春にはこれに「交通条約」が続いた。[★5] 一九七二年六月、両ドイツ国家基本条約の交渉が始まった。東ドイツの目標は、基本条約の中で西ドイツによる国際法上の承認を得ることであった。これを西ドイツはきっぱりと拒絶した。それでも交渉当事者たちが一九七二年一二月に調印した書面において、「両国の各々の主権は自国の領域内に限定されるとの原則」に基づき、両国は、「各々の内政・外交に関する事項についての独立と自主性を尊重する」[11]と宣言した。しかしこれは西ドイツにとっては、基本法〔憲法〕が要求している両ドイツの再統一を明示的に断言したり、国籍問題を説明したりすること〔東ドイツ独自の国籍を認めることなどを指す〕を意味するものではなかった。

　基本条約は西ドイツの「ハルシュタイン原則」の終わりを意味した。これは一九五五年以降にでき

16.ハノーファー通り30番。東ベルリンに置かれた西ドイツ常設代表部。

たもので、東ドイツを外交的に承認した国家に対して、西ドイツとの外交関係を断絶すると脅すものであった（例えば一九五七年にユーゴスラヴィアに対して行った）。そして一九七八年までに東ドイツは、一二三の国家から国際法上の承認を受けることになる。

一九七四年九月、両ドイツ国家は国際連合に加盟した。東ドイツと西ドイツはヘルシンキの「全欧安全保障協力会議」で他の参加国と同じ権利を持って交渉の席に着いた。

そして一九七四年七月二〇日、東ベルリンではギュンター・ガウスが西ドイツを代表して、ボンではミヒャエル・コールが東ドイツを代表して、常設代表部の長が〔外交使節が自国から預かる〕信任状を〔相手国に〕渡すと、融和プロセスは頂点を迎えた。西ドイツ代表部の住所はハノーファー通り三〇番であった。

ここ、ショセー通りがフリードリヒ通りに変わる場所で、ギュンター・ガウスとその部下たちは厄介な課題に取り組むことになった。鷲がデザインされた西ドイツの国章の看板があり、そこに人民警察の歩哨が立っているだけで、東ドイツの首都の真中に西ドイツの土地が一辺あることを通行人に知らせてくれる。こうして、分断された戦後ドイツにやっと訪れた正常化である常設代表部の設置に際しても、「大使館」という名前を付けることは許されなかった。これには、未決のドイツ問題が立ちはだかっていた。これは西ドイツが――多くの同時代人の目にはもはや非常識に映っていたが――強調したことであった。西ドイツの保守派は、西ドイツによる事実上の東ドイツ承認が、東側分断国家の国際的な立場の向上になってしまうとして激しく攻撃した。この事実上の承認は、西ドイツの「小さな一歩」政策の基礎になった。この「小さな一歩政策」は、分断の帰結の苦痛をやわらげ、東ドイツに暮らす人々の生活条件を改善し、国民の団結を高めることが狙いであった。

「ビアマン事件」

一九七六年五月、東ベルリンでSED第九回党大会が開催された時、エーリヒ・ホーネッカーは五年前に導入された自身の政策の有効性が証明されたと感じずにはいられなかった。東ドイツは国際的に承認された国家になっていたのである。東ドイツ国家は東側ブロック全体で最高の生活水準を住民に与えていた。一九七六年一〇月、最低賃金と最低年金、並びに全般的な賃金水準が引き上げられ、産休期間が延長され、「育児休暇」が導入され、労働時間は削減された。

しかし、一九七〇年代後半の東ドイツの住民たちには新たに不信感が広まっていた。東ドイツも国際的な石油危機に襲われ、賃上げにもかかわらず生活水準が停滞していた。ホーネッカーによって一

17.1976年11月に市民権剥奪処分を受けた後、記者会見に臨むヴォルフ・ビアマン。

九七〇年代初めに掻き立てられた期待感が満たされていないことは明らかだった。両ドイツ国家の交渉で、西側への国境が今までよりも通過しやすくなるのではないかという密やかな願いは失望に変わった。一九七一年からはビザなしでポーランドとチェコスロヴァキアに旅行できるようになったが、これで西ドイツへ行けない不足を埋め合わせることはできなかった。

ただし、さらなる危機の原因は経済的なものばかりではなかった。一九七六年一一月一六日、官製の報道社ADNの短いニュースが、「テレタイプ〔タイプライター型の通信機器〕」を通じて、新聞、雑誌、ラジオ、テレビ放送で流れた。この破壊力をどの責任者もまだ知る由もなかった。この後、東ドイツに対する「敵意ある態度をとる」ヴォルフ・ビアマンという人物が、「市民権を今後維持するための根を絶った」という報道がされた。その翌日、SED機関紙『新ドイツ《ノイエス・ドイッチュラント》』はこう報じた。「国籍には、国家への忠誠義務が必要である。これは東ドイツばかりのことではない。ビアマンはこの忠誠義務をわざといつもぞんざいな形で傷つけてきた。この帰結が、東ドイツ国籍法に従って導き出された。西ドイツ出身のビアマンはかつて東ドイツ国籍を獲得した。そして今回、彼は自分自身の罪で、そして我々の社会主義国家への敵対的態度によって国籍を失った」。おそらく東と西のたいていの人間は、ビアマンの市民権剥奪が引き起こしたセンセーションが起きるまで、この騒動の前日に四〇歳の誕生日を祝っていた詩人でもあるこのシンガーソングライターに関心を持つことはなかっただろう。実際にはビアマンは一九六〇年代以降、体制に批判的なインテリの共感を集め、憧れの対象になっていた。ビアマンは能弁でしばしば刺さるような鋭さで、歌や詩の中で社会主義の理念と東ドイツの現実との諸矛盾を糾弾した。すでに一九六五年に、国家権力はその不愉快な批判者であるビアマンに公演禁止処分を下していた。しかし、これでは一九五三年にハンブルクから東ドイツに移住した確信的共産主義者の口を封じることはできなかった。彼のレコードは西ドイツでしか販売されていなかったにもかかわらず、録音テープが東ドイツにおいて知識人や学生の間に広く出回っていた。一九七三年にシュタージは、「ビアマンが国家に害をなす扇動をした」という疑惑で裁判にかけるシナリオを練った。もう一つの選択肢として提案されていたのが、本人の意思に反して西ドイツに国外追放するか、彼が西ドイツに訪問した後、東ドイツへの帰国を拒絶するというものであった。一九七六年一一月、ホーネッカーとミールケは好機を利用できると踏んだ。同月一三日、このシンガーソングライターはＩＧメタルに招待されケルンでコンサートを行った。彼は東ドイツに明白に賛同する信条を表明していた。それにもかかわらず、ＳＥＤ政治局はこの吟遊詩人の嘲笑と愚弄を我慢するつもりはなく、実際にもはや我慢できなかった。こうしてビアマンの市民権剝奪が命じられたが、これについては東ドイツ文化大臣ハンス＝ヨアヒム・ホフマンでさえ、何時間かたってから東ドイツのテレビニュース「アクチュエレ・カメラ」で初めて及び知った。

ところが、東ドイツ市民たちの不満はぎりぎり収まるだろうという支配者の計算は外れた。ビアマンの市民権剝奪後に西ドイツのテレビがコンサートを全国に放送すると、東ドイツの住民たちはその非難の不条理さをよく理解することができた。東ベルリンでは一二人の著名な作家たちが抗議文書を起草した。この中にはシュテファン・ヘルムリーン[★6]、クリスタ・ヴォルフ[★7]、フォルカー・ブラウン[★8]、ハイナー・ミュラー[★9]、シュテファン・ハイム[★10]が含まれる。そしてこの抗議文書では、党と国家の指導部に対して「決議された措置を再考すること」[(12)]が要請された。さらに九三名の芸術家が一一月の数日間の間に連帯して呼びかけを発した。彼らの中には著名な者から、その時までは徹頭徹尾体制に忠誠を誓っていた者までおり、俳優（例えばマンフレート・クルーク[★11]、アンゲリカ・ドムレーゼ[★12]、アルミン・ミュラー＝シュタール[★13]）、歌手（例えばニナ・ハーゲン[★14]、ラインハルト・ラッコミー[★15]）、さらに多くの作家たち（例えばギュンター・デ・ブロイン[★16]、ユルゲン・フックス[★17]、ウルリヒ・プレンツドルフ[★18]）が含まれる。ただしかし、知名度が防御壁になるような芸術家とは異なる、名もなき東ドイツ市民たちもまた、不満をビラに書き、夜陰に乗じて建物の壁にスローガンを落書きした。しかし党はますます間違った方向に突き進んでいた。飴と鞭を用いて、請願者たちにこの署名の取り下げを強いようとしたのだ。党員としての処罰、ＳＥＤ追放、作家同盟からの追放、作品公開禁止処分、ありとあらゆる嫌がらせが用いられた。

ビアマン事件は、東ドイツ史上幾度となく行われてきた文化政策上の路線転換をはるかに超えた意味を持っていた。本事件は、その結果が体制に批判的な東ドイツの知識人たちに見切りをつけさせる画期になった。この時期、少なからぬ者がユーロコミュニズムに期待を託すようになったのだ。ユーロコミュニズムは、共産主義に支配された諸国家の民主化、モスクワからこれまで以上の大きな独立性を可能にさせるように見えた。これに対する自国の国家と党指導部の頑なな態度に、知識人はますます見切りをつけるようになった。多くの知識人は若いころの政治的な理想と決別しただけでなく、自分の国にも別れを告げた。東ドイツで成長し、教育と学習過程を修了した、体制に批判的な多くの人々が、毎年東ドイツから離れて西へ行った。大半の者は、長年にわたる嫌がらせを受けた後で、つまり全く自由意思で行くということではないのだが、永遠に東ドイツを去った。ごく一部、特に芸術家と作家は帰国可能な旅券を持って東ドイツから出国した。壁と有刺鉄線と銃によってＳＥＤ指導部は住民たちに留まることを強いたが、文化的エリートの一部の脱出については促進しているように思われた。東ドイツ建国から三〇年後、エルベの東では政治権力と文化的エリートは互いにほとんど没交渉になっていたのである。

　政治権力者たちは自国から知識人を排除しようとしたのみならず、自身の政党からも知識人を取り去ろうとした。一九六〇年代から改革志向の勢力は、スターリン主義的な構造についてあらゆる批判をしていたものの、ＳＥＤ内部に政治的な居場所があると感じていた。ＳＥＤ指導部が一九七〇年代後半に誤解の余地なく、「制度への長征〔既存の制度を内部から改革すること〕」を許すつもりはないと明言すると、指導部は彼ら改革志向勢力を原理的反対勢力へと押しやってしまった。強情にもＳＥＤはルドルフ・バーロを懲役八年の有罪判決とした。バーロは一九七七年の夏、西ドイツで『オルタナティブ〔邦訳『現代社会主義の新しい展望』〕』を公刊し、ここで彼は確信的マルクス主義者として、東ドイツの「現実に存在する社会主義」に対して鋭い批判を行った。[★19] 国に居残った人々はますます「指導的政党」から離れていった。東西の軍拡競争と進行する環境破壊を目前にして、一九七〇年代には教会の下で環境保護団体や平和運動が生まれた。ゆっくりではあるが、こうした団体は、着実に成長していく反対運動の受け皿になっていく。すでに一九七六年八月には牧師のオスカー・ブリューゼヴィッツの焼身自殺によって、外見上の正常さとは裏腹だった、東ドイツにおける多くのキリスト教徒がおかれていた苦境に関心が注がれるようになっていた。

18.東ベルリンのフリードリヒシュトラーセ駅。
東西ベルリンの間で動線が厳しく分けられていた。

しかし党指導部は知識人だけから圧力を受けていたわけではない。東ドイツで成長し、ＦＤＪの学校に通っており、体制がその心をつかむために苦心していた若者たちも、体制に順応しているとは到底言えなかった。よりにもよって東ドイツ建国記念日の一九七七年一〇月七日、東ベルリンで若者と警察の間で殴り合いが引き起こされた。ベルリンの壁構築によって押しすすめてきた「西からの影響」から東ドイツ住民を遮断させる政策は、国際的な東ドイツ国家承認、両ドイツ関係の漸次的正常化、他国との条約によって旅行の規則が整うことで、かつてに比べると維持できなくなってきた。一九六九年から一九七五年の間、東ドイツに来る西ドイツの市民の数は三倍に膨れ上がった。一九六〇年代半ばまで西ベルリン市民は、少なくとも定められた時期であれば〔例えばクリスマスの休暇期間に限定して〕、通行許可証協定の範囲内で東ベルリンの親戚を訪れることができた。しかし一九六六年から一九七二年の間は、西ベルリン市民にとって国境はほとんど完全に閉ざされたままであった。一九七一年のベルリンに関する戦勝四カ国協定と、東西ドイツの条約交渉がこの状況を打破した。一九七五年には三五〇万人が東ベルリンと東ドイツに旅行に訪れたことが記録されている。これとは反対の方向に、戦後三〇年の一九七五年には、年金生活者を除くと、四万人強の東ドイツ市民が「緊急を要する家族案件」のために西に行った。[20] わずかばかりの流れではあるが、壁構築後の時代であることを鑑みれば、進歩は進歩であった。東西ドイツの条約交渉は東ドイツの生活状況を大きく改善するだけにとどまらず――SED指導部の目論見に反して――、両ドイツ国家の関係の特殊性とドイツ問題が未解決であることを強調した。そして東西ドイツの人々の隔絶離反とは反対に働きかけたのである。

そうこうする間にも、ますます多くの東ドイツ市民は、エーリヒ・ホーネッカーが署名した一九七五年のヘルシンキ全欧安全保障協力会議の最終文書を言葉通り受け取るようになった。この最終文書では、移動の自由も含む基本的権利の尊重が、東ドイツ指導部に義務付けられていた。それゆえ一九八〇年代には、東ドイツで外国旅行申請を行う人の数が持続的に増加し続けることになる。一九八四年には三万二〇〇〇人強の市民が西ドイツへの移住申請を待っていたが、一九八八年には一一万人を超えることになる。たいていの申請者の日常生活にとって決定的意味を持つ、党とシュタージからの嫌がらせがあっても、これを変えることはできなかった。

訳注

★1 SED議長とは、これまでになかった役職で、完全に形式だけの地位であった。

★2「建設兵士」とは、武器を取ることを拒否した人が入ることができる部隊の名前である。これについては、市川ひろみ「東ドイツ『平和革命』と教会――建設兵士の活動を中心に」、川越修／河合信晴編『歴史としての社会主義――東ドイツの経験』(ナカニシヤ出版、二〇一六年)が参考になる。

★3 西ドイツでは一九六六年に、それまでの政権与党キリスト教民主同盟・社会同盟(CSD／CSU)と野党第一党のドイツ社会民主党(SPD)が、連立内閣を組むようになった。この際、SPDのヴィリ・ブラントが外務大臣になり、対東側政策の変化が始まった。さらに一九六九年になるとSPDと自由民主党(FDP)の連立政権が誕生し、ブラントは首相になった。ここからブラントの「東方政策」、すなわち東側諸国との外交関係を構築する政策が本格的に始められる。

★4 DDRとはドイツ民主共和国(Deutsche Demokratische Republik)の略称。

★5 トランジット協定とは、西ベルリンに関する合意を指す。一九七一年九月三日、西側諸国の西ベルリンへの自由なアクセスを保障し、同時に、西ドイツが西ベルリンを自国の一部として扱わないという議定書が作成された。これを具体的に補足するものとして、西ドイツと西ベルリンの通行を保障した協定が「トランジット協定」である。そしてその翌年には東西ドイツで様々な人の往来のための協定(交通条約)が結ばれることになった。参照、H＝A・ヴィンクラー『自由と統一への長い道〈2〉ドイツ近現代史1933-1990年』後藤俊明他訳(昭和堂、二〇〇八年)、二八九頁、マイケル・L・ドックリル／マイケル・F・ホプキンズ『ヨーロッパ史入門――冷戦1945-1991』伊藤裕子訳(岩波書店、二〇〇九年)、一五〇―一五一頁、ヘルマン・ヴェントカー『東ドイツ外交史一九四九―一九八九』岡田浩平訳(三元社、二〇一三年)、四一八―四二四頁。

★6 Stephan Hermlin、一九一五年―一九九七年、作家、詩人。ドイツ・ユダヤ人。共産党系の青年運動や反ナチ運動に参加していたが、一九三六年にはパレスチナに亡命した。第二次大戦後、一九四五年にドイツに帰還した。彼は一九六一年のベルリンの壁構築に賛同していた。

★7 Christa Wolf、一九二九年―二〇一一年、作家。一九六三年の『引き裂かれた空』で注目を集める。代表作に『クリスタ・T・の追想』(一九七二)、『幼年期の構図』(一九七六)など。第二次世界大戦後に社会化した最初の世代の東ドイツの作家に属する。

★8 Volker Braun、一九三九―、劇作家。ブレヒトの作ったベルリーナー・アンサンブルで、舞台付き脚本家として働く。代表作に『ヒンツェとクンツェ』(一九七三年、小説版は一九八五)などがある。

★9 Heiner Müller、一九二九―一九九五年。劇作家、演出家。ベルリーナー・アンサンブルで働き、ブレヒト的な叙事劇、社会主義演劇を学ぶが、次第に前衛的な作風に移行する。一九七七年に西ドイツで発表した「ハムレット・マシーン」は特にその転換点になっている。

★10 Stefan Heym、一九一三―二〇〇一年、小説家。ドイツ・ユダヤ人。ナチ時代はアメリカ合衆国に亡命していた。米国市民として米軍に従軍。一九五三年に東ドイツに移住する。代表作に、前章で取り扱った『Xデー(のち『六月五日間』に変更される)』がある。本作は西側で一九七四年に出版されたが、東ドイツでは一九八九年まで出版されなかった。

★11 Manfred Krug、一九三七―二〇一六年、俳優。多くのDEFA映画に出演。『石の痕跡』(一九六六)にも主演しているが、この作品は一九六五年のSED総会で批判され、公開禁止処分になった作品でもある。

★12 Angelica Domröse、一九四一―、俳優。一九七三年の『パウルとパウラの伝説』でパウラ役を務めたことでも有名。本作は日本でも映画祭などで字幕付き上演が行われたことのある作品。

★13 Armin Müller-Stahl(Mueller-Stahl という表記もある)、一九三〇―、俳優。『嘘つきヤーコプ(ヤコブ)』(一九七五年)に出演。本作は東ドイツで唯一のアカデミー賞外国語部門候補にノミネートされた作品でもある。一九八〇年、ミュラーは西ドイツに亡命し、俳優活動を続けている。

★14 Nina Hagen、一九五五―、ロック歌手。一九七〇年代後半から八〇年代の「ノイエ・ドイッチェ・ヴェレ（新しいドイツの波）」と呼ばれるドイツ音楽の潮流の代表的人物の一人。バンド「アウトモービル」や「ニナ・ハーゲン・バンド」で活躍。

★15 Reinhard Lakomy、一九四六―二〇一三年。歌手、作曲家。一九八〇年に公開した児童放送劇『夢魔法の樹』などで著名。

★16 Günter de Bruyn、一九二六年―、小説家。代表作に『山間の道』（一九六三）、『マルク・ブランデンブルク研究』（一九七八）、『バビロン』（一九八〇）など。

★17 Jürgen Fuchs、一九五〇―一九九九年、作家、公民権運動、反対運動にもかかわる。ビアマン事件によって「国家に有害な扇動を行った」として逮捕され、約二八〇日にわたってシュタージの監獄で過ごす。その後は市民権を剝奪された形で西ベルリンに釈放された。作品として『記憶調書』（一九七七）など。

★18 Ulrich Plenzdorf、一九三四―二〇〇七年、作家、脚本家。クリスタ・ヴォルフと並び、東ドイツで社会化した世代の代表的な作家。代表作に『若きWの新しき悩み』（一九七二）。また前述の『パウルとパウラの伝説』の脚本を書いている。

★19 Rudolf Bahro、一九三五―一九九七年、バーロは一九七八年に逮捕され、翌一九七九年には東ドイツを追われる。以降、西ドイツで政治活動を行い、緑の党の設立にかかわった。

★20 労働力不足と少子化に悩む東ドイツでは、年金生活者は簡単に出国することができたので、ここでは計算されていない。

第5章

最後の一〇年間

東ドイツ建国三〇年後、国家と党の指導部は解決しがたいジレンマの前に立たされていた。東側ブロックの国で、東ドイツに比肩する高い生活水準を提供できる国はなかった。一九七〇年代半ば、四世帯に一世帯は自家用車を有し、一九七九年にはそれが三世帯に一世帯になった。高価な消費材を含む設備水準、例えばテレビ受信機（九〇パーセント）、冷蔵庫（ほぼ一〇〇パーセント）、洗濯機（八〇パーセント）でも少なからぬ西側工業国と肩を並べることができた。野心的な住宅建築プログラムはその最初の成果を出しつつあった。家賃、光熱費、水道料金は、食糧品以上に高い補助金が出された。収入と年金は増額された。「夫婦信用貸」[★1]が購買力をさらに増加した。国家は保険制度と教育制度に莫大な投資をした。国営の託児所、学童保育は若い女性の日常の負担を軽減した。それにもかかわらず、住民の間で不満は大きくなっていた。ＳＥＤ指導部の期待とは異なって、人々は「社会的成果」に対して、政治的な「善行」や忠誠心をもって高く評価しようという気にならなかった。生活水準が上がったからといって、民主主義が存在していないことや、オーダー川とエルベ川の間で行われている、国家による後見人のような監視と指導を忘れられるわけではなかった。さらに、大口ばかりたたく経済計画の約束や西側のテレビ放送で、いまよりもずっと高い期待が喚起されていた。憂慮すべき経済状況を眼前にして、この期待の実現は困難であった。指導部があらゆる方法で隔絶を試みても、東ドイツの人々の大多数にとって、西ドイツは魅力を持ち続け、人々は西ドイツと生活水準を比べるのであった。SEDによってコントロールされた単調なメディアの光景と壁構築を通じて自国民を遮蔽しようとしても、それは最初から失敗を運命付けられていた。〔西ドイツの〕ARDやZDF放送経由で、東ドイツ市民たちは集団で、西側の色鮮やかなテレビ画像の世界へと毎晩旅していたのだ。壁構築前も後も、SEDは要求していたはずの情報の独占を達成できなかった。一九八〇年代の終わり、東ドイツで非公表のうちに行われたアンケート結果が分かったところで、当時の誰も驚くことはなかっただろう。アンケートを受けた一〇〇人中八五人が定期的に西側のテレビ放送を見ていると回答したのである。

経済の凋落

実際のところ、東ドイツ経済は一九八〇年代初めには破綻の淵に立っていた。このことはしかし西側の情報筋も認識できず、東ドイツの人々にも見通せなかった。東ドイツの人々からすると、ホーネッカーが指導者になって以来「給料袋」の中身はだんだんと増えたが、この金でできることはみるみる減っていった。生計維持のための基礎費用は、国家による価格据え置き政策のために問題にはならなかった。しかし、一九七〇年代に購入して長いこと使われている技術消費財を交換しようとするか、結婚や独立に伴ってできた新しい世帯が家具家電を一式揃えようとすると、技術的に周回遅れの棚ざらしの商品しか店で見つからないのが実情だった。自家用車のような高価な消費財や、最新の西側技術に中途半端に対応しているテレビ受信機や冷凍庫付き冷蔵庫、全自動洗濯機を手に入れるためには、目もくらむような高額を払わないといけなかった。それだけでなく、商品が引き渡されるまで何年も待たないといけなかった。全自動洗濯機は手に入れるまで三年かかった。対して最低一〇年待たせるトラバントは無冠の帝王と言える。こうした理由は次の通り。外貨不足に悩む東ドイツは——技術的に時代遅れになった自動車は除いて——自国の商品を西側に安価に投げ売りしていたのである。西ドイツでは、タイプライター「プレジデント」、バイク「MZ」、さらにレフレックスカメラ「プラクティカ」などに並び、一九八〇年代以降数多くの技術消費財、家具などの多くのもの——部分的にはとりわけブランド品——を通販カタログやデパートで見ることができた。

東ドイツ最後の一〇年間、いわゆる「日用必需品」の供給ですらこれまで以上の激しい変動、影響の下に置かれるようになった。企業の「勤労者」の欠勤時間と行政における活動休止時間は長くなる一方だった。なぜなら、暗黙裡に承知されていた、不足商品の調達に絶えず時間を食うようになっていたからである。この調達時間の長さは、人々にますます不満を募らせるようになってきた。官僚主義的な東ドイツ経済では一九七〇年代以降、国家による価格据え置き政策に対して、根本的な路線変更を要求するような警告が出されなかった。仮にどこかの分野で部分的に剰余金が出ても、より実際的なエネルギー費用や生活用品価格によって相殺されることになった。反対に、例えば小型家畜を飼育する者に、国家が補助金を出すオートミールで肥育させるような成長が進められた。★2 しかし、ホーネッカーと腹心の経済専門家ギュンター・ミッタークがこれまでの補助金政策に頑迷にこだわった。こうした「成果」を放棄すると、住民たちがこれまで政策を受け止めていたように当たり前には方向転換を受け入れないであろうという不安から生じたことは疑いの余地がない。党指導部にとっては、一九七七年の住民の反応だけでも十分に恐ろしいものとして記憶された。この時は繊維製品の価格を上げたが、人々は買いだめに走り、高額な焙煎コーヒー豆の輸入額を抑えるために安価なミックス〔混ぜ物のある〕コーヒーに変えようと試みると、予期しないほど激しい投書が当局に殺到したのだ。一九七〇年代終わりに経済の専門家たちは、輸入店や高級食品店を導入し、住民の消費願望の上昇に対して、高価な西側商品と高品質（だと東ドイツ指導部が考えていた）自国製品を提供しようと試みた。しかし、この試みもまた外貨不足と自国の生産能力不足で失敗することになった。一九八一年の東ドイツの対西側負債は二三〇億西ドイツ・マルクまで増大していた。一九七〇年代前半に西側から輸入したテクノロジー関係輸入品の信用貸しの負債を、一九七〇年代後半にハードカレンシー諸国に対する輸出で返済しようというホーネッカーの構想は実現していなかった。[★3] 何十億西ドイツ・マルクという借金のうち、穀物と飼料、消費財の輸入にあまりにも多くの比率が割かれていた。またそのうち、利子支払いや古い債務の返済に充てる比率も高すぎた。そして一九八一年、ソ連が東ドイツに対する石油供給を年一九〇〇万トンから一七〇〇万トンに減らす旨の予告がされ、東ベルリンでは警戒警報が鳴り始めた。モスクワでは、〔東ドイツ政府が〕喫緊に必要な生活用品を賄うため、石油を西側に売ろうとしていると噂された。[★4] この通知は東ドイツにとって、経済危機をより悪化させる手痛い一撃であった。ホーネッカーはブレジネフに、この決断を考え直すように手紙を送った。しかしこの時点までにソ連が借金で首が回らない状態にあるのは明らかだった。ソ連共産党中央委員会書記コンスタンチン・ルサコフは一九八一年一〇月二一日、東ベルリンを訪問し、ソ連がこの措置を変えるつもりはないと明言した。会議のプロトコルを見ると、ルサコフはこう言ったとある。「我々が君たちにいかに大きな困難をもたらすかは承知しています。しかし信じていただきたいのですが、ソ連国内ではどこよりも厳しい倹約措置をとっているのです。社会主義国家共同体がこれまで存続してきた中で、困難な情勢もありましたが、我々が手を貸したこともしばしばあったはずです。今度は我々に手を貸していただきたい。他に手立ては見つかりません。同志ブレジネフからはこう言われています。君〔ルサコフ〕が同志ホーネッカーと話すのであれば、これに署名しているときに、私〔ブレジネフ〕は泣いていたとお伝えください」。書記長ブレジネフが泣いたと言われても、苦境のホーネッカーの心は動かない。東ドイツが自国の経済的な利害よりもソ連の利害を重視しなければいけないことは、これまで十分すぎるほどあったからだ。東ドイツの国家と党の指導者は、これまで以上に陰鬱な将来像を述べた。私たちは「報復主義的な西と対峙しています〔…〕。そして西側は五つのテレビチャンネルと三五のラジオ局で間断なく」東ドイツに襲いかかってきているのです。そして同時に「我々の背後から、ポーランドでは反革命〔「連帯」の結成〕」が起きました。一か月後にSED中央員会総会は、一九八五年までの五か年計画を決議したいのですが、「我々はいったいそこで何を宣言すれば良いのでしょうか」とSED書記長のホーネッカーは抗議した。「もしも資金を削ったら、住民たちはこう言うでしょうね。あいつらは俺たちを騙したと。それだけではありません。もっと大変なことになります。今後数年間の我々のコンビナート計画はストップです。〔石油量〕削減が行われれば、全企業を停止させざるを得ないでしょう。〔…〕私が同志レオニード・イリイチ・ブレジネフに率直にこう問うのをお許し願いたい。果たして、二〇〇万トンの石油とは、東ドイツを不安定化させるほどの価値があるものなのでしょうか」[1]。ここまで執拗に粘ったが、成果はなかった。[★5] 一九八二年に借金の利子がこれまでで最悪の水準に達し、国際金融市場における東側ブロックの支払い能力への信頼が底まで落ちると、東ドイツは破産直前の状態になった。苦境を救ったのは一九八三年の西ドイツ連邦銀行〔中央銀行〕による一〇億西ドイツ・マルクの借款であった。この借款は、シュタージ将校アレクサンダー・シャルク＝ゴロトコフスキー[★6]が、バイエルン州首相フランツ・ヨーゼフ・シュトラウス[★7]、食肉加工業者ヨーゼフ・メルツ[★8]とともにお膳立てしたものであった。一九八四年には一〇億西ドイツ・マルクに迫る一時的経済援助が行われたが、これも西ドイツ連邦政府の許可が必要なものであった。

　危機的状況の東ドイツ経済を立て直そうという党指導部のあらゆる試みは失敗した。これに加えて、条約によって定められた東欧経済共同体の、すなわち経済相互援助会議〔コメコン〕の枠組み内での義務が東ドイツ計画経済の行動余地を制限した。マイクロエレクトロニクス分野への投資や、計画経済構造の内部にとどまる半端な経済改革では停滞を打破できなかった。政治においても経済においても、こうした方法で創造的に活動する余地を提供し、自立した思考を促し、さらにとりわけ自立した行動をさせるために、ＳＥＤは自らの「指導的役割」を制限する準備ができていなかった。

　零落した東ドイツ計画経済の最後の一〇年間の命脈は、その場しのぎと、西側からの外貨の点滴だけでかろうじて保たれていた。しかし外貨流入はもはやこの時期にはとうに不十分であった。窮した党と国家の指導部は、喫緊で必要な西ドイツ・マルクのために考え得るあらゆる資源を使用しつくすようになった。それは、東ドイツを通る時の通行料金の西ドイツによる支払い、停滞していた西側への輸出、西側からの訪問者に強制的に〔東ドイツ・マルクと〕両替をさせる措置、自国民の外貨貯蓄を「インターン・ショップ」や「ゲネックス」取引で引き出そうという試みだけではない[★9]。さらに一九八〇年代以降は、政治犯の西ドイツへの「販売」も、東ドイツの外貨収入源の一つになっていた。すでにこの時期にはシャルク＝ゴロトコフスキーのヤミ経済の帝国とも言える「商業調整部門」は、外貨の流れを維持、拡張すべく、ますますその創造性を発展させていた。この組織は東ドイツにおける芸術や古美術保有者の財産を没収し、そのコレクションを西側で売って金に換えるのと同様に、東ドイツ最後の時期においては、血液製剤も販売していた。この材料のために東ドイツ市民が献血することもあり、名目上は国際的な解放運動への連帯を示す活動として行われていた。これに加えて世界中で行われる武器取引と西側からのごみ引き取りがある。現金と引き換えに、厳重に監視された巨大ごみ処分場が西ベルリン境界とハンブルク周辺に設置された。[★10]

現状維持という呪縛

今から振り返ると訝しく感じられるかもしれないが、こうしてはっきりと顕在化したあらゆる危機にもかかわらず、政権や諸政党、大衆組織や政治家の行動にとっては、内政でも外交でも、今ある状態のままであること、つまり現状維持が基調となり続けた。

このことが何よりも当てはまるのはＳＥＤである。党は「強硬な」政策と「柔軟な」政策の間で揺れる「ジグザグ路線」で対応した[2]。七〇年代末、政治局は隣国ポーランドで、維持すべき現状がいかに脆いか看取せざるを得なかった。この地では独立した労働組合運動である「連帯」が強力な機関に成長し、ポーランドの国家政党〔ポーランド統一労働者党〕の指導的役割に異論を唱えることに成功した。ＳＥＤはこの後、ポーランドの反対派というウイルスを自国から隔離するため、ビザなし渡航を取りやめた。この決断は住民の同意を得ることができた。ただし、住民がこれを支持した理由は別にあった。公式の東ドイツ＝ポーランド間の友好というプロパガンダが誓っているのとは違って、東ドイツでは、東の隣人への共感はそれほどの大きさにはならなかった。ポーランド人は東ドイツに買い物目当てでやって来て、買いだめをして東ドイツの物資供給状況をさらに悪化させているという悪口が広まっていたからである。

過去に起きた危機と同様に（そしてその甲斐なく）ＳＥＤ指導部は、自分たちの政党とそこに従属する大衆組織とブロック政党を引き締め、これまで以上に強力に目前の課題に対して動員をかけようと試みた。同時に党指導部は政治プロパガンダに投資した。加えて監視国家として機関を拡充させた。党大会や行進やプロパガンダで最後まで自信を誇示し、一九八〇年代には最終的に成人の六人に一人がその隊伍に加わり党員になった。人民議会選挙や地方議会選挙では、統一リストは九九パーセントの賛同を得ていた。住民たちは一見すると、大衆組織と諸政党の網を通じて、体制に組み込まれていたように見える。しかし、ＦＤＪ、ＦＤＧＢ、その他の諸協会団体の会員であるだけでは、またＳＥＤを含む諸政党の党員であることでさえ、人々の政治的な見解について何か分かるというわけではなかった。ＳＥＤ指導部は、大衆組織とブロック政党を、党の利害に合わせて、多かれ少なかれ（たいていの場合は少ないのだが）成功裡に、自分たちの政策のために道具として用いようとしていた。しかしこれ以上に、団体や諸政党の会員や党員は、反対に政治権力を利用しようと尽力していた。もしもＦＤＪが自前の休暇施設や旅行代理店を自由に使うことができなかったら、独占的な地位を有する青年組織が加入をうながす見えすいた圧力をかけることなしには、一九八〇年代以降、会員数の増加はおぼつかなかっただろう。ＦＤＧＢも、社会保険や自らが有する保養施設、企業の現場においてごく僅かばかり残された労組として利益を代表する役割がもしなければ、ほぼ影のような存在になり果てていただろう。東ドイツにおける認可された諸政党諸団体はすべて、ＳＥＤの利害と団体政党構成員たちの利害がせめぎ合う場になっていた。この両方〔政治権力が社会を利用するが、社会のほうも政治権力を利用すること〕がぶつかった場合は常に「指導的政党」が勝つことになるのだが、どちらも考慮に入れるべきなのだ。

また同時に、東ドイツにある様々な組織に所属しているということは、多くの人にとって、煩わしい人生を送らなくて済むために支払う年貢のようなものであった。教育制度や出世の階梯を進むごとに「社会的」参画《アンガジュマン》への圧力は増加する一方だった。〔人生の〕最初はまずユンゲ・ピオニール団とＦＤＪがあり、大人の世界では労働組合と、政治的特質がきわめて色濃く出ている、会員数が最大の大衆団体である独ソ友好協会があった。そして最終的に大抵はＳＥＤへと通じている。このルートから逃れる道を、部分的にはＳＥＤ以外の「ブロック政党」が提供していた。行政機関や企業において彼らブロック政党員の役職就任は、ＳＥＤによって監視された厳しい割り当て比率に基づいて行われていた。つまるところ、どれだけ多くの人間が単に有利不利を見極めてＳＥＤに入ったのか、それとも己の信条に基づいて入ったのか、確かなことは誰もわからないのである。東ドイツ最後の一〇年間でも、家庭とＦＤＪと学校とを通じて、救いのない東ドイツの「現実」にもかかわらず、骨の髄まで社会主義者になった若者はいた。ただし純然たる機会主義と純粋な理想主義という幅の間には、個々人の様々に異なった動機のグレーゾーンが存在していて、草の根レベルから東ドイツにおける政治に影響を及ぼしたいのであれば、ＳＥＤ内部からでないと不可能だろうという確信もここには含まれた。一度ＳＥＤに入党した全ての人に言えることは、規律に服し、その役目を果たさないといけないということである。こうして仲間に対して後見人のような振る舞いをする筋金入りの教条主義者も、企業や行政機関で「業務」を担って何とか続けさせる不撓不屈の活動家も、それぞれどちらも同じように機会主義者と理想主義者の両グループから形成されていたのだろう。

SED国家と教会

東ドイツにおいて完全に均制化されていない唯一の機関である教会の行動指針も現状維持であった。一九八〇年代以降、特に福音派教会は平和の維持や個人の基本的人権や環境保護の問題について、SEDと批判的な協議を開始していた。一九八〇年代に形成されつつあった東ドイツの平和運動と人権運動は、教会の屋根の下で庇護を求め、手に入れていった。この際に教会指導部は、その存在意義と行動余地について、絶えず再考を求められていることを認識した。東ドイツにおけるプロテスタンティズムの置かれている位置を表す言葉として、一九七一年以来の「社会主義の中の教会」というものがある。「こうした刻印がされた社会の中で、つまり、社会の脇にあるのでもなく、社会に反対するのでもなく」教会は行動するべきとされていた[3]。

東西両陣営の縫い目として、福音派教会は東西間の仲介者の機能を成長させた。これは常に綱渡りだった。そのための前提は双方向の信頼構築作業である。しかし信頼は近さを必要とした。東ドイツにおける国家と教会の錯綜した関係が暴露されるのは一九八九年以降になってからになる。文書館が公開されて、高位聖職者や幹部たちのシュタージとの関わりが明らかにされると、教会は批判の集中砲火を浴びた。突如、教会はシュタージが浸透していてSEDによって広範に操作されていた機関だと見るようになった人もいた。何十年も前から、抑圧と対話の間を行ったり来たりする国家の教会政策を前にして、教会がいつでも自分たちの行動余地を見通して利用するというのは難事であった。とどのつまり、SEDの教会政策は、東ドイツにおける社会変動が長期的には教会を「死滅」させるであろうというユートピア的希望につねに向けられ続けていた。シュタージがいくつかの役職で教会に潜入しおおせていたことに議論の余地はない。調査の結果、教会職員の五パーセントがシュタージの非公式協力者として登録されていたことが明らかになっている。それでもしかし、非公式協力者として雇われた者の多くは、常に自分たちの教会のためを思って行動したのだと信じている。表に出ない長年にわたる協力関係の中で、交渉相手としばしば――不適切なほどの――親密になってしまったことも異論の余地がない。それでも断言しておかないといけないのは、これまで一般的であった教会像、すなわち全能の国家に対する対抗相手であり、両ドイツ国家の交渉の推進役という教会像と、SEDの指導者たちやシュタージと共謀していたゆえに、時にもはや倫理的に潔白だとは言い切れない教会像は、同じコインの表と裏を成しているということである。

一九八〇年代の両ドイツ関係

一九八〇年代の両ドイツ国家関係もまた最後まで所与の政治的状態に適応していた。その現実とは、ソ連帝国の突如の内部崩壊をほとんど想像させないものだった。今日、一九八九年の東欧における時代変動前の記憶はますます薄れてきている。この時期は、一九七〇年代以来二つの陣営が新たな敵対関係にあった。西側は、ソ連が東欧に配備した中距離ミサイルに対して、NATOの二重決定で対応した。[★11] 絶え間なく続く軍拡スパイラルで、東西両陣営には何度も人類を絶滅させることができるほどの核の「オーバー・キル能力」が蓄積されていった。多くの人々の胸の中で核戦争の恐怖が大きくなった。一九八〇年代初頭のジュネーブ軍縮会議は袋小路に入ってしまっていた。アメリカは宇宙での戦争を想定し、軍事戦略家たちは果たして核の応酬では「勝ち得る」事などないのではないかと議論を戦わせた。当時の情勢を想起するには、最も先鋭化したいくつかの事例を挙げるだけで良いだろう。

一九七九年、ソ連はアフガニスタンに侵攻し、ポーランド指導部は労働組合運動「連帯」を戒厳令で鎮圧した。冷戦が息を吹き返すのを前にして、ボンだけではなく東ベルリンにも、ますます狭くなる行動余地の中で損害を押しとどめることが喫緊の目標に映った。西ドイツのドイツ政策と、それ以上に東ドイツのドイツ政策には、常に留保が付けられていた。この問題に関して両者は完全な主権を持っていなかったのである。

ドイツ政策の大きな、そして根本的な争点は、七〇年代のＳＰＤと自由民主党〔以下ＦＤＰ〕の新しい連立政権の東方政策の時代に既に取り除かれていた。一九八二年の〔キリスト教民主同盟・キリスト教社会同盟（以下ＣＤＵ／ＣＳＵ）とＦＤＰの連立によるコール政権への〕政権交代があっても、この問題について既に超党派で広まっていた合意は何も変わることがなかった。焦点になったのは、ドイツ政策の最終目的ではなく、ドイツ分断の帰結をとりわけ東に住む人々にとってより堪えやすいものにして、西側で弱まっている国民的な連帯感を保持する試みであった。ドイツが分断されてから三〇年以上が経つと、ドイツ問題は、見通せる将来の内には「世界史の議題」に上らないように見えた。すべての政治陣営で、そもそも再統一があるとしたら、それはヨーロッパの平和という枠組みの中でしか、つまりヨーロッパの分断が克服されなければ不可能であるということは、広く一致する見解だった。

東ベルリンにとっても、両ドイツ関係は一九八〇年代初め、円滑に進められるどころでなかった。国際的な新冷戦がドイツ人同士の話し合いを黙らせようとしていた。西側に対するあらゆるイデオロギー上の隔絶にもかかわらず、東ドイツの国民経済は次第に西側の工業国家との協力に、特に西ドイツとの協力に依存していたことをＳＥＤ指導部は良く自覚していた。

こうしたややこしい状況下、一九八〇年一〇月にホーネッカーはよりにもよって出し抜けに対決路線に乗り出した。ゲラ県の党幹部たちを前にして、彼は西ドイツによる東ドイツ国籍の承認、ボンと東ベルリンにある常設代表部の大使館への昇格、ザルツギッターに置かれた東独当局の犯罪処罰行為に対する国立中央司法登録所〔西ドイツのニーダーザクセン州にある、東ドイツの人権侵害を記録、監視する機関〕の廃止、東ドイツに有利な形でのエルベ川の国境通行に関する協定をはっきりと要請した。一九八〇年代初め、両ドイツ関係もまた新しい「寒波」に襲われているように見えた。

　政治局の支配者たちは自分たちのドイツ政策が内政に与える影響を不安視していた。このように当時の観察者たちが推測したのは全く不当なことではないだろう。少なくとも部分的に国境を開放することで、新しい理念やそれに伴って体制が変わることへの〔西ドイツ側の〕希望が、東ドイツにも届いていた。しかし、予期しない形で西ドイツ政府に冷淡な態度になる最初のきっかけは、モスクワから来ていた。モスクワは東ドイツが西ドイツと活発に接触を図ることに、疑惑を強めていたのである。政治局に至るまで、SEDにはクレムリンへの情報提供者が潜入していた。一九八〇年四月二二日、ホーネッカーの腹心で中央委員会経済担当書記のギュンター・ミッタークが政治局で、ハノーファー見本市に際して行われた西ドイツのシュミット首相やその他の高官たちとの会合について報告したとき、モスクワ派の政治局員たちからは、次のような警告が出されていた。「彼〔ミッターク〕が政治局に伝えたことがそもそも合っているのか［…］我々には分かりません。我々二人とも疑念を抱いていて、ギュンター・ミッタークの政治局での報告は、エーリヒ・ホーネッカーとギュンター・ミッタークによって政治局とソ連共産党のために、そしてこの両者〔政治局とソ連共産党〕を政治的になだめるために、『特別に都合よくこしらえた情報』だと思っています」と、ヴェルナー・クロリコフスキー[★12]とヴィリ・シュトーフはモスクワに対してこう密告していたのである。彼ら曰く、美化して糊塗された報告ですら、次のことをはっきり示している。「ギュンター・ミッタークは、堅牢な社会主義国家共同体とその統一された外交政策の代表としてではなく、二つのドイツのある種の『情事』の共犯として行動していたのです。そもそも、彼〔ミッターク〕はシュミットが勧めた一つの席に一緒に座り、ソ連と東ドイツの違いを見せようとしていました」(4)。

先述のような要求をゲラ県ですることで、ホーネッカーはこうした懸念を吹き飛ばそうとしたのだ。党書記長は、自分にとって今何が危険なのかよく自覚していた。ホーネッカー自身が一〇年前にかつての師ウルブリヒトを、彼の予期せぬドイツ政策をブレジネフに示唆することで中傷し、権力の座から転落させていたからである。

しかし実際には、一九八〇年代の両ドイツ間の接触は、予想できない盛り上がりを経験することになった。エーリヒ・ホーネッカーとSEDは交渉相手として歓迎されるようになったのだ。西ドイツのどの政党も、小さな隣人である東ドイツとの「自分たちのコネ」を持とうと切望していた。CDU／CSUにとっては、フランツ・ヨーゼフ・シュトラウスとアレクサンダー・シャルク＝ゴロトコフスキーが、重い意味を持つ男同士の友情を育んでいた。SPDは「基本的価値委員会〔SPDの綱領などを検討する意思決定機関の一つ〕」に、SEDの戦略家たちと「イデオロギー上の争点と、共通の安定・安全」について議論させていた。そして一九八七年には共通のイデオロギーにかんする文書を決議している。これに触発されてFDP党首のハンス＝ディートリヒ・ゲンシャーは、一九八七年八月にSEDの幹部養成学校社会科学部門の長オットー・ラインホルトとのある通常の会談で、「もしもFDP代表と継続的に会談する機会があるのであれば大変良いのですが」(5)と明言した。すでに一度――一九八六年七月――西ドイツの外務大臣でもあったゲンシャーは、「非公式の対話のチャンネルを持つことはでき」るか、「国家同士の交関係の外側で意見交換ができるか」質問を投げていた。[6]〔緑の党の〕ペトラ・ケリーとゲルト・バスティアンもSED書記長に表敬訪問をしていた。しかし「体制側の諸政党」とは異なり、緑の党の政治家たちは常に東ドイツにおける独立した平和運動家と人権運動家たちのもとにも訪れた。

ペレストロイカ？——いいえ、結構です！ 改革能力がないことを露呈したSED

一九八五年にゴルバチョフが権力の座に着き、国際的な緊張緩和政策が開始された。そしてこれにより両ドイツ間の緊張緩和は確かなものになっていった。西ドイツの連邦議会議長フィリップ・イェニンガーが「理性の同盟」と特徴づけたこの関係から、[7]ホーネッカー政権の事実上の承認が展開していった。この承認は、東ベルリンの年老いた「赤いツァーリ」が熱望していたものであった。モスクワの度重なる介入によって何度も延期になったエーリヒ・ホーネッカーのボン訪問は、一九八七年にヘルムート・コールの招待で実現した。そしてSED政治局の内部報告書に適切に書かれているように、「同志エーリヒ・ホーネッカーを完全に外交儀礼上、他の主権国家の国家元首と同じように扱うこと」で、「世界中に両ドイツ国家の独立と同権が証明され、両国の主権、両国の関係が国際関係であることが強調された」のである。[8]しかし、東ドイツの指導者が、ソ連で唱えられていた「新思考〔外交〕」の成果を自分のものだと要求する一方で、「グラスノスチ」と「ペレストロイカ」は、SED指導部にあからさまに拒絶された。体制転換後に発見された内部の議事プロトコルを見ると、〔ホーネッカーとゴルバチョフの〕二人の党指導者が、お互いの問題についてますます理解できなくなっていたことが分かる。一九歳年下のゴルバチョフの目からすれば、ソ連の支配機構の近代化は避けて通れないものであった。ホーネッカーとその取り巻きは反対に、東から迫りくる改革の議論が、自国における自らの権力を破壊させるだろうと感じていた。何十年にわたって東ドイツで高い代償を払いながら維持している思考禁止は、突如、東側の指導者によって疑問視されたのである。一九八六年秋、高齢化した政治局の支配者たちは、ソ連の高名な作家エヴゲーニー・エフトシェンコが西ベルリンのテレビで「一つのドイツ文学」について語るのを苦々しい思いで聞いた。ゴルバチョフが登場したことに対して、ホーネッカーは「反革命」というレッテルを貼った。何十年にもわたる全面的な依存と無条件の服従の後であるだけに、ホーネッカーの苦情は読む者にほとんど悲壮さを感じさせる。「私たちにとって重要なのは、一方と戦わないといけないことです。二正面作戦をしなくても良いようにすることが肝心です」[9]。一九八七年四月、政治局員のクルト・ハーガーは〔西ドイツの雑誌〕『シュテルン』誌のインタビュー上で、東ドイツにおける「ペレストロイカ」の必然性について訊かれたが、「隣人が壁紙を貼り換えたからといって、自分の家も同じようにする必要があるでしょうか」[10]と、さっと反問をすることで無視して片づけた。SED書記長はすでに何か月前に極秘会談でこう憤激していた。「我々はずっとソ連の味方であったが、ソ連ではまだ靭皮の靴を使っているのだ」[11][★13]。東ベルリンの党と国家の指導部は常に、ソ連の利害を東ドイツの利害に優先させてきた。このことが、四〇年の長きにわたってエルベ川からオーダー川までの権力維持のためにSEDが常に自らすすんで支払ってきた代償であった。ソ連だけが、長期的権力維持を可能にさせたのである。SEDにとって自分たちを守る権力であったソ連が、今やヨーロッパと東ドイツの現状維持を掘り崩すようになった。一九八六年一一月、ソ連は東側の関係における大転換についてシグナルを送った。その射程の広さは、後から振り返ってようやくはっきり把握できる。コメコンの構成国党首脳会談で、ゴルバチョフは「各政党の独立、自国の進路にかんする主権者としての決定、自国民に対する責任[12]」を強調した。これ以降、これまで有効であったブレジネ

19.
1987年、ボンを公式訪問した
エーリヒ・ホーネッカー。
〔右側にいるのは
西ドイツ首相のコール〕

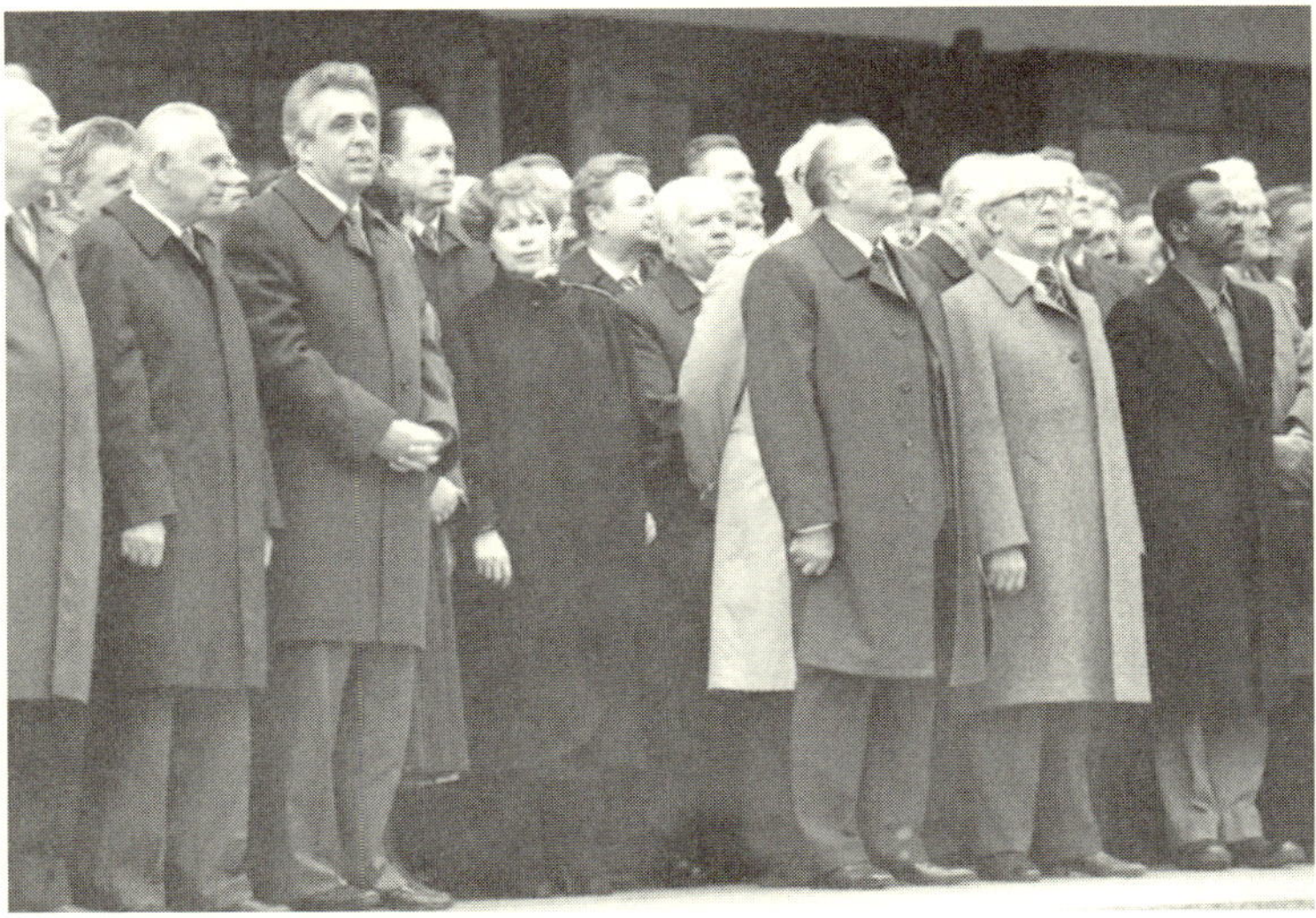

20.1986年、東ベルリンを訪問したソ連指導者ミハイル・ゴルバチョフ（前列、右から三番目）。

フ・ドクトリンは放棄され、東側ブロックにおける自主的な政治改革の努力に、ソ連による軍事介入があるかもしれないという影が差すことはなくなった。ブカレストやワルシャワの政府が、広範囲にわたる改革のために、これまで体験したことのないほどの行動の余地を使えるようになった一方で、東ドイツでは何もかもが以前のままであった。当時は、東ベルリンの最高位の統治エリートの誰も、モスクワの路線変更を、ソ連の戦車が自分たちの党支配をもはや保証してくれない変更だと解釈できなかった。現状はあまりに堅牢に見えた。SEDに従順な諸政党と大衆団体、警察、シュタージ、「武装組織」の網の目は、東ドイツという分断国家にあまりにも密に張り巡らされており、国家の中での彼らの権力が真剣に脅かされているようには見えなかったである。

一九四六年に党が創設されて四〇年がたち、SEDの党員数は二三〇万人、今までで最高の水準に達した。しかし「グラスノスチ」や「ペレストロイカ」という感染性細菌が、西側メディアという迂回路を通って、さらに強化される形で、東ドイツで蔓延しはじめた。これによってSED指導部は、イデオロギーにかんする全権要求をこれまでのようには維持できなくなった。善悪二元論的な公式プロパガンダの中に新しい論調がどっとやって来た。しかも今回も変化は、それまで何十年間もそこから学ぶことが重要だと言われていた、まさにそのソ連からやって来たのだ。「階級敵」を通じてやってくるイデオロギー上の挑戦とは異なり、党の教条主義的理論家は真剣にこの問題について説明する必要に追われた。突如として、SEDの布告の中で、「東ドイツ的色彩を有した社会主義」が重要とされ、党の扇動家たちは、安寧、静謐、秩序といった価値を呼びかけるようになった。しかしこうした呼びかけでも、そして同様に社会的、物資的な「東ドイツの成果」を絶えず示唆しても、住民の中にもともとごくわずかしかない忠誠心や同意を引き出すことはできなかった。

東ドイツの文書館の公開によってはじめて、当時のSEDでは既に内部崩壊が始まり、党内部の浸食が進んでいたことが明らかになった。この浸食過程は一党独裁が平和裡に崩壊するのに決定的な前提になるものであった。

一九八六年四月の第一一回SED党大会の結果、党内民主主義や時局的な経済問題について率直に議論することがますます要求されるようになり、さらに、美化して糊塗するだけの報道機関へますます多くの不満が寄せられていると、党統制委員会は記録している。批判は、「不満分子」や「粗さがし」として弾劾され、党指導部と党機関は、処分や党内査問委員会手続きを増やして対処した。

一九八六年春、チェルノブイリ原発事故とその影響があたかも些事のように東ドイツのメディアに報道されることで、多くの人々にとって——党員であるないにかかわらず——、SEDの情報統制政策がいかに虚偽に満ちているかがはっきりした。一九八七年一〇月、政治局は人々に知らせない形で「ソ連の同志たちの演説は抜粋するか要約する形で公表する」という決定を下した。自分たちの庇護者であるはずのソ連からの隔絶政策は、こうした今までにない結果になった。その後、今度は新しい「スプートニク・ショック」によって、多くのSED党員たちは見切りをつけるようになった。一九八八年一一月、SED指導部はドイツ語で書かれたソ連情報雑誌『スプートニク』を郵便販売リストから削除した。これは事実上の発禁処分であった。この雑誌は少し前から既に、東ベルリンにおける厳格に党派的な歴史像の守護者たちにとって、目の上のたんこぶであった。ゴルバチョフの就任以来、この雑誌は再三にわたってソ連の公刊物からスターリン主義に対して批判的な記事を翻刻していたのである。ホーネッカーがこの問題を取り上げてソ連書記長に抗議したところ、ゴルバチョフは端的に、言及されている雑誌が、東ドイツで「転覆を引き起こすことはない」[13]だろうと述べた。その直後にはさらに相当数のソ連映画の禁止処分へと飛び火した、衆目を集めるこの〔『スプートニク』の〕発禁処分のきっかけになったのは、その一か月前に公刊された「ヒトラー・スターリン協定」とその「秘密」――とはいえ西側では何十年も前から知られていたが――付属議定書、とりわけナチドイツとソ連の間で結ばれたポーランド分割の取り決めに関する論文であった。「ソ連共産党とソヴィエト連邦の歴史を、ブルジョア的な観点から書き換えたいと思っているような、暴れ出した馬鹿なプチブルの叫び」に心を動かされないようにと、書記長ホーネッカーは、第七回中央委員会会議の直後に怒りをあらわにして述べた(14)。

雑誌『スプートニク』の発禁処分に対しては、SEDの支持者も「無党派」も反対することで一致していた。シュタージはこれについて心配して記録を残している。「多くの意見表明がなされたが、その中には、以前と同様、単に分別がついていないものから、原理原則的な拒絶まである。そのいずれにも、この決定は政治的に間違っているという意見が、基調として通底している」と諜報機関は確かめている。党員仲間の中では、怒りと諦めの間で意見が揺れていた。「数多くの長年党員を務めてきた人々によって、そしてSEDや友好諸政党〔四つのブロック諸政党〕の中堅幹部たち、社会に政治的に参与する進歩的市民たちによって、この決定は、情報統制政策全般について再度批判的に意見表明をするきっかけとして受け止められた」。報告書はさらに続く。特に「比較的高齢の党員たちは、戦後直後の一〇年間の自分の人生経験に」言及している。「この時期は国境も開いており、未解決の社会的問題を多数抱えながらも、しかし今日よりもずっと力強いやり方で、敵と味方の立場からそれぞれ徹底的に批判し合わないといけなかった」。では、「はたして私たちは、この問題について公開の議論を行うことができないほどに弱い立場に置かれているのであろうか」という問いによって、ベテラン党員たちは痛いところを突く指摘をした。[15]中央委員会には投書が殺到し、離党者が続出した。しかし一九五〇年代以降のＳＥＤの内部には、超高齢化した支配層に対抗して、党内の不平不満の結節点として機能できるような新しい選択肢は存在せず、ましてや原理的反対派など全く存在しなかった。一九八八年末から一九八九年の初めにかけて、党機構はむき出しの圧力を行使することで、表面的な静謐を党内に取り戻すことに成功した。

一九八八年から一九八九年にかけて、西ドイツとの接近やソ連改革の継続に関連する、ＳＥＤ指導部の懸念は、劇的な形で証明されることになる。一九八八年一一月、青年研究を行うヴァルター・フリードリヒが、ホーネッカーの「皇太子」と見做されていた中央委員会書記エゴン・クレンツに、経済問題と文化問題における西ドイツの影響力の増大に関する極秘分析を伝えた。重大な、「我が国における欠点や弱点（例えば生活物資供給の問題、交換部品の問題、情報統制政策、メディアによる美化や糊塗、現実の民主的共同決定〔がないこと〕など）は、これまで以上にはっきりと受け止められ、ますます批判的に評価されるようになってきている。社会主義の優位についても次第に多くの疑念が寄せられている。『ペレストロイカ』型の戦略に門戸を開かないことは、あらゆる事態を先鋭化させている」。報告はこれ以上できないであろうほど明白に懸念を述べている。「我々が新しい重要な方法で（例えば情報を与え、公開の場で、共同で決定するように）人々と付き合わないことには、我々の諸価値や、我が党の政策に対する住民たちの一体感は高まらない。そうでもしなければ、人々は一年から三年の間にさらに遠ざかっていき、すなわち、我々に背を向けるほどの危うい規模になってしまうだろう」[16]。だが、党の指導者であるホーネッカーはこの時点で、現状に変わる政治構想を持っておらず、また住民たちの中で大きくなる不満を生活水準の即座の改善によって対処するだけの物質的なリソースも持っていなかった。たしかに、当時すでに党内の戦略家から警告する声がないわけではなかった。一九八八年には国家計画委員会のゲアハルト・シューラーは政治局で経済政策の決定的な路線転換をするように要求した。膨れ上がった東ドイツの対西側債務と返済能力に危機が迫ったことを前にして、シューラーは、非効率なマイクロエレクトロニクス分野への投資の停止、軍事予算の凍結、これまでの補助金政策の放棄を提言した。しかしこれはホーネッカーと中央委員会経済担当のギュンター・ミッタークによってきっぱりと拒絶された。とは言え、このミッターク自身が一九八八年九月に政治局員たちを前にして、「我々は事態が一気に変わり得る地点にいる」[17]とすでに認めざるを得なかった。

反対派の形成

「耐え抜け」というスローガンと抑圧によって自らの権力を維持しようという、SED指導部の試みは空振りに終わった。

東ドイツに存在していた根深い政治危機は、一九八九年五月の地方選挙の前後になって突如白日の下に晒された。数年前から形成されていた非公式グループが、今や公共の場に現れるようになった。SEDのありとあらゆる隔絶政策にもかかわらず、一九八〇年代初めには東ドイツにも新しい社会運動が入りこんでいた。壁のあちら側でもこちら側でも、こうしたグループは、現在進行しつつある環境破壊や第三世界での搾取を問題として取り上げ、ヘルシンキ宣言で東ドイツが承認している市民権を請求し、軍拡スパイラルから降りるように要求した。非公式のグループは、シュタージによって「敵対的で悪影響を及ぼす」と見做されて、圧力をかけられ、シュタージ工作員が潜入していることもあった。そのため東ドイツのグループは当然制限がかけられた形で、たいていは教会の庇護のもとに活動をしていた。ＳＥＤ指導部はプロパガンダを用いて、そして秘密裏にシュタージが、西欧の平和運動を自分たちの「平和政策」のための道具にしようと試みていた。他方で、国内において党指導部は、学校での軍事教練や軍事化を批判する者を容赦なく取り締まった。東ドイツにおける、国家や党から独立した平和運動である「剣を鋤《すき》に」のエンブレム〔旧約聖書のミカ書の一節からとった平和運動のシンボル〕は禁止された。かつてナチ時代にはホーネッカーと同じ監獄に入れられ、のちにスターリン主義者から民主的社会主義者になった〔科学者〕ローベルト・ハーヴェマンの発言は、ヴォルフ・ビアマンやルドルフ・バーロのように、形成されつつあった反対派に後まで残る影響を与えた。国際的な評判を慮ると、ＳＥＤはこうした「国家の敵」に対して一九五〇年代のような公然たるテロルの行使を、現実的な選択肢として考えることはできなかった。一九八〇年代にはより巧妙な手段がとられるようになった。短い期間の逮捕勾留、あからさまに何度も監視することは、何年にもわたることがある拘留、散発的な市民権剝奪、反対派グループの団結を弱める西側への「自由」な出国の強要と同じように、人々を委縮させた。シュタージによる協力者の調達活動は――のちに明らかにされるように――自分たちの共闘者、仲間の清廉潔白さに対して疑念の種をまいた。個々の反対派に向けられた費用のかさむ破壊工作の実行に当たっては、反対派の周囲にいる非公式協力者によって誹謗中傷が行われた。これによって精神的なテロや疲労困憊を反対派にもたらした。

　一九八〇年代の非公式グループの大半が取り扱う内容は人権や多元主義などであった。彼らはこれを問題にし、要求を掲げていた。そしてこうした要求は二国家並存を前提に東ドイツの社会主義を改良することを要求していた。ここでもまた、長期的に続くように見えた二つの競合する世界システム

21.1987年、東ベルリンの福音教会会議。
東ドイツの反対派は、教会周辺で形成されていった。

という現状の維持が、反対派の目標設定や考え方にも制約を与えていたのである。

一九八〇年代半ばに創設された東ベルリンの「環境文庫」[★14]が発行する『環境新聞』、あるいは『グレンツファル〔ボーダーラインの事案〕』などの一〇〇〇部強程度発行される小規模地下出版物は、反対派グループの相互ネットワーク化とグループの自立を推進した。彼らグループの拠点は特に東ドイツの首都にあったためだ。多くの観点から東ベルリンは東ドイツの看板になる都市だった。ここには、小国の知的生産活動が集中していた。首都には数多くの西ドイツや外国からの訪問者、特派員や外交官がいるため、ここでシュタージは、地方で必要とされているよりも一層慎重に行動しなければいけなかった。しかし、ベルリン以外の県の諸都市でも反対派グループは徐々に形成されるようになった。そうした都市では、ベルリン以上に、常に一定の限界はあるものの、教会の保護に頼らざるを得なかった。こうして体制に批判的な態度をとっていた牧師たちが、市民運動のまとめ役になった。どこにでも潜り込んでいるシュタージが引き起こした不信感にもかかわらず、東ドイツ全国を横断する人的なネットワークが成長していった。東ヨーロッパの反対派や西ドイツとつながりを有するグループもあった。しかし西ドイツにおいて東ドイツの非公式市民運動は、緑の党やオルタナティヴ運動系の反対運動や教会関係者に注目されるにとどまっていた。このため一九八九年の間に、非公式グループに予想外の参加者が殺到し、東ドイツにおける反対派の基盤にまでなった時の驚きは（西側にとってだけではないが）、一層大きなものであった。この過程を進める触媒になったのは、一九八七年秋のシュタージによる環境図書館の占拠、一九八八年一月のリープクネヒト＝ルクセンブルク・デモにおける逮捕[★15]、一九八八年九月のカール・フォン・オシエツキー学校での放校処分[★16]、そして最後に同年一一月のスプートニクの禁止である。ビアマンの市民権剥奪以来はじめて、東ドイツの政治的反対派が——その多くが西側メディアを迂回してなのであるが——両ドイツ国家の公共圏の中で注目を浴びることになった。こうした様々なきっかけのたびに抗議と投書は増えていき、だんだんと広範に住民に広がり、ついにはＳＥＤ党員にも共有されることになる。このおかげで非公式グループの社会的な孤立が克服され、今まで以上に広範な支持基盤の上で、反対運動が可能になった。

　東ドイツにおける広範な反対運動の出発点は一九八九年五月の地方議会選挙であった。すでに投票が行われる前から反対派グループは、これまで普通に行われてきた選挙結果の不正操作はもはや受け入れないだろうと宣言していた。しかし、こうして状況が緊迫しているにもかかわらず、党指導部には、操作されていない選挙結果を通じて本当の政治的情勢を反映させる準備が、これまで以上になかった。確かに統一リストへの賛成票は、投票率同様、はじめて九九パーセントを切った〔公式の賛成票の数字は九八・八五パーセントとされた〕。しかし、この数ですら何年も不正操作されていた。しかし今回は過去とは違い、平和運動や環境保護運動から選挙立会人が出され、彼らが猛然と公論に訴えたのである。抗議声明の決議や、不正選挙操作に対する小規模なデモや告発ですら、市民権運動家たちの自信の増大を表していた。

「私たちを出せ！」――「私たちは留まる！」

ＳＥＤの支配機構にとって少なからず挑発として受け止められていたのが、東ドイツにおける当時の記録的で衝撃的な出国希望者の増加であった。一九八八年末には一一万人が荷造りを終えたスーツケース上で順番待ちをしている状態であった。ＳＥＤ書記長は一九八九年一月一八日、『新ドイツ《ノイエス・ドイチュラント》』紙上で、「壁」は、「それを必要とする現時点での理由がある限り、あと五〇年でも一〇〇年でも存在するであろう」と強調すると、ますます多くの東ドイツ市民が、近いうちに変革が行われることへの期待を完全に失うようになっていった。その際、東ドイツはその三日前にモスクワの圧力を受けて全欧安全保障協力会議の継続協定にすでに署名しており、これによって、すべての市民が出国でき、自国に帰国できるようにすることが義務付けられていた。

「一九八九年二月五日二一時ごろ、クリス・ギュフロイとクリスティアン・ガウディアンは東ベルリンのトレプトウ地区で、〔西ベルリンの〕ノイケルン地区との国境に近づいた。この場所では、トレプトウ運河が国境になっている。二〇歳と二一歳の友人二人にとって、閉塞感のある狭い国は反感の対象であった。クリス・ギュフロイは一九八九年五月に徴兵されることになっていたが、彼は反発していた。さらに彼には夢があった。死ぬまでに旅行をしてアメリカに行くことだ。徴兵期間中、テューリンゲンの国境警備部隊に勤めていたある友人から、クリス・ギュフロイとクリスティアン・ガウディアンは一九八八年末に、〔国境での〕射殺命令は停止されたと聞いていた。［…］彼ら二人は、庭作業用熊手から柄を取り外し、代わりにザイルを取り付けた〔縄の先に鉄鉤がついた道具を自前で作成した〕。二人はこの手製の鉤縄を使って、トレプトウ運河の前の最後の障害である金属製のフェンスを乗り越えようとした。マイナス三度まで気温が下がる中、二人はほとんど三時間かけて市民菜園のある地域を匍匐前進して、二三時四〇分に後背地の壁〔東ベルリンからすると、最初の国境施設〕まで達した。二人は誰にも見つかることなく壁を乗りこえることに成功した。その次の障害は五メートル先にある警報装置付のフェンスであった。二人はこれを越えたが、その際に警報が作動し、国境警備兵たちが二人に気づいた。

　クリス・ギュフロイとクリスティアン・ガウディアンは最後の障害物であるフェンスをよじ登ったが、その時彼らは歩哨兵数名によって銃撃された。二人は、フェンスに沿って兵士から逃げることで射撃を逃れようとした。さらに相手を自分の肩に上らせて、そこからフェンスを登らせようと努力したが無駄だった。二人は最初の歩哨から逃れたが、第二の歩哨の所に行ってしまい、彼らが銃撃を行った。クリス・ギュフロイは数分もたたずに死んだ。胸への一撃が、心筋の損傷をもたらした。クリスティアン・ガウディアンは足に重傷を負った〔が命はとりとめた〕。一九八九年五月二四日、ベルリン・パンコウ地裁によって、悪質な非合法国境侵犯で自由刑〔懲役や禁錮などの総称〕三年の有罪判決を受けた」[18]。クリス・ギュフロイはSEDの国境警備体制下の最後の死者だった。国際的な圧力が高まることでSEDはようやく、これまで常に議論の的になっていた壁での射殺命令を停止した。壁ができて以来、四五人が地雷と自動発射銃で殺され、二〇〇人以上が射殺され、何百人という人が撃たれ、重傷を負うこともあった。国境の川やバルト海を横断して逃げようとしておぼれ死んだ人々に加え、その他の死亡事故、

22.足による投票〔反対の意志表示の引っ越し〕。1989年、数万人の東ドイツ市民がハンガリーやポーランド、チェコスロヴァキアを経由して西側へと逃亡した。

並びに業務中に死んだ二七人の国境警備兵も含めると、SEDの国境警備体制によって死亡した犠牲者はほとんど七〇〇人近くなる。

国家と党の指導部は一九八九年最初の半年、これまでより明らかに多い数の出国許可を与えて、内政上の緊張を和らげようと試みたが、反対の結果をもたらした。出国希望申請がその後さらに増加したのだ。加えて、申請者は世論の注目をますます浴びるようになり、危機の規模の広がりは全市民が感知するところとなった。

一九八九年の春以降、もはやSEDは事態の推移を掌握できなくなっていた。一九八九年五月、ハンガリーがオーストリアとの国境警備の設備を撤去し始めると、国家を見捨てることにした何百人という東ドイツ市民が、ブダペストを経由して西側へ行こうとした。[★17]出国を希望する東ドイツ市民は、ブダペストの西ドイツ大使館を占拠した。そしてまもなくプラハとワルシャワの西ドイツ大使館も、東ドイツ市民で溢れかえることになる。東ドイツ政府と協議することなく、ハンガリーは一九八九年九月一〇日、一一日に西側国境を開放した。これ以降、東ドイツでは大量流出がはじまる。数週間もしないうちに、こうした方法で二万五〇〇〇人が国を去った。

指導部はどうしようもなく強情で、これに対して為すすべがなかった。八月にホーネッカーはエアフルトのマイクロエレクトロニクス技術者を前にして、アウグスト・ベーベルの韻文を援用して述べた。「ロバであろうと雄牛であろうと社会主義の進展をとどめることはできない」。逃亡した者たちは「自らの行動によって道徳的価値観を踏みにじり、自分で社会からはみ出したのだ」から、彼らのために「涙を流して別れを惜しむのは」許されないと、大量逃亡がその頂点に達しているときに、病身の書記長は述べた〔ホーネッカーは一九八九年七月以降、重度の胆嚢炎で病院にいることが多くなっていた〕(19)。

もし政治局が夏に、沸騰した東ドイツ国内の情勢を大量出国によって落ち着かせられるのではないかと考えていたとしても、全国で急激に成長し始めた市民権運動によって、この目論見は完全につぶれることになった。「私たちを出せ！」というスローガンで出国を希望する抗議の声は、一九八九年の晩夏、「私たちはここに留まる！」というスローガンに突如変わったのだ。国中で政治グループが形成され、彼らは東ドイツの民主的な構造転換を求めていた。すでに七月には、社会民主主義の政党を設立すべく、集まりが生まれていた。六月に中国共産党が天安門広場で抗議する民衆たちを、流血を伴って鎮圧したとき〔一九八九年六月四日の天安門事件〕、ＳＥＤ指導部と人民議会は全会一致でこのことを歓迎した。窮地に追い込まれた国家政党は、軍事的な手段で「解放のための鎮圧」をするかもしれない。こうした暗い影も、社会の覚醒を押しとどめることはできなかった。若干の事例を挙げれば、九月に「新フォーラム」と「民主主義を今」が政治活動の許可を申請し、一〇月には「民主主義的出発〔Demokratischer Aufbruch〕」★18が続いた。ライプツィヒで開催されていた月曜デモでは、参加者たちが警棒で殴りかかられ、大量の逮捕者を出していた。それでも月曜デモには参加者が殺到するようになっていた。一九八九年一〇月七日、東ドイツ指導部が建国四〇周年記念のために最後の大量動員をすると、市民たちは全国で民主的改革を求めるデモを行った。何万という平和デモに参加する人々による「我々こそが人民だ」という叫びだけでなく、「人民」警察によるデモ参加者への暴行も、西側のテレビを通じて東西ドイツの家庭で見られていたのである。

麻痺したＳＥＤ

トラウマとして記憶されている一九五三年六月一七日事件以来、ＳＥＤ指導部はあらゆる方法で、人民が国家権力に再度挑戦する気を起こすような、新たな「Ｘデー」を芽のうちに摘み取ろうとしていた。国土全域にわたって、公式非公式の諜報機関職員が張り巡らされ、ほとんどすべての反対派グループにはシュタージが潜入していた。労働者階級戦闘団、人民警察、国家人民軍の武器庫の準備は万端だった。しかしこの危機を目の前にして、ＳＥＤ指導部は麻痺しているも同然に見えた。かつてのＳＥＤの最高位の幹部による、後になって自分を正当化しようとした発言をもし信じるのであれば、国家中枢でも県のレベルでも一九八〇年代には改革の必要性についてははっきりと認識されていた。この時期、シュタージや〔党や国家の〕自分たちの組織では、自国の悲惨な経済政治情勢についての報告が山積みにされていた。しかし、尊大で頑固なエーリヒ・ホーネッカーの支配にあえて反論する勇気は誰にもなかった。ホーネッカーは重大な決定を、国家保安相のミールケと経済問題担当のギュンター・

ミッタークとだけで行うことがますます増えていた。しかし、ホーネッカーの「皇太子」ことエゴン・クレンツとその他の党指導部のメンバーに〔ホーネッカーを引きずり下ろすのを〕ためらわせたのは、あらゆる場所にいたシュタージではないと考えられる。むしろ解決不可能な問題が山積みされている状態で、新しい構想を持ち合わせておらず、体制崩壊を想像する能力がなかったことの方が、彼らがためらった原因としてずっと重要だろう。

一九七一年のウルブリヒト解任時と違い、一九八〇年代後半にはすでに老けてしまっていた政治的「次世代」は、ソ連の兄弟政党の支援を当てにすることもできなかった。一九八九年には東ドイツが東側陣営の中ですっかり孤立していたのだ。ソ連は自国の経済危機を前にして、八〇年代半ばから西ドイツとの関係を強化していた。モスクワ、東ベルリン、ボンという権力の三角関係の中で、ＳＥＤは次第に補助的な役割を引き受けるようになった。西ドイツ＝ソ連関係が盛んになる一方で、両ドイツ国家の関係は停滞したままであり、これによって一層重要になったのは、両ドイツ国家間貿易であった。〔政治局員で国家経済委員会の委員長を務める〕ゲアハルト・シューラーは政治局の経済担当者たちの前で、経済状況についての情報を開示した。東ドイツの対西側負債は月五〇〇万西ドイツ・マルクずつ上昇している。こうした政策が続くようならば、東ドイツは一九九一年にも破綻するというものだ。

指導部に見捨てられた無慮二〇〇万人のＳＥＤ党員の間でも一九八〇年代後半に一種の浸食が進んでおり、これが体制の停止を完全なものにした。一九八九年、党員たちの大半は、党指導部が事態の推移に何も言えないでいることを苦々しく感じていた。彼ら一般党員が、連日、工場や職場で、悪化する供給状態に理由をつけなくてはならず、報道機関の嘘を擁護し、なぜソ連のゴルバチョフから「勝利することを学ぼう」としないのか説明しなければいけなかった。こうして、かつては一枚岩として働いていた党は分裂していった。この状態は社会を映し出す鏡となった。古参の幹部たちは、政治的反対派に強硬に対処することを要求した。比較的若年層の党員たち、とくに知識人と芸術家は「グラスノスチ」と「ペレストロイカ」に期待をかけたが無駄に終わった。大半の党員は、現実を直視することをやめ、奇跡を祈るばかりだった。

こうして、一九八九年の夏の終わりであれば暴力的「中国式解決〔天安門事件〕」を是認したであろう者の数は時間の経過とともにますます減っていった。ソ連も――三六年前〔の一九五三年六月一七日〕とは違い――〔東ドイツ〕国家と党の指導部を自国民から守るつもりがなかった。反対である。一九八九年一〇月七日の東ドイツ建国記念式典の機会にミハイル・ゴルバチョフは〔東ベルリンを訪れ〕ＳＥＤ政治局員たちに、「遅れてくるものは人生に罰せられる」という言葉を残した。[20] しかし、東ドイツにおける事態の推移は、とっくに制御不能に陥っていた。

「転換」から終わりへ

一〇月九日月曜日の晩、七万人がライプツィヒの月曜デモに詰めかけ、緊張は頂点に達した。保安部隊はデモを暴力的に解散させる準備を整えていた。しかし、ＳＥＤライプツィヒ県指導部内部では、慎重派勢力が意見を押し通した。ライプツィヒ・ゲヴァントハウスの指揮者クルト・マズーアが音頭を取り、地元ラジオを通じて放送された呼びかけ文では、とりわけ三人のＳＥＤ県指導部の書記たちが、事態が平和的に推移するように呼びかけた。〔デモが平和裡に成功したことで〕今や事態は一気に様相を変えた。ますます多くの市民たちが反対派グループに加わり、デモに参加し始めるようになったのだ。

一〇月一六日、最終的に一〇万人のデモ参加者たちがライプツィヒで民主的改革を訴えた時、党指導部はまだ自分たちの利益に沿うように「転換」を指導できないかと模索していた。エゴン・クレンツとSED東ベルリン代表のギュンター・シャボフスキー、FDGB代表ハリー・ティッシュ、首相のヴィリ・シュトーフの他、若干名の党指導部メンバーは、ホーネッカーを失脚させることで合意した。彼らはこれによって、衰弱したシステムを完全な崩壊の際から救おうと期待をかけた。ゴルバチョフは、この共謀者の一人であるハリー・ティッシュの信頼筋からこのことを知らされた。ゴルバチョフはこの計画はSEDの内輪の問題である〔から関知するところではない〕と宣言したが、「幸運を祈る」とも伝えた[21]。政治局会議は毎週火曜日に行われていた。毎週同様の火曜、つまり一〇月一七日に政治局会議が招集されたとき、ホーネッカーは何も知らなかった。ギュンター・シャボフスキーは後にこう報告している。「会議が始まった。ホーネッカーがいつもと同じように開会に際しての言葉を述べて、引き続き議題に移ろうとしたとき、シュトーフが割って入った。シュトーフは議題を変更したいことと、その新しい最初の議題として書記長の解任について論じるべきではないかと述べた。ホーネッカーはこれに対して顔色一つ変えなかった。彼はこのことについて討議を許可した。全員が発言を求めて手を挙げた。それにもかかわらず、ホーネッカーはシュトーフの攻撃に対して、シュトーフのライバルたちが真っ先に反論するだろうと考え会議を進めようとした」。しかし、出席者の誰一人として書記長の味方にはつかなかった。わが身だけでも助かりたいという期待があったため、攻撃の激しさという点では、ホーネッカーの腹心たちが一層上回っていた。自身がシュタージの長であるミールケは「憤激にかられた長口上」を開始し、すべての「不愉快な諸措置」の責任をホーネッカーに押し付けた。シャボフスキー曰く、「ようやくそこで、ホーネッカーは、これ以上大口を叩くなとミールケに合図を送った。しかしその後もミールケは、まだまだ洗いざらいぶちまけたい、話し足りないと叫んだ。我々の方が驚くところだった」[22]。会議の終わりに政治局は、中央委員会が翌日ホーネッカーを「自身の希望で」すべての職から解任することを決定した。〔一〇月一八日〕これに応じて、政治局の追認しかしない中央委員会は期待通り、前日決めたことに従って、エゴン・クレンツをＳＥＤの新しい書記長に選出した。

その六日後〔一〇月二四日〕、長年にわたってＦＤＪ議長を務めたクレンツが、国家評議会と国防評議会の議長に選出された[★19]。新たに選出された党の指導者として最初に行ったテレビ演説で、クレンツは「転換」を約束した。そして彼が、「我々の社会における問題は政治的に解決可能である」と断言することによって、警察とシュタージの公然たる暴力行使は終わりを迎えた[23]。しかしシュタージはこっそりと業務を続け、自分たちの存在を確かなものにしようと、これまで以上に活動した。党が路線を若干変更した後であれば、通常の政治業務を引きつづき行えると、クレンツは当初、明らかに期待していた。しかし、中途半端な人事異動と政治方針表明では、国中の熱気を帯びた情勢を冷ますことはできなかった。人々は抜本的な政治改革を求めていたのだ。出国の波は止まらず続いた。

新たに選出された書記長のクレンツは、最初の公式訪問先にモスクワを選んだ。ここで一一月一日、クレンツとゴルバチョフは次の点で双方同意したと宣言した。ドイツの再統一は「現実的に論議する対象ではない」と。しかし、何日かすると事態は一層加速するようになる。党指導部は、権力を維持しようとあれこれと策を講じて、市民たちとの対決を避けるようになった。これによって、ますます多くの東ドイツの人々が勇気を持ち、街頭に繰り出すようになったのだ。東ドイツ史上最大となった一一月四日のデモでは、一〇〇万人強の市民たちがアレクサンダー広場で報道の自由と旅行の自由、集会の自由、自由選挙を要求した。

23.1989年11月4日、東ベルリンのデモの行列。

新たに選出されたものの、年寄りばかりで代わり映えのしない指導部はこの時点で、街頭に繰り出した人々の圧力に晒されているだけではなかった。建国四〇周年の記念行事の数週間後、東ドイツ経済は崩壊の淵に立っていたのである。一一月九日、長年にわたって中央委員会の計画と財政部門を指揮してきた委員、ギュンター・エーレンシュペルガーが、集められた委員たちの前で、「我々は、少なくとも一九七三年以来、毎年毎年、自分たちの身の丈を超える生活をしてきた。[…]もしこの情勢を抜け出たいと思うなら、最低でもあと一五年間がむしゃらに働き、自分たちが生産した以上には消費しないようにしないといけない(24)」と告白すると、彼はすんでのところで解任されそうになった。この三日前の一一月六日、アレクサンダー・シャルク＝ゴロトコフスキーは、西ドイツ政府から新たに総額一二〇億から一三〇億西ドイツ・マルクの借款を用立ててもらうべく、ボンに急行した。西ドイツ政府は話し合いの準備があることを明らかにした。しかし同時に、経済的な譲歩に対して政治的条件をつけた。ＳＥＤは権力の独占を放棄し、反対派グループの活動を認可し、自由選挙の公示をするべしという条件であった。しかし、こうしたあらゆる苦境にもかかわらず、まだＳＥＤが東ドイツでは主導権を握っているように見えていた。

そして、一一月九日から一〇日にかけての夜、事件は一気に起きた。ことを引き起こしたのは、直前になって一一月九日の晩に設定された記者会見であった。この会見はＳＥＤ中央委員会の会議のついでに行われるものであった。ここでギュンター・シャボフスキーは東ドイツからの出国規則に関する新しい決まりについて公示することになっていた。中央委員会の会議の中で白熱した論議が交わされ、新しい出国に関する手続き案が練られていた。ここでは、「外国への私的な旅行は（旅行理由と親類関係という）前提がなくても申請できる。速やかに許可が下りることとする。特別な事例を除き、申請は拒否されないものとする」[25]。この申請のためにはパスポートを持っていることが必須であった。しかしパスポートを持っている東ドイツ市民は、たった四〇〇万人強しかいない。パスポートを持っていないその他の人々は、旅券課と住民登録所から必要な書類を交付されるまで、数週間我慢しなければいけなかった。政府の責任者たちは、この措置によって街頭の政治からガス抜きをして、住民が即座に西側に大量に逃亡してしまうのを防ごうと期待をかけていた。記者会見に出席していたジャーナリストが、いつその措置が発効するのか尋ねると、シャボフスキーはこの問題の詳細について情報を持っていないにもかかわらず、会見の最後、一九時ごろに生放送のカメラの前で「ただちに。遅滞なく！」[26]と説明した。西側メディアの[★20]報道によって助長されたのではあるが、この国境開放という誤ったニュースは、東ベルリン中に燎原の火のように広がった。西ベルリンとの検問所には、多くの人々が殺到し、約束されたはずの旅行の自由を要求するようになった。この時点では、情報をメディアから得るほかなかった国境警備兵は、殺到する人々に対し

24.1989年11月9日の後の東西ドイツ間国境。

て長いこと持ちこたえることはできなかった。自分たちの上層部からは見捨てられ、そうこうするうちに自分の命が危なくなってきたと感じ、二三時三〇分、〔東の〕プレンツラウアーベルクと〔西の〕ヴェディングの間を結ぶ、ボーンホルマー橋の東ドイツ国境警備隊長は「〔押し掛けた人々を〕これから放出します」と通告し、国境遮断機を上げさせた[27]。そしてまもなく、西ベルリンと接している他の全ての検問所、および〔東西〕ドイツ国境との管理所でも、検問所は停止し、人々が移動できるようになった。

一一月九日から一〇日までの夜に起きた突然の国境開放は、ソ連と話し合った上のことでもなかったし、SED指導部が住民たちをこれ以上長く押しとどめることが許されないと急に悟ったから起きたのでもなかった。突然の国境開放は、SEDの権力が瓦解したことの表れであり、またその瓦解の過程の頂点を成すものでもあった。彼らはこの先一気に、そして完全に、主体的に事態に対処する能力を失うことになる。西側との交渉、並びに住民たちとの交渉における切り札を党は失ったのだ。この間に東ドイツの住民を広範に動員できるようになっていた市民運動は最大の勝利を得た。壁の崩壊は、SED独裁の終わりを意味するだけでなく、東ドイツの終わりを引き起こした。

こうして、SED指導部の人員交代はますます加速しはじめた。一一月中旬にはほとんど全ての中央、県、郡レベルの最高幹部が解任されていた。SED指導部は、自分たちの党が蚕食されていくのを、もはや止めることができなかった。

訳注

★1 一九七二年に導入された、二六歳以下の若い夫婦が、利子なしで五〇〇〇マルク（一九八六年からは七〇〇〇マルク）を貯蓄銀行から借りられる制度。返還は月額五〇マルクとされていた。

★2 人間の生活用品には高い補助金が出ていて安価なため、畜産農家に、飼料として人間用の食料を使った方が安いと判断させる状態を指すと考えられる。

★3 国際取引に使える、国際的に信頼された通貨を使用している諸国を指す。アメリカ・ドルや、西ドイツ・マルクなど。

★4 実際に、東ドイツは対外債務の増大に悩み、一九七〇年代末にはソ連や中東から輸入した原油を精製し西側に売っていた。藤澤、前掲書。

★5 たしかに、東ドイツ・ソ連の二国間貿易の枠組みでは石油量が減らされることになった。しかしその枠組みとは別に東ドイツはハードカレンシー（ドル）で支払うことで、ソ連の経済機関を通じて年間二〇〇万トン分の石油を得ることになった。この輸入分も、精製して西側に販売して負債返還に充てている。参照、藤澤、前掲書。

★6 Alexander Schalck-Golodkowski、一九三二―二〇一五年、政治家、国家保安省で大佐を務める。対外経済相代理を務めた。

★7 Franz Josef Strauß、一九一五―一九八八年、西ドイツの政治家。連邦議会でCDUと同一会派を形成しているキリスト教社会同盟（CSU）の党首、またCSUが与党であるバイエルン州首相を長く務めた。

★8 Josef März、一九二五―一九八八年、バイエルンの実業家。食肉・飲料のコンツェルンを作った。フランツ・ヨーゼフ・シュトラウスと懇意だった。

★9 インターン・ショップは、輸入品を西ドイツ・マルクやドルで販売する高級店。ゲネックスは、「贈答サービス・小規模輸入有限会社（Die Geschenkdienst-und Kleinexporte GmbH）の略称。主にカタログを介して、西側からの商品を西ドイツ・マルクの支払いで販売した。

★10 西ベルリンのごみは、ポツダム県のツォッセンのシェーンアイヒェに、ハンブルクのごみはロストック県のシェーンベルクに置かれた。Vgl. Stafan Wolle, *Die heile Welt der Diktatur, Alltag und Herrschaft in der DDR*, Bonn 1998, S. 208.

★11 西欧全体が射程に入るソ連の新型中距離ミサイルが配備されることに対してNATO側が、ソ連に軍縮に応じるよう呼びかける一方で、軍縮が実現されない場合、対抗してアメリカ製中距離核ミサイルをNATO諸国に配備することを決めた、二重性を持つ決定のこと。

★12 Werner Krolikowski、一九二八—、SED政治局員。一九七六年から八八年まで閣僚評議会副議長を務める。

★13 原注の典拠では、ホーネッカーが、一九八七年一月二七日にFDJの代表との話し合いの席で述べたとされる。東ドイツではソ連が理想化されているという文脈で、ソ連では革靴ではなく「靭皮（日本の籐や竹に質感が近い）」の靴を履いていると述べた。ここでは靭皮の靴を使うような「遅れた」段階だと言っていると考えられる。原注の出典書、七八三頁参照。

★14 ベルリンのミッテ地区のシオン教会の区域に創られた地下活動の拠点。環境や平和運動に関する人々の交流の場を提供した。

★15 リープクネヒトとルクセンブルクはドイツ共産党の指導者。ドイツ革命時に義勇軍に殺害された。東ドイツでは二人の命日に記念行事が行われていた。一九八八年の非公式デモは、ローザ・ルクセンブルクの言葉、「自由とは常に異なる考えを持つ者の自由である」という横断幕を使った参加者が逮捕された。

★16 東ベルリンの中等教育機関（第一〇から一二学年相当する機関）で起きた事件。ここの生徒が平和運動や、ポーランドの「連帯」運動に賛成し、軍事教練に反対したことで、生徒が処分された。

★17 東ドイツ市民は、同じ東側諸国であれば、比較的簡単に旅行できた。ハンガリーとオーストリアの国境が開放されると、東ドイツ市民は、ハンガリー経由で中立国オーストリアに行くことができ、そのままさらに西ドイツへ亡命することができた。一九八九年五月にハンガリーが国境を開放して、こうした人の移動が始まる。ただし東ドイツ政府がこれに抗議したので、ハンガリー政府は国境を再封鎖した。このために本文にあるように、ハンガリーに行っていた東ドイツ市民は、今度は現地の西ドイツ大使館に向かうことになる。

★18 「民主的新生」の訳もある。

★19 ただし、クレンツがＦＤＪの議長だったのは一九七三年から一九八三年にかけてである。

★20 西ドイツのテレビは、東西ドイツ国境が即時開放されたとだけ報じた。

第6章

ドイツ統一への道のり

一九八九年一一月一三日、東ドイツ人民議会においてブロック政党は、これまでの長年にわたるSEDへの無条件の服従を取り消すことを宣言した。CDUとLDPD、NDPD、DBDの代表者たちは一致して、SEDの指導的役割を憲法から削除し、自由選挙の日程を決めるように要求した。当時八一歳で見るからに狼狽していた国家保安大臣のエーリヒ・ミールケが、テレビカメラを通じて生放送されている中、人民議会議員たちに、「しかし、私は皆さんを愛していますよ」と断言したとき、シュタージの最高権力者は議員たちに大笑いされる対象になり下がった[1][★1]。そして反対票一票のみで、人民議会はドレスデン県SED代表のハンス・モドロウを新たな首相に選出した。モドロウは東でも西でも、改革派として知られ、つい最近になって政治局入りしていた。

　これから数週間もしないうちにSEDは権力を次々に喪失していった。一二月一日には党の「指導的役割」が憲法から削除された。この時点ではとっくに党機構は、草の根レベルの党員たちに統制をかけられなくなっていた。党内では、権力乱用、不当な蓄財、腐敗が次々に暴露されていき、完全に統制不能の混乱が起きていた。離党者が続出した。一二月初めまでに党は、全体で二三〇万人強いた党員から、六〇万人を失っていた。一般党員たちの間では、指導部全員の解任を求める声が日増しに大きくなっていた。解任は最終的に一二月三日に行われた。支配の拠り所である労働者階級戦闘団とシュタージが使えなくなり、中央委員会はその最後の会議で、中央指導部の人員の解任を自ら決議した。かつての指導部の成員の大半は党から除名処分を受け、何人かは一一月にはすでに逮捕されていた。作業委員会が立ち上げられ、一二月八日、九日の臨時党大会を準備し、まだ救えるものがあれば救おうとしていた。集められた代表団の多数は、解党要求に対しては反対だった。「ＳＥＤ—民主社会主義党（ＳＥＤ-ＰＤＳ）」と党名は改称され、とにかく何か新しい始まりが期待されていた。党大会では、それまでほとんど名前の知られていなかった弁護士のグレーゴア・ギジが、新しく作られた党理事会の最高指導者に選出された。この理事会に古い中央委員はほとんどいなかった。こうして一新された旧党は、これと言った具体像もないまま、「スターリン主義的な社会主義とも国際的独占資本の支配とも一線を画した第三の道」を目指すと宣言した。

東ドイツにおける民主主義への道程は、急激なものであったと同時に矛盾をはらんだものでもあった。形式的に見ると、東ドイツの歴史四〇年間ずっと議会制民主制という政治構造が続いていたことになる。ＳＥＤ独裁が崩壊したのち、ブロック政党と、市町村から国家に至るまでの議会が、それまで自分たちに与えられなかった自律性をわが物にし、そして東ドイツ憲法で与えられている諸々の役割を引き受けた。こうして特筆すべき状況が生み出された。すなわち、わずかな例外を除けば、数か月前までＳＥＤ指導部に服従していたまさに同じ政治家や各種幹部たちが、その地位が「ひっくり返される〔転換される〕」ことで、東ドイツにおける政治の再出発について、中心となって意志決定に参加できたという状況である。こうしてＳＥＤもまた人民議会内の最大会派として一九九〇年春までは政府

25.ベルリン・リヒテンベルク。東ドイツ国家保安省本部が置かれていた。

を仕切ることができた。加えて、ソ連の行動が読めない状況を考えると、SEDが即時に無力化されるのは、ほとんどあり得ないことに見えた。

既存の政治構造が維持されることによって、市民運動が直接国家権力に参与することは阻まれていた。政治的な展開に影響力を与えられるように、一一月二二日、反対派はSED指導部と、ベルリンの中央「円卓会議」設置について合意した〔この中央「円卓会議」は一二月七日に発足した〕。ここでは全政治団体諸政党の――ここにはSEDも含まれる――代表が出席することになった。一九八九年末まで、政治のあらゆるレベルで、そして幾多の都市と村々で、〔地域レベルの〕「円卓会議」は議会と行政の仕事を制御しようと試みていた。一九九〇年二月五日になってようやく、八人の議会外反対派〔議員ではない、反対派グループのメンバー〕が無任所大臣としてハンス・モドロウ内閣に入閣した。モドロウ内閣はこの時まで、人民議会に議席を有している諸政党と大衆組織のメンバーからのみ成り立っていたのだ。[★2] 方向性をめぐって分裂する市民運動の代表者たちにとって、旧来の政治勢力がひしめく伏魔殿で、自分たちの意思を貫くことは困難だった。それでも市民運動の代表者たちは、国家保安省の組織を新設の国民保安庁に移して維持しようというSEDの企ての裏をかくことに成功した。一二月四日、シュタージの県本部がはじめてデモ隊によって占拠され、下からのシュタージ解体がはじめられた。[★3] ようやくこの時点になって、シュタージの証拠隠滅のための文書廃棄が次第に防がれるようになり、最終的には廃棄が禁止された。一九九〇年一月一五日、ベルリン・ノルマンネン通りのシュタージ本部への襲撃は、このクラーケン〔怪物〕に対する、とどめの一撃になった。シュタージの解体過程を監視し、それまで厳しく管理されていた書類にはじめて目を通した市民運動の代表者たち、並びに歴史家たちは、東ドイツの監視国家がいかなる規模であったのかを、次第に白日の下に晒せるようになった。一九八九年一〇月終わりで、九万人を超える専従職員が「党の剣と盾」〔と呼ばれた国家保安省〕に勤めていた。そのうち一万一〇〇〇人強が「フェリックス・ジェルジンスキー衛兵連隊〔シュタージ内の武装部門〕」に所属していた。SED独裁最後の年には二二〇〇〇人を超える「特別任務将校〔シュタージの身分を隠してほかの任務に就いている将校〕」が、国家機構、国民経済、その他東ドイツにおける社会生活の領域で重要な地位につき、また彼らは西側諸外国でも勤務していることもあった。一七万四〇〇〇人強が、すなわち住民の六二人に一人が国家保安省の「非公式協力者」としての役割を果たしていた。国民経済上の様々な困難が存在していたにもかかわらず、シュタージは湯水のように金を使うことができた。爪の先まで完全武装した「チェキスト〔「フェリックス・ジェルジンスキー衛兵連隊」〕」は毎年三六億東マルク（これは国家予算の一・三パーセントに相当する）を使うことができた。さらに、公的、あるいは「共謀用」業務施設二五〇〇箇所に、国家保安省に使われていた一万八〇〇〇の住宅が加わる。国家保安省は国家のあらゆるデータバンクにアクセス可能であった。さらに省は四〇〇万人の東ドイツ市民、二〇〇万人の西ドイツ市民ないし外国人に関連する書類を作り上げていた。国家保安省の一三の総局とさらに二〇の独立した課は、社会のあらゆる分野を監視し、東ドイツにおけるあらゆる反対派を、実際に反対派であろうが疑われただけであろうが、迫害していた。そして国民経済から「悪影響」を「排除」していたのである。マークス・ヴォルフ麾下の「啓蒙総局」は西ドイツと西側諸国を探っていた。世間の耳目を集めたスパイ事件によって、すでに何十年間も前から西側諸国は、このスパイ活動が上手くいっていることを予期していた。再三再四、国家保安省の長い腕は壁の向こう側の日々の政治に深く介入していた。アレクサンダー・シャルク＝ゴロトコフスキーの秘密経済委員会「商業調整部門」は、西側諸国による〔冷戦期に行われていた対東側〕禁輸措置の裏をかき、喫緊の必要性がある外貨を全力で調達していた。

一七〇キロメートルの長さを超える書類の山をシュタージは遺した。シュタージの書類隠滅が一九八九／九〇年に終わりを迎えたことは市民運動のおかげであり、このシュタージの遺産が今日の東ドイツ研究とその歴史の克服のために利用できるのもまた、市民運動の功績であり続けている。ＳＥＤの権力が失墜した後、西でも東でも、この歴史に終止符を打とうとして文書館を閉鎖し、さらには隠滅しようと熱心に試みられることがしばしばあった。一九九〇年九月、東西ドイツ統一交渉の当事者たちが、人民議会が明確に〔シュタージ文書はシュタージの施設ですべて保存するよう〕決議していたにもかかわらず、シュタージ文書をコブレンツの連邦文書館に付属させ〔長期間保存の上、一部を破棄し〕ようと条約案に書き込んだ時、市民権運動家たちはシュタージ本部を再び占拠した。華々しい抗議は成功を収めた。一九九〇年一〇月三日、〔著名な反対運動の指導者であった〕牧師のヨアヒム・ガウクを長とする「旧シュタージ所有個人情報関連・連邦政府特別受託」機関が業務を開始した。
一九九〇年初めには、かつての国家政党からブロック政党、さらにSED独裁に挑戦することができた無数の政治的反対派にいたるまでの一九八九年秋の政治勢力からも、事態の主導権が失われていった。壁の崩壊以来、何百万人という東ドイツ市民が西ドイツと西ベルリンを訪れた。ここで受けた影響を目の当たりにして、エルベ川とオーダー川の間の人々は、「もう一つの」改革された東ドイツというものへの関心を急速に失っていった。「我々こそが人民だ」というスローガンは、「我々は一つの国民だ」という、きわめて強力なスローガンに変わった。★4〔東西ドイツ建国から〕四〇年がたち、再統一がにわかに現実の問題になり始めたのである。

かつての鉄のカーテンの両側で、すべての政治勢力の視線がモスクワに向けられたのは、一九八九年一一月以来これが初めてというわけではなかった。すでに一九八九年一〇月の諸事件から、ソ連がSED独裁を戦車で〔一九五三年六月一七日に続いて〕二度まで救おうとなどしなかったことは明らかであった。クレムリンもまた、出来事のダイナミックな推移に飲み込まれていたのだ。クレムリンでは、西ドイツ政府による何の補償もない形の壁の解放を唖然として受け止めるばかりだった。しかしまだソ連は西の前哨基地である東ドイツに、夥しい数の核兵器と五〇万人の兵士を配備していた。四〇年以上前に「大祖国戦争〔第二次世界大戦〕」が要した数え切れない犠牲者を考慮すると、東ドイツを放棄するという事は、ソ連にとって一つの内政問題であった。ソ連はここで二重の戦略を選んだ。公開の場ではあらゆる現状変更を拒みながら、ボンと東ベルリンへの非公式のチャンネルを介して、独立した二国家同士の国家連合を宣伝していたのだ。一一月一七日、ハンス・モドロウはこの考えをはじめて人民議会で開陳した。ボンでニコライ・ポルトゥガーロフ★5と相談したのち、西ドイツ首相のヘルムート・コールは一一月二八日、「一〇項目提案」を発表し、これをもって突き進もうとした。この提案では、西ドイツと東ドイツは「連邦」を形成し、五年から一〇年かけて再統一につながるとされた。★6

それまで考えられなかったドイツ再統一ということが突然現実味をおびた時、これにいかなる障害が林立しているのか、一九八九年一二月の間に、西ドイツ政府は認識せざるを得なかった。アメリカ合衆国は例外であったが、かつての戦勝国のフランスとイギリスとソ連は珍しく、現状のあまりに急激な変更に対して否定的な態度で一致していた。唯一アメリカ大統領のジョージ・H・W・ブッシュが、この問題でコールに対して全面的な支援を約束していた。しかしドイツでもまた——エルベの西でも東でも——批判の声は大きくなっていた。両ドイツの知識人たちと西ドイツの野党〔社会民主党と緑の党〕、並びに東ドイツの市民権運動の多くの代表たちは、あまりに急いでことを運ぶことに警告を発し、東ドイツが自力で民主化されることが、東西ドイツの両国家が将来同権で行う統一交渉の前提だと要求していた。だが、一九八九年一二月一九日と二〇日、ドレスデンで西ドイツ連邦首相を迎えた人々の歓喜の声、そして、東ドイツにおけるデモや集会でますます強い調子になる「ドイツ、一つの祖国」★7という叫びは、批判の声をかき消すことになった。

遅くともドレスデンを訪問してから、ヘルムート・コールは西ドイツの政策を再統一へと切り替えた。毎日何千人もの人々が、とりわけ若く教育水準が高い人々が西側へ絶え間なく流出することで東ドイツの経済情勢の緊張はさらに増していた。クレムリンも一九九〇年一月末には、ドイツ再統一が避けがたいものであるという認識を持つようになった。主導権を取り戻そうと、ソ連は「六カ国」、すなわち戦勝四カ国と東西両ドイツ国家による協議のイニシアチブを取り、この問題について、これまで以上に英仏と親密に歩調をそろえようとした。ここでソ連が英仏に、戦術上の協力関係を期待していたことは明らかだった。

ＳＥＤ－ＰＤＳ党首グレーゴア・ギジはこの数日後の一九九〇年二月二日、モスクワでミハイル・ゴルバチョフと会談し、この直後にさらに〔二月四日にＳＥＤ－ＰＤＳから改称して〕ＰＤＳとして活動を続ける同党とソ連共産党の間の引き続きの関係を得ようとしたのだが、ギジはこの会談の所々で自分が時勢に疎いことを露呈してしまった。古いＳＥＤの資産を救うべく、ここでは〔東独・ソ連〕共有の党企業について考えられ、両党の幹部の交換を継続させること等々が計画されていた。会談の終わりになってようやく、こうした空想めいた考えをあざ笑う現実の一部が見えてきた。ギジが「今『ドイツ、一つの祖国』というスローガンは、私にはなかなか言いづらいのです」と言い切るのに対し、プロトコルでは「ミハイル・ゴルバチョフは冗談めかして、だったらもう少し練習しないといけないでしょうねと述べた[2]」と記録されている。その前日、ハンス・モドロウは、ベルリンで公表された彼の案「ドイツのために、一つの祖国のために——統一ドイツへの道程構想」の中で、ドイツの統一をＰＤＳの目標でもあると認めた。しかし、こうした攻勢で再びボンにとっての交渉相手になろうという試みは失敗に帰することになる。一九九〇年二月一〇日、連邦首相と外務大臣ハンス＝ディートリヒ・ゲンシャーがモスクワを訪問し、ドイツ統一へのソ連の了解を取り付けた。その代わりに西ドイツは、ぼろぼろになった巨大帝国〔ソ連〕に対し、莫大な規模の経済援助を行うことを約束した。これに伴ってボンはもはや、「破産した」モドロウ政権を何十億という支援をして再起させる理由を感じられなくなったのだ。そのため一九九〇年二月一三日、一四日にボンで行われた両ドイツ国家首脳会談は冷淡かつ成果なく終わった。

一九八九年の終わりから一九九〇年初頭以降、ＳＥＤ－ＰＤＳとその代表者たちは、ボンからモス

26. 東ドイツ初の自由選挙で選ばれた内閣。宣誓〔就任〕の一日前、
1990年4月11日に撮影されたもの。
左から右に、〔ハンス＝〕ヴィルヘルム・エーベリング（ドイツ社会同盟）、
ライナー・オルトレープ（LDP）、ロタール・デ・メジエール（CDU）、
マークス・メッケル（東ドイツSPD）、ライナー・エッペルマン（民主主義的出発）。

クワに至るほとんどの枢要な関係者の間で、その役割を終えていた。たとえＰＤＳが今日に至るまで東ドイツの地域政党として持ちこたえているにして[★8]も、ＳＥＤによって何十年間もコントロールされ道具として利用された大半の大衆組織は、一党独裁の終わりとともに終焉を迎えた。それゆえ、一九八九年九月の段階ではまだ一九〇万人の青年をその隊列に数えていたＦＤＪはあっという間に取るに足らない零細団体へと縮小した。また、文化同盟や民主婦人連盟、独ソ友好協会は一九九〇年以降——部分的には名前を変えて——統一された共和国の中で影のような存在になった。西ドイツの組織文化や伝統に適合した諸組織だけが新時代に進むことができた。組織を作り替え、人員を刷新し、綱領を変更し、本来の機能に焦点をあてることで、各種労働組合はＦＤＧＢ崩壊後に自分たちの西ドイツのカウンターパートに吸収合併された。[★9] 人民連帯もまた福祉協会として旧東ドイツ地域で活動を続けることになった。

　東ドイツにおける初めての自由な人民議会選挙は、もともとは五月の予定だったものが前倒しで三月一八日に行われた。この選挙まで両ドイツ間の交渉は未決状態が続いていた。ドイツ統一へ更なる一歩を踏み出すには、民主的に正統化された東ドイツの民衆の代表である議会が、まだ留保の権利を持っていたのである。選挙戦の結果は、〔西ドイツの政党に支援され、即時統一を訴えるグループが勝利したことで〕西ドイツの魅力をはっきりとさせた。東ドイツでも、西ドイツの政治的勢力が布置されたのである。〔西ドイツの〕ＣＤＵは力の限り、同名のかつてのブロック政党〔東ドイツのＣＤＵ〕を応援した。ＦＤＰはＬＤＰの面倒を見た〔一九九〇年二月から党の略称はＬＤＰに変更されていた〕。〔東ドイツＣＤＵとＬＤＰの〕二つの東の政党は、選挙に先立つ数か月前から、自分たちを西側のカウンターパートに綱領的に適合させ、あらゆる種類の社会主義からきっぱりと断絶していた。かつてのＳＥＤの同盟関係にあった両政党は、昔から有している資源や、まだ機能している様々な機関（例えば報道機関や建物など）があったおかげで、市民運動から誕生した諸政党、東ドイツで新設された社会民主党〔ＳＰＤ〕に対して、出発地点から有利な状況にあった。両党はこの優位を利用するすべも心得ていた。こうして選挙当日の晩、東ドイツのＣＤＵと「民主主義的出発」、「ドイツ社会同盟」によって形成された保守派の選挙連合「ドイツ連合」[★10]が得票率四〇・八パーセントで、一九四六年以来初めての自由選挙の勝者になった。自由民主党系勢力は五パーセントをわずかに上回る票を獲得した。[★11] そしてこうした情勢にもかかわらず、有権者の六人に一人はＰＤＳに入れた〔得票率は一六・四パーセント〕。ＳＰＤはかろうじて二二パーセント弱〔二一・九パーセント〕に届いた。その他の選挙同盟、方向性が四分五裂した市民運動の諸政党はどれも五パーセントにすら達しなかった。[★12] 民主化運動の前衛たちは、その少なからぬ成員が一九八九年の秋に東ドイツを改革可能だと信じていたのだが、住民の目からすると、もはやその役割を終えていたのである。〔一九九〇年〕五月の地方議会選挙では三月に決まった政治勢力図が改めて確認された。

圧倒的な課題の山を前にして、「ドイツ連合」はSPDと自由民主系勢力とともに大連立を形成した。〔CDUの〕ロタール・デ・メジエール首相率いる東ドイツ最後の内閣が置かれた状況は、羨むべきとはとても言えなかった。無数の憲法と法の改正を練り上げ実行に移さねばならなかった。火急の経済・社会問題に対して、住民たちはもはや我慢しきれなくなってきた。シュタージに関与していたことが暴露されることで、新しい指導者たちの信頼性は揺らいだ。すでに三月には「民主主義的出発」の代表、弁護士のヴォルフガング・シュヌーアが、シュタージとの協力関係を暴露されたことで退いていた。これと同じく四月二日、東ドイツSPDの代表イブラヒム・ベーメが辞任に追い込まれた。国家の統一後には、かつてのシュタージ文書の問題が、ロタール・デ・メジエールの政治人生を終わらせることになる。[★13] ずるずると時間をかけながらも、何とか成功裡に、行政と経済の分野における独裁時代からの構造は破壊され、独裁時代からの人脈と派閥も崩壊していった。

同時に人民議会選挙の結果は、西ドイツとの統一への賛成票であった。西ドイツでも東ドイツでもとっくに、すべての政党と政治グループは統一行きの電車に飛び乗っていた。論争に付されたのは、国家統一のテンポをどうするか、進み方をどうするかということにすぎなかった。統一のためにボン基本法は二つの可能性を提供していた。そもそも基本法はドイツが再び統一されるまでの暫定措置として構想されたものである。[3] そのため第一四六条に従い、「ドイツ国民の自由な決断によって決議した憲法が施行される」、「その日に」現行の基本法は無効になる。これに加えて第二三条は、東ドイツに法解釈上、基本法が有効とされる領域に加盟することを可能にしていた。[★14] あまりに急に進められる統一への批判者たちは、様々な理由から、共通の憲法を練り上げることに賛成していた。しかし他方では、東ドイツの西ドイツへの加盟を通じて即座にドイツ統一を達成することに賛成する声が一気に増加することになる。しかし、ドイツ統一のやり方が東ドイツの中だけで決まることはなかった。当時の〔西ドイツの〕連邦内務大臣であったヴォルフガング・ショイブレは、当時の両ドイツ国家間の交渉を振り返り、西ドイツにおける多くの政治家にとっての当たり前の前提を明らかにしている。

「東ドイツの連邦共和国〔西ドイツ〕への加盟が問題であり、その逆ではありません。私たちにはすでに実証済みの良い基本法があるのです。私たちは君たちのために何でもしましょう。歓迎です。私たちが諸君の願いや関心に対してそっけなく、故意に無視することはないでしょう。しかし、ここで起きることは、二つの同等な国家の統一ではないのです。私たちは最初から同じ権利を持って出発点にいるわけではありません。基本法が存在し、ドイツ連邦共和国が存在します。諸君は、この両方から締め出されたまま四〇年の長きにわたって待っていたという前提から出発させてください。諸君はようやくそれに参加するために主張できるようになり、私たちはそれを考慮しようというわけです(4)」。

急いで国家を統一するために、外交、内政上の理由が持ち出された。依然としてドイツの統一プロセスに対する留保が、ロンドン、パリ、ローマにあった。こうした諸国では、今後のヨーロッパ統合過程で圧倒的な優位に立ってしまうかもしれない、中欧の大国ドイツという幽霊が現れるようになった。同時にソ連における様々な危機的状況は、同国の今後の方針をますます計算できないものにしていった。しかし、統一を急いだのは外交上の理由からだけではなかった。西側では統一への多幸感が収まりはじめる一方、他方で東ドイツ地域ではデモに集う人々がだんだんと現状に我慢がならなくなり、「西ドイツ・マルクが来ないなら、私たちが西に行くまでだ！」とスローガンを叫ぶまでになっていた。とどまることを知らない西への人口流出は、もはや東ドイツの経済危機を悪化させるばかりではなく、とうに西ドイツ経済にも悪影響を与えるようになっていた。〔東西ドイツの〕通貨・経済・社会同盟はこの対策になるはずだった。すでに五月一八日、西ドイツの財務大臣テオ・ヴァイゲルと東ベルリンの財務大臣ヴァルター・ロンベルクは、大急ぎで準備された条約に調印した。〔西ドイツの〕連邦銀行理事会は、東ドイツのマルクと西ドイツのマルクを二対一の比率で交換することを想定した勧告を出していた。しかし東ドイツでの激しい抗議運動のために、この勧告に反して、預金は一定額まで、並びに賃金や年金等々が一対一の比率で交換されることになった。★15

一九九〇年七月一日に経済社会同盟が発効すると、西ドイツ・マルクが東側でも使われるようになり、国際的なレベルでも再統一へと舵が切られた。「二＋四〔東西ドイツと戦勝四カ国〕」交渉の前段階と交渉途中、両ドイツ国家の政府は、かつての戦勝国によるドイツ統一に対しての留保を取り払うことに成功した。この際パリとロンドンからは、統一ドイツはヨーロッパの現状の国境を承認しないといけないという留保が付けられた。西ドイツの連邦議会と東ドイツの人民議会はこの要求に、一九九〇年七月二一日の決議で応えた。この決議はポーランドの西側国境の「不可侵」を、すなわち、西ドイツにおいて何十年にわたって議論されていたオーダー・ナイセ線、及び東の隣国のポーランドの主権と領土の不可侵性を全面的に尊重することを約束するものであった。最後まで議論された問題は統一ドイツのＮＡＴＯ帰属問題であった。ここでかつての戦勝国同士の安全保障上の利害がぶつかることになった。米英仏は、将来大国になるだろうドイツを西側の同盟網にしっかりと組み込むことが絶対不可欠であると見做していた。これに対して、ワルシャワ条約機構の解体を目前にしたソ連は、さしあたり東西どちらの陣営にも属さないドイツを要求した。ＮＡＴＯがその戦略と構造を再編するにあたって、ソ連の安全保障上の利害に配慮することを承諾したのち、連邦首相コールは一九九〇年七月一五日、コーカサスで行われたミハイル・ゴルバチョフとの二人だけの会談でドイツがＮＡＴＯに帰属すること、そして「二＋四」会談終了後には〔ドイツの〕完全な主権を認めることについて同意を得た。そして東ドイツからのソ連軍の撤退の方法と並行して、モスクワでの会談では〔ドイツ〕連邦軍の兵員を三七万人まで減らすことと、ＡＢＣ兵器〔核兵器、生物兵器、化学兵器〕をドイツが生産、所有、使用することを断念することが定められた。ソ連がこの点で大幅に譲歩したのは、必ずしも東欧における権力政治上の新しい状況、すなわち、もしワルシャワ条約機構を維持したければ、東欧諸国の意思に反して暴力を行使するしかないという状況認識だけに帰せられるべきではないかもしれない。ソ連は当時、喫緊に包括的な財政経済上の支援を必要としていたのであり、これを相当規模で提供する用意があったのは西ドイツだけだったのだ。

今や事態は一気呵成に進んだ。一九九〇年八月二三日、人民議会は圧倒的多数で、基本法第二三条に基づき一〇月三日付で連邦共和国に加盟することを決議した。この決議の前には激しい議論が繰り広げられ、〔人民議会での〕大連立の終わりをもたらすことになった。加盟の手順は、八月三一日に西ドイツ内務大臣のヴォルフガング・ショイブレと東ドイツの国務次官のギュンター・クラウゼが調印した統一条約によって定められることになった。[★16] わずか八週間で作成された四五条を有する一連の条約が、基本法の変更、東ドイツの法律の〔西ドイツの法律への〕適合、東ドイツの公共行政機関、東ドイツの国有財産、国の借金と抵当、並びに特に労働と社会福祉、女性や文化に関する諸問題を調整することになった。異論の余地が残っていた国制上の論争、たとえば憲法を一から議論すべきという要求や憲法改正要求、統一ドイツの将来の首都や政府の所在地、妊娠中絶に関する東西ドイツの統一的な規制は先延ばしにされた。[★17] 西ドイツ諸州の反対を押し切り、東ドイツの交渉の主導者たちは、統一時に新しく連邦に組み込まれた州を州間財政調整制度〔豊かな州の税収をほかの州に移転する制度〕に段階的に組み込むことに成功した。加えて、東ドイツの側の交渉を担った人々は、一九四九年以降の国有化に関して、西側から要求されていた「補償の前に返還」という原則に対して、投資する場合には返還よりも補償を優先できるという限定をかけることに成功した。[★18] 統一条約の前段階の一九九〇年六月一七日、人民議会はすでに信託公社法案を可決していた。これにもとづいて首相の監督下で設立された官庁は、国有の企業や土地や不動産を可及的速やかに民営化するという任務を負った。

九月六日付の付属議定書によって、条約上の議論の余地があった若干の問題が、明確に規定されるようになった。最終的には、九月二〇日に「協定」によって、今後のシュタージ文書の扱いに関する取り決めがされた。そして九月二〇日、統一に関する条約が両国家の議会を圧倒的多数で通過した。西側では四九二の議員のうち五〇人が、東では人民議員三八〇人のうち八一人が、統一条約に反対するか棄権を選んだ。

九月末、東ドイツの連邦共和国への加盟準備が完了した。東ドイツの自由民主党系勢力が八月中旬に西ドイツのＦＤＰと合同したのち、九月末には〔東ドイツの〕ＳＰＤが、一〇月一日にはＣＤＵも、この先例に続いて西の政党と合同した。

一九九〇年一〇月三日〇時〇分、建国四一周年の四日だけ前にあたるこの日、東ドイツは国家としての存在を終えた。東ドイツの人民が四〇年の長きにわたるＳＥＤ独裁を倒してから一年も経っていなかった。多くの東ドイツの人々は、国家統一後になってはじめて、電光石火で行われた大変革が自分たちの暮らしにどれほどの影響をもたらし、どのような帰結をもたらすのかを経験することになった。一九九〇年七月一日に西ドイツ・マルクが導入された時にはすでに東ドイツの欠陥経済は終止符を打っていた。空の商品棚、供給が困難な状態は過去のものになった。しかし同時に何百万人という従業員の男女とその家族は失業や社会的零落に直面させられた。彼ら彼女らが失業したのは、たとえば自分たちの勤める企業が市場経済への移行を乗り切れないためであり、いくつかの事例では西ドイツの競争相手によって倒産が促されたからであった。あるいは、従業員たちが一九八九年以前に政治、行政、経済において東ドイツの体制を幹部として支えてきたからという場合もあった。

この一方で、多くの人々にとって東ドイツの大変革は、それまで禁じられていた――キャリア上の意味だけではない――自己実現の可能性を開いた。人々はこの可能性を利用できるようになったのだ。新しく連邦に加盟した州のすべての市民は、そのために一九八九年秋に人々が街頭に繰

27.1990年10月2日の〔ベルリン、ブランデンブルク門近くの〕パリ広場。再統一前夜、東ドイツ時代の様々な公的記念物が露店で売られている。

り出した、かの原則を享受するようになった。その原則とはすなわち、自由、民主主義、法治国家である。しかし、こうした原則が現実政治の中で本当に意味あるものになるかは、どれだけ多くの人々が政治や社会に参画するかにかかっている。こうした経験は、東ドイツの多くの人々にとって新しいものであった。一九九〇年代が進むにつれて、ドイツ全体である種の虚脱感が広がっていった。西側では多くの人々が、ドイツの統一を、東西一緒に新しくスタートをする好機として捉えることを拒んでいる。彼らにとっては一九八九年以前の時点における西ドイツの「現状」が、政治的思考を規定しているのだ。彼らにとってはこの〔西ドイツという〕現状を――生産性の低い旧東ドイツの州が新しく加盟してきたものの――何としてでも維持することが重要なのであった。東側では、自分たちが政治的には重要ではなく、ある種の請願者に似た役割に甘んじる「二級の」ドイツ市民だという感覚が広まった。東では信託公社が経済的な転換プロセスの象徴になった。ここでは西の企業家が東ドイツ経済の民営化から利益を収め、この反面で市民がその費用を支払わねばいけなかった。東側への市場経済の導入によって西側地域においては、社会福祉的な要素を含む経済の形〔西ドイツの社会的市場経済〕が時代遅れに見えるような風潮が現れた。

平和革命から二〇年がたち、ドイツ人は、度重ねて誓ってきた精神的な統一を依然として達成していない。人々の頭の中には東西の記憶がなお長く残っているのだ。未来を作り上げるためには、こうした記憶が必要であるが、その記憶は新旧の様々な伝説から自由でなければならないだろう。

訳注

★1 この日の議会で、ミールケはシュタージの監視行為について弁明をしていた。この時に、本来はSED党員や社会主義者同士でしか使わない「同志の皆さん」と話しかけた。これに対して、議員から「議場には『同志』ばかりではないのですよ」と注意を受けた。ミールケは、「些細な形式的なことではありますが、お詫びします。しかし、私は〔同志であろうとなかろうと〕皆さんを愛していますよ」と返した。

★2 一九八九年一一月一三日にはすでに、ハンス・モドロウは首相になっていた。

★3 ここで述べられているのは一二月四日の朝、エアフルト県のシュタージ本部が、デモ隊によって占拠されたことである。またここで、シュタージが重要書類の廃棄をしていたことを公表されたため、同日の夜にライプツィヒ、ズール、ロストック県でシュタージ本部が占拠された。

★4 ドイツ語の「フォルクVolk」は「国民」や「人民」など多様な訳語が当てられる。我々こそが人民だ〔Wir sind das Volk〕」というスローガンは、デモに出ている自分たちこそが主権者の人民であるという訴えであるが、「一つの」という不定冠詞を「フォルク」につけることで、西ドイツと東ドイツの国民としての紐帯が意識され、「我々は一つの国民だ〔Wir sind ein Volk〕」という意味になる。

★5 Nikolai Portugalow、一九二八―二〇〇八年、ソ連の政治家。共産党中央委員であり、ドイツ問題ではゴルバチョフの顧問を務めた。

★6 本書では、Konföderationに「国家連合」という訳語を、Föderationに「連邦」の訳語を当てた。原語では、前者が、自由意思に基づく成員の独立性が高いものであるのに対し、後者が、連邦国家を目指すようなより緊密な関係を意味している。

★7 もともとは東ドイツ国歌（ヨハネス・R・ベッヒャーが作詞した「廃墟からの復活Auferstanden aus Ruinen」）の一節。

★8 PDSはドイツ統一後も、原著公刊の直前の二〇〇七年まで活動をつづけた。そして同年には、SPDから分離した政党と合併して、「左翼党〔Die Linke〕」になった。左翼党も主として旧東ドイツ地域を中心に票を得て活動している。

★9 FDGBは、形式上約一五の産業別労働組合の連合体であった。これが産業ごとに分かれて、西ドイツの産業別の労働組合と統合された。

★10 「Allianz für Deutschland」は、「ドイツ（のための）同盟」とも訳されている。

★11 「自由民主主義者同盟」という名前で選挙を戦った。LDPと「ドイツ・フォーラム党」、さらに「DDR〔東ドイツ〕自由民主党」によって構成されていた。

★12 人民議会選挙は比例選挙であり、さらに、西ドイツのような、得票率五パーセントを得ないと一議席も配分されない阻止条項（五パーセント条項）はなかった。このため、五パーセント以下の小政党も議席を得ることはできた。例えば「新フォーラム」などの複数の市民運動の政党である「九〇年同盟」は得票率二・九パーセントで一二議席を得た。一九九三年には緑の党と合併し、現在まで「同盟九〇／緑の党」として活動している。

★13 一九九〇年三月二二日、デ・メジエールがシュタージの非公式協力者であるという報道がなされた。当時デ・メジエールはこれを否認していたが、本文で述べるように、統一後の一九九四年になって本当であることがシュタージの記録で確かめられた。

★14 基本法二三条は、基本法が及ぶ範囲を定めていた。この条約を利用して、基本法の及ぶ範囲を変更するということが考えられた。具体的には、東ドイツが五つの州とベルリン市に分かれ、それぞれドイツ連邦共和国に加盟する方法が、即時統一案として実行に移された。

★15 貯金残高では、一人四〇〇〇東ドイツ・マルクまでは一対一の比率で交換された。それ以上の預金は二対一とされた。なお、一四歳以下は二〇〇〇東ドイツ・マルク、六〇歳以上の年金生活者は六〇〇〇東ドイツ・マルクまでが一対一で交換対象になった。また、企業負債や住宅ローンは二対一で交換されている。

★16 Günther Krause、一九五三—、東ドイツCDUの政治家。デ・メジエール内閣では、統一条約交渉の東ドイツ側の責任者になった。

★17 統一ドイツの首都については、統一翌年の一九九一年に、連邦議会でベルリン移転が決められた。ボンからの首都移転は一九九九年に行われた。

★18 東ドイツでは一九七二年以降、妊娠一二週以内であれば女性は権利として中絶を選択できた。対して西ドイツの妊娠中絶には厳しい条件が付いていた。統一時には、西ドイツの規定を直ちに東ドイツに適応するのではなく、一九九二年まで旧東ドイツ地域では、かつての規定が維持されることになった。

一九九〇年九月二八日に成立した「未解決の財産問題整理のための法律」は、東ドイツ時代に国有化された財産についてだけでなく、ナチ時代の不法行為についても、金銭補償をすることよりも、土地などの財産そのものの返還が優先された。これが「補償の前に返還」という原則である。ただし、前述の財産問題整理法は、所有関係が不明瞭でも、それが旧東ドイツの開発と雇用創出につながるのであれば、土地の売却を許可していた。この原則については、武井彩佳『ユダヤ人財産は誰のものか――ホロコーストからパレスチナ問題へ』(白水社、二〇〇八年)を参照。

訳者あとがき

1

本書は、Ulrich Mählert, *Kleine Geschichte der DDR*, 6.Auflage (München: Beck, 2009) の翻訳である。

著者のウルリヒ・メーラートは、一九六八年にドイツ南西部のネッカーズルムに生まれた。マンハイム大学で政治学を学び、同大学で東ドイツ研究の第一人者であるヘルマン・ヴェーバーに指導を受けながら、東ドイツの青年団をテーマに研究を進め、一九九四年に博士号を取得した。さらに一九九八年まで同大学におけるヴェーバーの学術協力者として、共産主義体制下における党内粛清の国際研究プロジェクトに参加し、一九九九年からはドイツ連邦共和国政府の「SED独裁の克服」財団で、学術・国際交流部長を務めている。また共産主義圏の歴史研究雑誌 *Jahrbuch für Historische Kommunismusforschung* の編集長を務めている[1]。さらにメーラートは社会民主党系の歴史家として政治にも積極的にかかわっており、二〇〇〇年から現在まで党の「歴史家委員会」で活動し、二〇〇七年から二〇一七年には「旧東ドイツシュタージ文書・連邦受託機関」で学術アドバイザーを務めた。

メーラートの本書以外の主要業績としては、博士論文を基にした *Die Freie Deutsche Jugend 1945–1949* (『自由ドイツ青年一九四五―一九四九年』), Paderborn 1995、ヴェーバーとの共編著である *Terror. Stalinistische Parteisäuberungen 1936–1953* (『テロル―スターリン主義による党内粛清』), Paderborn 1998、ライナー・エッペルマンとベルント・ファウレンバッハとの共編で、二〇〇〇年代初頭までの先行研究の総覧するための重要なハンドブックである *Bilanz und Perspektiven der DDR-Forschung*（『東ドイツ研究の総括と展望』）, Paderborn 2003、さらに論文集 *Die DDR als Chance. Neue Perspektiven auf ein altes Thema*（『チャンスとしての東ドイツ—古くからのテーマへの新たなる展望』）, Berlin 2016 が挙げられる。特に二〇〇〇年代以降の業績を見ると、東ドイツ研究の進展を全体的に把握することに力を注いでいるのが分かる。

2

本書はベック社から出版された一般向けの通史であり、改訂版が繰り返し出されている。原著の初版は一九九八年であり、二〇〇九年には第六改訂版が出された。本書はこの最後の改訂版を底本にしている。重版と改訂版の数を見ると、ドイツ社会で広く読み継がれている本だと言える。

本書の構成を確認してみよう。第1章の冒頭では、一九四九年の東ドイツ国家建設直前の状況が、ドイツ社会主義統一党（ＳＥＤ）の指導者たちとスターリンを中心に描かれる。その後、叙述の流れは一九四五年の第二次世界大戦が終わった時点に戻される。ここからは時系列に沿って、ソ連占領地域が分断国家になっていく過程が記述されている。冷戦によって東ドイツ建国が進められる中で、ＳＥＤの一党支配がいかに確立されたのかを、ＳＥＤ以外の様々な政党や大衆組織（例えば労働組合や青年組織）の機能の変遷に沿いながら詳細に説明する点に、本書の独自色を読み取ることができる。東ドイツにはＳＥＤ以外に四つの政党（キリスト教民主同盟や自由民主党、国民民主党や民主農民党）が存在し、人民議会に議席を有していたことや、大衆組織が住民の生活とＳＥＤの支配をつなぐ一種の蝶番になったことの記述は、大衆組織の研究から出発したメーラートならではの重点の置き方である。

第2章は一九五〇年代が対象である。本章では党内粛清と社会主義建設の宣言、スターリンの死、ソ連の急な路線変更、東ドイツ史上最大の民衆反乱である一九五三年「六月一七日事件」、党内の権力闘争、一九五六年の「スターリン批判」、改革派の登場と敗北といった、事件に次ぐ事件を経て、ウルブリヒトを中心にする統治構造が確立された時期が記述されている。本書の中でも最も波乱に富んだ章と言える。

第3章は一九六〇年代の東ドイツ社会が記述されている。特にベルリンの壁の構築後の社会の安定化、新経済制度の導入とその失敗、人々の暮らしや教育制度、文化に焦点が当てられている。続く第4章は一九七一年のウルブリヒトの解任から始まる。新たに権力の座についたホーネッカーは、東ドイツ経済の実力を無視した福祉によって国民の支持をつなぎ留めようと試みつつ、同時に国家保安省（シュタージ）を拡大させて、反対意見をその芽のうちに摘み取ることを目指した。第3、第4章はいずれも短いながら文化史、社会史に焦点が当てられており、「普通の」人々の生活を知ることができる。

第5章は八〇年代の東ドイツ社会と、一九八九年の「平和革命」が主題である。東ドイツの崩壊は、ソ連においてゴルバチョフが書記長に就任したことで始まる。ゴルバチョフはソ連の軍事力によって東欧の共産主義政権を維持する方針を放棄し、各国に自己改革を迫った。これを拒否したSEDを前にして、市民による反対運動が拡大する。八九年一〇月までに抗議運動は全国的に拡大し、SED指導部は社会をコントロールすることが完全にできなくなった。ホーネッカーは退陣し、新たにクレンツが最高権力者になり弥縫策を講じるが、事態は一向に変わらなかった。こうした混乱の中、一九八九年一一月九日の晩、東西ベルリン間の国境コントロールがなくなり、東西間の自由往来が実質的に達成されてしまう。こうして東ドイツは国家としての消滅へと進むことになった。最後の第6章では、ベルリンの壁崩壊後からドイツ統一までが扱われている。東ドイツの市民は、九〇年三月の最初の自由選挙で、即時統一を支持する政権を選んだ。結果的に東ドイツは国家として消滅し、再編された五つの州は西ドイツへ加盟した。こうして実質的には「拡大西ドイツ」とも言える、新しい連邦共和国が一九九〇年一〇月三日に誕生する。

本書の特色は、「読ませる」入門書という性格である。まずは叙述のバランスを見てみよう。原著の本文約一七〇頁のうち、一九四五年から四九年までの四年間に四四頁、五〇年代の記述に四一頁、六〇年代は一五頁、七〇年代は一八頁、八〇―八九年が三五頁（統一までを扱った終章は一六頁）である。初期の歴史は濃密に描きながら、社会が安定してきた六〇―七〇年代の叙述がかなり簡素で、最後の八九／九〇年の日々が活き活きと描き出される。こうした、上部がアンバランスに大きい砂時計のような記述のスタイルは、

――おそらくは初版時までの東ドイツ研究の進展にも大きく左右されているが――東ドイツの本質をＳＥＤの一党独裁であると捉え、この体制がいかにして築き上げられ、強化され、最後にいかに解体されたのかを明らかにするという、メーラートの問題意識を物語っている。

多少の叙述量のアンバランスは覚悟の上で、東ドイツ史に、権力機構の誕生と崩壊という一本の筋道を設けることで、本書は入門書としては物語性があり読みやすいものになっている。そしてＳＥＤ指導部が中心的な役割を持っている政治史中心の構成であるという意味で、本書はヘルマン・ヴェーバーを引き継いだ、新しい正統派の東ドイツ史である。ただし、ヴェーバーに比べると、市民の暮らしや文化史に関する記述が相対的に大きくなっている。戦後間もない時期におけるドイツ人の生活や、壁建設後の労働者家庭の生活が、数値を交えながら、できるだけ実感できるように紹介されているのも、本書の特色だろう。

さらに、本書がしばしば長い引用を使って、政治家や市井の人々の間で繰り広げられた「ドラマ」を描いていることも指摘したい。「六月一七日」における労働者たち、ルサコフとホーネッカーの石油をめぐるやり取り、統一時の西ドイツのショイブレの発言などは、それぞれ時代の雰囲気を伝えてくれる。また多くの写真が用いられており、視覚的に本文の理解を助けてくれる。こうして、本書は学術的な水準を保つ入門書でありながら、上述の様々な仕掛けによって「読ませる」構成であるため、広い読者を想定するものとなっている。

3

続いて、本書が東ドイツ研究史の中においてどのような位置を占めるのかを、研究史を振り返ることで確認してみよう。(2)この三〇年間の研究動向を端的にまとめると、政治研究の進展、これと対抗する形の社会史の発展、ミクロなレベルの歴史記述への移行、そして多元化と言い表すことができる。

もともと東ドイツ研究は、冷戦期に西ドイツにおいて政治学の中で生まれた分野である。一九八九年の東ドイツ崩壊以降、東ドイツを全体主義的支配と改めて捉え、権力機構や政治制度、暴力装置や政治的司法の研究が盛んに進められることになった。統一直後に、かつての不法体制によって犠牲になった人々の名誉回復や補償が求められていたことも、こうした研究の後押しをすることになった。しかし一九九〇年代半ばには、こうした政治史中心の全体主義論への反論が社会史研究の中から生まれてきた。社会史研究者たちは、東ドイツにおける教会や家族などの人的な結合を分析し、SED指導部による社会全体のコントロールには常に様々な限界が存在していたことを明らかにした。しかし二〇〇〇年代初頭にかけて、今度は政治権力と社会という二分法そのものが疑問視されるようになった。こうした問題提起を受け、東ドイツ研究の中心は、労働者や都市市民、農民などの個々人がいかにして生きたのかという、ミクロなレベルに関心を移すようになった。二〇一〇年代末の現在、更なる方法論的な転換は起きているわけではないものの、研究領域や関心は少しずつ変容している。特に東ドイツを一国で完結したものとは捉えずに、ナチ時代との連続や比較、同時代の東欧圏やソ連、西ドイツなどとの関連などを用いて、より広範な枠組みの中で捉えようとする研究の進展は目覚ましい。こうして見ると、メーラートの記述は政治史を中心に置いたものであり、社会史や文化史の成果も多少取り込んでバランスを取ってはいるものの、基本的には一九九〇年代末から二〇〇〇年代前半の研究成果をまとめ上げたものと見做すことができる。

しかしながら、本書のようなスタンダードな東ドイツの通史を現在の日本で翻訳しておく価値は十分にあるように思われる。ここで押さえておきたいのは、日本の歴史学における東ドイツ研究の特徴だ。日本の歴史学者の多くは全体主義的な東ドイツ史理解への批判的意識から、社会史（民衆史）の方法を自覚的に選び取った。二〇〇〇年代以降、ミクロヒストリアへの関心や一国史を超えた視角が取り入れられてはいるものの、人々の暮らしの実態解明に対する関心が高いことは変わらない。川越修・河合信晴編『歴史としての社会主義―東ドイツの経験―』（ナカニシヤ出版、二〇一六年）はその集大成として位置づけられる。これ以外にも、経済史や農村史、社会政策史や社会史、文化史、サブカルチャーの分野で、日本では多くのモノグラフが生まれている。対して、こうした多様な研究を知るための入り口になる、東ドイツ史の通史は日本にどの程度あるのだろうか。初学者向けのものとしては田野大輔・柳原伸洋編『教養のドイツ現代史』（ミネルヴァ書房、二〇一六年）などが、また研究入門的書としては、千葉敏之・木村靖二・西山暁義編『ドイツ史研究入門』（山川出版社、二〇一六年）などが挙げられる。ただし、東ドイツは一章、ないしはそれよりも短い扱いである。また、メアリー・フルブルック『二つのドイツ 1945–1990—ヨーロッパ史入門』芝健介訳（岩波書店、二〇〇九年）は、東西ドイツ史研究上の問題を概説的に論じたもので、研究者にとって必須の書だが、通史ではない。それゆえ単著として東ドイツの通史を論じた本となると、ヘルマン・ヴェーバー『ドイツ民主共和国史—「社会主義」ドイツの興亡—』斎藤哲・星乃治彦訳（日本経済評論社、一九九一年）が長いこと「最新」という状況であった。実に三〇年近く邦語での通史が刊行されていなかったということになる。こうした状況を踏まえると、日本においてもメーラートのようなオーソドックスな通史を紹介する意義があるのではないかと考え、今回の訳に至った次第である。また、本書を読んでさらに専門的に学びたい向きには、巻末の文献一覧やＷｅｂの紹介、さらに訳注と「訳者あとがき」で触れている文献を利用していただければ幸いである。

4

最後に、訳語と訳出に当たって参考にした文献、訳出の経緯について触れておきたい。原著タイトルをそのまま訳すと『ＤＤＲ《デーデーエア》小史』となる。ＤＤＲとは東ドイツ国家の正式な名称「ドイツ民主共和国（Deutsche Demokratische Republik）」の頭文字を取ったものだ。これは現在のドイツにおいて旧東ドイツを指す一般的な表現だが、日本ではほとんど浸透していない。加えて、ＤＤＲとは本来は国家の略称であるため、正確には一九四九年から一九九〇年を指す用語である。しかし既に指摘したように、本書はＤＤＲ成立前の一九四五—四九年に関して、かなりの量の記述を割いている。そこで、第二次世界大戦終了からドイツ統一までを表現できる「東ドイツ」という表現をタイトルでは採用した。本文中のＤＤＲという言葉は、「東ドイツ」あるいは「東独」と訳している。ただし、一九四五年から四九年を指すことが明確な場合は、「ソ連占領地域」と記している場合もある。またドイツ連邦共和国は基本的に「西ドイツ」と訳出している。ただしドイツ統一過程の記述では、「連邦共和国」と直訳をしている。
本書の訳出に当たっては、既に言及したヴェーバーの『ドイツ民主共和国史』の邦訳、フルブルックの『二つのドイツ』の邦訳以外では、以下のものを参考にした（紙幅の関係で、全体にかかわるものを挙げているので、訳注で触れた文献は省いている）。

石田勇治・福永美和子編『現代ドイツへの視座―歴史学的アプローチ１・想起の文化とグローバル市民社会』（勉誠出版、二〇一六年）
ヴォルフガング・エメリヒ『東ドイツ文学小史』津村正樹監訳（鳥影社、一九九九年）
川端香男里ほか監修『新版・ロシアを知る事典』（平凡社、二〇〇四年）
クリストフ・クレスマン『戦後ドイツ史１９４５–１９５５―二重の建国』石田勇治・木戸衛一訳（未來社、一九九五年）
柴宜弘ほか監修『新版・東欧を知る事典』（平凡社、二〇一五年）
田中陽兒・倉持俊一・和田春樹編『ロシア史〈３〉20世紀（世界歴史大系）』（山川出版社、一九九七年）
成瀬治・山田欣吾・木村靖二編『ドイツ史〈３〉１８９０–現代（世界史体系）』（山川出版社、一九九七年）
星乃治彦『社会主義国における民衆の歴史―１９５３年６月17日東ドイツの情景』（法律文化社、一九九四年）
Matthias Judt（Hrsg.）, *DDR-Geschichte in Dokumenten. Beschlüsse, Berichte, interne Materialien und Alltagszeugnisse*, Bonn 1998.
Hermann Weber, *Geschichte der DDR. Aktualisierte und erweiterte Neuausgabe*, München 1999.
Die Parteien und Organisationen der DDR. Ein Handbuch, hrsg. von. Gerd-Rüdiger Stephan et al., Berlin 2002.
Die SED, Geschichte – Organisation - Politik. Ein Handbuch, hrsg. von Andreas Herbst et al., Berlin 1997.
DDR Handbuch Band 1 A-L/ Band2 M-Z, überarbeitete und erweiterte 3. Auflage, hrsg. von Bundesministerium für Inner-

deutsche Beziehungen, Köln1985.

Wer war wer in der DDR? Ein Lexikon ostdeutscher Biographien Band 1 A-L/ Band 2 M-Z, hrsg. von Helmut Müller-Enbergs et al., Berlin 2010.

なお、訳注で紹介している人物の生没年や、一九八九―九〇年に誕生した東ドイツの小政党については、ドイツ版のウィキペディアも参照している。

本書の翻訳を始めたのは二〇一七年度の春だったが、訳者の怠慢により脱稿したのが二〇一九年の三月になってしまった。メーラートのドイツ語は平易であるが、しばしば出てくる長い引用文に苦戦し、多くの方に援助を仰ぐことになった。社会民主党に関する定訳については佐々木淳希さんに、引用文の細かい検討については、Matthias Wittig さん、David Johst さんに記してお礼申し上げる。そして入門書の翻訳の必要性を感じるきっかけになった獨協大学の学生の皆さん、翻訳の構想を聞いて白水社に仲介の労を取っていただいた石田勇治先生と川喜田敦子先生、草稿の段階でコメントをいただいた藤崎剛人さんにも御礼を申し上げる。こうして長引く翻訳作業にもかかわらず、見放さずに刊行までこぎつけたのは、白水社の藤波健さんの尽力のおかげとしか言いようがない。もちろん、訳文の間違いがあるとすれば私の責任である。広く皆様からのご教示をいただければ幸いである。

二〇一九年九月

伊豆田俊輔

（1）メーラートに関しては、「ＳＥＤ独裁の克服」財団のサイトを参照した。https://www.bundesstiftungaufarbeitung.de/kurzbiographie-dr-ulrich-maehlert-1754.html（２０１９年９月11日アクセス）

（2）先行研究に関する以下の記述は、伊豆田俊輔「書評・川越修・河合信晴編『歴史としての社会主義――東ドイツの経験』」、『経済史研究』22号(https://doi.org/10.24712/keizaishikenkyu.22.0_145)を踏まえている。詳細な注や出典などを知りたい場合は、こちらを参考にされたい。

人名索引

ア行

カ行

サ行

タ行

ナ行

ハ行

マ行

ヤ行

ラ行

原注

日本語訳のあるものはそれを参照し，邦訳を提示した．
ただし，訳文は適宜変更してある．また原書の版数や底本が異なる場合がある．

第1章

（1） Dokumente des geteilten Deutschland. Quellentexte zur Rechtslage des Deutschen Reiches, der Bundesrepublik Deutschland und der Deutschen Demokratischen Republik. Mit einer Einführung herausgegeben von Ingo von Münch. 2. Auflage, Stuttgart 1976, S. 20.

（2） Ebenda, S. 35.

（3） 以下，諸政党の基礎的な史料からの引用は，ヘルマン・ヴェーバーが編纂した論集から採ったものである．Hermann Weber（Hrsg.）: Parteiensystem zwischen Demokratie und Volksdemokratie. Dokumente und Materialien zum Funktionswandel der Parteien und Massenorganisationen in der SBZ/DDR. 1945–1949. Köln 1982.

（4） Siegfried Suckut: Blockpolitik in der SBZ/DDR 1945–1949. Die Sitzungsprotokolle des zentralen Einheitsfront-Ausschusses. Quellenedition. Köln 1986, S. 64.

（5） Hermann Weber: Geschichte der DDR. 2. Auflage, München 1986, S. 81f.〔邦訳，H・ヴェーバー著，斎藤哲・星乃治彦訳『ドイツ民主共和国史―「社会主義」ドイツの興亡―』，日本経済評論社，1991 年〕

（6） Weber（Hrsg.）: Parteiensystem zwischen Demokratie und Volksdemokratie, S. 26 f.

（7） Wolfgang Leonhard: Die Revolution entläßt ihre Kinder. Köln 1992［1. Auflage 1955］, S. 440.〔邦訳，ウォルフガング・レオンハルト著，高橋正雄・渡辺文太郎訳『戦慄の共産主義―ソ連・東独からの脱出―』，月刊ペン社，1975 年〕

（8） 引用はすべて以下の文献から．„Nach Hitler kommen wir". Dokumente zur Programmatik der Moskauer KPD-Führung 1944/45 für Nachkriegsdeutschland. Hrsg. von Peter Erler, Horst Laude und Manfred Wilke. Berlin 1994, S. 278, 285 f.

（9） クリストフ・クレスマンからの引用．Christoph Kleßmann: Die doppelte Staatsgründung. Deutsche Geschichte 1945–1955. 4., ergänzte Auflage, Bonn 1986, S. 379.〔邦訳，クリストフ・クレスマン著，石田勇治・木戸衛一訳『戦後ドイツ史 1945–1955―二重の建国―』，未來社，1995 年〕

（10） Zitiert nach ebenda, S. 438 f.

（11）　Ebenda, S. 178.

（12）　Wilhelm Pieck—Aufzeichnungen zur Deutschlandpolitik 1945–1953. Hrsg. von Rolf Badstübner und Wilfried Loth. Berlin 1994, S. 127 ff.

（13）　ジークフリート・ズクトからの引用．Siegfried Suckut: Christlich-Demokratische Union Deutschlands（CDU）. In: SBZ-Handbuch. Hrsg. von Martin Broszat und Hermann Weber. München 1990, S. 525.

（14）　ヴィルフリート・ロートからの引用　Wifried Loth: Stalins ungeliebtes Kind. Berlin 1994, S. 99.

（15）　Milovan Djilas: Gespräche mit Stalin. Frankfurt am Main 1962, S. 195.〔邦訳，ミロバン・ジラス著，新庄哲夫訳『スターリンとの対話』，雪華社，1968年〕

（16）　以下で引用しているチュルパーノフの演説は，ロルフ・バートシュトゥープナーがヴィルフリート・ロートと共同で編纂した記録史料集成からのもの．Wilhelm Pieck—Aufzeichnungen zur Deutschlandpolitik, S. 216 f.

（17）　Helga A. Welsh: Revolutionärer Wandel auf Befehl? Entnazifizierungs und Personalpolitik in Thüringen und Sachsen（1945–1948）. München 1989, S. 189 f.

（18）　Victor Klemperer: Und so ist alles schwankend. Tagebücher Juni bis Dezember 1945. 2. Auflage, Berlin 1996, S. 186 f. Zitiert nach Matthias Judt（Hrsg.）: DDR-Geschichte in Dokumenten. Bonn 1998, S. 50 f.

（19）　「1946年31日付での様々な組織の状態について」Stiftung Archiv der Parteien und Massenorganisationen der DDR im Bundesarchiv（SAPMO, BArch.—DY 30: IV 2/5/1367, Bl. 50.

（20）　Loth: Stalins ungeliebtes Kind, S. 129.

（21）　1948年7月3日付中央書記局決議，Dokumente der Sozialistischen Einheitspartei Deutschlands. Bd. 2, S. 81 f.

（22）　Entscheidungen der SED. Aus den Stenographischen Niederschriften der 10. bis 15. Tagung des Parteivorstandes der SED. Hrsg. von Thomas Friedrich, Christa Hübner, Herbert Mayer und Kerstin Wolf. Berlin 1995, S. 380.

（23）　Andreas Malycha: Partei von Stalins Gnaden? Die Entwicklung der SED zur Partei neuen Typs in den Jahren 1946 bis 1950. Berlin 1996, S. 301.

（24）　ドイツ社会主義統一党第二回党大会でのドイツ人民への声明は，以下の文献で公刊されている．Protokoll der Verhandlungen des 2. Parteitages der Sozialistischen Einheitspartei Deutschlands. 20. bis 24. September 1947 in der Staatsoper zu Berlin. Berlin 1947, S. 515.

（25）　政治情勢に関する決議，上掲書で公刊されている．S. 539.

（26）　ソ連軍政部指令234号，「労働生産性の向上および〔工業と〕輸送業の労働者と従業員の物的状況のさらなる改善のための措置に関して」を参照．こ

れは以下で公刊されている．Jahrbuch Arbeit und Sozialfürsorge 1947/48. Hrsg. von der Hauptverwaltung Arbeit und Sozialfürsorge der Deutschen Wirtschaftskommission für die sowjetische Besatzungszone. Berlin 1948, S. 365 ff.

（27） 以上，すべてカローラ・シュテルン（Corola Stern）からの引用．Porträt einer bolschewistischen Partei. Entwicklung, Funktion und Situation der SED. Köln 1957, S. 83.

（28） Vgl. „Von Verschmelzung bis Likörgeld. Das politische Fundament der geplanten ostdeutschen Regierung". In: „Die Neue Zeitung" vom 6. Januar 1949 sowie weitere Artikel am 15. Januar und am 3. Februar 1949.

（29） Wilhelm Pieck—Aufzeichnungen zur Deutschlandpolitik, S. 259 ff.

（30） Siegfried Suckut: Die Entscheidung zur Gründung der DDR. Die Protokolle des SED-Parteivorstandes am 4. und 9. Oktober 1949. In: Vierteljahrshefte für Zeitgeschichte, 1/1991, S. 161.

（31） 1949 年 4 月 6–7 日付，党中央統制委員会と州の党統制委員会によるプロトコル，SAPMO, BArch.—DY 30: IV 2/4/435, Bl. 82.

（32） Dokumente zur Geschichte der Freien Deutschen Jugend. Erster Band. Berlin（Ost）1960, S. 268.

第2章

（1） Judt（Hrsg.）: DDR-Geschichte in Dokumenten, Bonn 1998, S. 77.

（2） Weber: Geschichte der DDR, S. 187.

（3） Zitiert nach ebenda, S. 197.

（4） ヘルマン・ヴェーバーからの引用．Hermann Weber: Kleine Geschichte der DDR. 2., erweiterte Auflage, Köln 1988, S. 53.

（5） Junge Welt vom 6. Juni 1950.

（6） Vgl. Ulrich Mählert und Gerd-Rüdiger Stephan: „Blaue Hemden—Rote Fahnen". Die Geschichte der Freien Deutschen Jugend. Leverkusen 1996, S. 80.

（7） Wilhelm Pieck—Aufzeichnungen zur Deutschlandpolitik, S. 396 f.

（8） 以上，引用はすべてウルリヒ・メーラート（Ulrich Mählert）: „Die Partei hat immer recht!" Parteisäuberungen als Kaderpolitik in der SED（1948–1953）. In: Hermann Weber und Ulrich Mählert（Hrsg.）: Terror. Stalinistische Parteisäuberungen 1936–1953. Paderborn 1998, S. 424. から．

（9） Protokoll der II. Parteikonferenz der Sozialistischen Einheitspartei Deutschlands. Berlin（Ost）1952, S. 58.

（10） マーテルンの発言にかんするこの引用，並びに以下の引用は次のメーラートの文献から．„Die Partei hat immer recht!", S. 425.

（11） Hermann Weber: Schauprozeßvorbereitungen in der DDR. In: ders. u. Mählert（Hrsg.）: Terror, S. 484.

（12） メーラートからの引用．Mählert: „Die Partei hat immer recht!", S. 425 f.

（13） Ebenda, S. 428.

（14） Die DDR vor dem Mauerbau. Dokumente zur Geschichte des anderen deutschen Staates 1949–1961. Hrsg. von Dierk Hoffmann, Karl-Heinz Schmidt und Peter Skyba. München 1993, S. 152 ff.

（15） Ebenda, S. 158 ff.

（16） イルコ・サシャ＝コヴァルクツクとアルミン・ミッターからの引用．Ilko-Sascha Kowalczuk/Armin Mitter: „Die Arbeiter sind zwar geschlagen worden, aber sie sind nicht besiegt!" Die Arbeiterschaft während der Krise 1952/53. In: Ilko-Sascha Kowalczuk, Armin Mitter und Stefan Wolle（Hrsg.）: Der Tag X–17. Juni 1953. Die „Innere Staatsgründung" der DDR als Ergebnis der Krise 1952/54. Berlin 1995, S. 49.

（17） ゲアハルト・バイアーからの引用 Gerhard Beier: Wir wollen freie Menschen sein. Der 17. Juni 1953: Bauleute gingen voran. Frankfurt am Main 1993, S. 57.

（18） Beier: Wir wollen freie Menschen sein, S. 15. また本文のこれに続く引用はすべて同書 S. 44 からのものである．

（19） Ilko-Sascha Kowalczuk: „Wir werden siegen, weil uns der große Stalin führt!". Die SED zwischen Zwangsvereinigung und IV. Parteitag. In: ders., Mitter und Wolle（Hrsg.）: Der Tag X, S. 171.

（20） Armin Mitter und Stefan Wolle: Untergang auf Raten. Unbekannte Kapitel der DDR-Geschichte. München 1993, S. 153.

（21） Vgl. Weber: Geschichte der DDR, S. 249.

（22） Erich Loest: Durch die Erde ein Riß. Ein Lebenslauf. Hamburg 1981, S. 213 f.

（23） Vgl. Armin Mitter: Der „Tag X" und die „Innere Staatsgründung" der DDR. In: Kowalczuk, Mitter und Wolle（Hrsg.）: Der Tag X, S. 24.

（24） Mitter und Wolle: Untergang auf Raten, S. 154.

（25） Günter Schabowski: Selbstblendung. Über den Realitätsverlust der Funktionärselite. In: Kursbuch, Februar 1993, Heft 111, S. 112 ff.

（26） 両引用はともに以下の文献から．Hermann Weber: Geschichte der DDR, S. 278 f.

（27） ヴェーバーからの引用．Weber: Geschichte der DDR, S. 290.

（28） Judt（Hrsg.）: DDR-Geschichte in Dokumenten, S. 54 f.

（29） Dokumente zur Geschichte der FDJ. Band 4. Berlin（Ost）1963, S. 368.

（30） Matthias Brings: „Bierologen, Hottbubis und unsere Ordnungsgruppen". In: Junge Generation, Heft 10/1959, zitiert nach Heinz Kersten: Jugend als Planfaktor. Das

VI. Parlament der FDJ in Rostock. In: SBZ-Archiv, 10. Jg.（1959）13, S. 196 f.

（31） 1959 年 4 月 24 日，政治局での，犯罪に関する刑事訴追機関についての報告．In: Die DDR vor dem Mauerbau, S. 330 ff.

（32） Die DDR vor dem Mauerbau, S. 322.

（33） Handelskonferenz der SED Berlin 1959. Berlin（Ost）1959, S. 105.（7）

（34） クリストフ・クレスマンからの引用．Christoph Kleßmann: Zwei Staaten, eine Nation. Deutsche Geschichte 1955–1970. 2. Auflage, Bonn 1997, S. 555.

（35） Die DDR vor dem Mauerbau, S. 389 ff.

（36） Neues Deutschland vom 16. Juni 1961.

第3章

（1） Jochen Staadt: Die geheime Westpolitik der SED 1960–1970. Von der gesamtdeutschen Orientierung zur sozialistischen Nation. Berlin 1993, S. 53.

（2） 以下に続く引用はすべて次の文献から．Ulrich Mählert: Walter Ulbricht über die Aufgaben der FDJ im August 1961. In: Deutschland Archiv, 27. Jg.（1994）8, S. 890 f.

（3） ヘルマン・ヴェーバーからの引用．Hermann Weber: Geschichte der DDR. München 1986, S. 330 f.

（4） Dokumente der Sozialistischen Einheitspartei Deutschlands. Band 9. Berlin（Ost）1965, S. 679 ff.

（5） Die SED. Geschichte—Organisation—Politik. Ein Handbuch. Hrsg. von Andreas Herbst, Gerd-Rüdiger Stephan und Jürgen Winkler. Berlin 1997, S. 678 ff.

（6） Oskar Anweiler: Polytechnische Bildung. In: Lexikon des DDR–Sozialismus. Das Staats-und Gesellschaftssystem der Deutschen Demokratischen Republik. Hrsg. von Rainer Eppelmann, Horst Möller, Günter Nooke und Dorothee Wilms. Paderborn 1996, S. 475.

（7） この部分，さらに以下の引用は次の文献から．Kleßmann: Zwei Staaten, eine Nation, S. 565 f.

（8） 引用した原本では，貨幣単位はすべて「東ドイツ・マルク〔Mark der Deutschen Notenbank，東ドイツで 1964 年から 1967 年に流通していたマルク〕」である．

第4章

（1） Juri W. Bassistow: Die DDR—ein Blick aus Wünsdorf. In: Jahrbuch für Historische Kommunismusforschung 1994. Berlin 1994, S. 222.

（2） Die SED. Geschichte—Organisation—Politik, S. 722 f.

（3） Peter Przybylski: Tatort Politbüro. Die Akte Honecker. Berlin 1991, S. 281 ff.〔邦訳，ペーター・プシビルスキー著，小阪清行他訳『犯行現場は党政治局―ホーネッカー調書―』，駐文館，1996 年〕

（4） Ebenda, S. 301 f.

（5） Dokumente zur Geschichte der SED. Band 3: 1971–1986. Berlin（Ost）1986, S. 24.

（6） Vgl. Stefan Wolle: Die heile Welt der Diktatur. Alltag und Herrschaft in der DDR 1971–1989. Bonn 1998.

（7）「社会の軍事化」の項目を参照．Lexikon des DDR–Sozialismus, S. 414 ff.

（8） ヘルマン・ヴェーバーからの引用．Hermann Weber: Geschichte der DDR, S. 373.

（9） ティモシー・ガートン・アッシュからの引用．Timothy Garton Ash: Im Namen Europas. Deutschland und der geteilte Kontinent. München, Wien 1993, S. 279.〔邦訳，ティモシー・ガートン・アッシュ著，杉浦茂樹訳『ヨーロッパに架ける橋―東西冷戦とドイツ外交―』（上），みすず書房，2009 年，227 頁〕

（10） ヘルマン・ヴェーバーからの引用．Hermann Weber: Kleine Geschichte der DDR, S. 151.

（11） Dokumente des geteilten Deutschland. Band II: seit 1968. Quellentexte zur Rechtslage des Deutschen Reiches, der Bundesrepublik Deutschland und der Deutschen Demokratischen Republik. Mit einer Einführung herausgegeben von Ingo von Münch unter Mitarbeit von Ondolf Rojahn. Stuttgart 1974, S. 303.〔訳出に際しては，外務省ホームページ「(5) 両独間基本条約と関係文書（仮訳）」（https://www.mofa.go.jp/mofaj/gaiko/bluebook/1973/s48-shiryou-5-5.htm, 2018 年 12 月 30 日最終アクセス）も参考にした．〕

（12） Frankfurter Rundschau vom 23. November 1976. Zitiert nach Judt（Hrsg.）: DDR-Geschichte in Dokumenten, S. 329.

第5章

（1） Die SED. Geschichte—Organisation—Politik, S. 752ff.

（2） Weber: Geschichte der DDR, S. 458, 506.

（3） ラインハルト・ヘンキースからの引用． Reinhard Henkys: Die Kirchen im SED-Staat zwische Anpassung und Widerstand. In: Jürgen Weber（Hrsg.）: Der SED-Staat: Neues über eine vergangene Diktatur. München 1994, S.〔199–243〕.

（4） Detlef Nakath und Gerd-Rüdiger Stephan（Hrsg.）: Von Hubertusstock nach Bonn. Eine dokumentierte Geschichte der deutsch-deutschen Beziehungen auf höchster Ebene 1980–1987. Berlin 1995, S. 49.

（5） Ebenda, S. 332.

（6） Ebenda, S. 270.

（7） Zitiert nach: „Die Koalition der Vernunft“. Deutschlandpolitik in den 80er Jahren. Von Heinrich Potthoff. München 1995, S. 24.

（8） Die SED. Geschichte—Organisation—Politik, S. 792.

（9） Daniel Küchenmeister（Hrsg.）: Honecker—Gorbatschow. Vieraugengespräche. Berlin 1993, S. 160 f.

（10） Neues Deutschland vom 10. April 1987.

（11） Die SED. Geschichte—Organisation—Politik, S. 783.

（12） キュッヘンマイスターからの引用．Küchenmeister（Hrsg.）: Honecker—Gorbatschow, S. 15.

（13） Ebenda, S. 203.

（14） Die SED. Geschichte—Organisation—Politik, S. 803.

（15） 以上の引用はすべて同書，S. 801 f.

（16） Gerd-Rüdiger Stephan（Hrsg.）: „Vorwärts immer, rückwärts nimmer!“ Interne Dokumente zum Zerfall von SED und DDR 1988/89. Berlin 1994, S. 43, 53.

（17） ハンス＝ヘルマン・ハートレとゲルト＝リュディガー・シュテファンからの引用．Hans-Hermann Hertle und Gerd-Rüdiger Stephan（Hrsg.）: Das Ende der SED. Die letzten Tage des Zentralkomitees. Mit einem Vorwort von Peter Steinbach. Berlin 1997, S. 37.

（18） Hans-Hermann Hertle: Chronik des Mauerfalls. Die dramatischen Ereignisse um den 9. November 1989. Berlin 1996, S. 37 f.

（19） Neues Deutschland vom 2. Oktober 1989.

（20） Küchenmeister（Hrsg.）: Honecker—Gorbatschow, S. 256.

（21） ハートレとシュテファンからの引用．Hertle und Stephan（Hrsg.）: Das Ende der SED, S. 51.

（22） 引用はすべてギュンター・シャボフスキー（Günter Schabowski）による．Das Politbüro. Ende eines Mythos. Eine Befragung. Hrsg. von Frank Sieren und Ludwig Koehne. Reinbek bei Hamburg 1990, S. 104 ff.

（23） ハートレとシュテファンからの引用．Hertle und Stephan（Hrsg.）: Das Ende der SED, S. 58.

（24） Ebenda, S. 354.

（25） Hertle: Chronik des Mauerfalls, S. 131.

（26） Ebenda, S. 7.

（27） Ebenda, S. 166.

第6章

（1）　Hannes Bahrmann und Christoph Links: Wir sind das Volk. Die DDR zwischen 7. Oktober und 17. Dezember 1989. Eine Chronik. Berlin, Weimar 1990, S. 103.

（2）　Detlef Nakath, Gero Neugebauer und Gerd-Rüdiger Stephan（Hrsg.）: „Im Kreml brennt noch Licht“. Die Spitzenkontakte zwischen SED/PDS und KPdSU 1989–1991. Berlin 1998, S. 157.

（3）　Alle deutschen Verfassungen. Hrsg. und mit einer Einführung von Professor Dr. Hans-Ulrich Evers. 2. Auflage, München 1985.

（4）　Wolfgang Schäuble: Der Vertrag. Wie ich über die deutsche Einheit verhandelte. München 1993, S. 131.

参考文献一覧
東ドイツ史の史料と研究

以下の文献記録は，ほとんど一望して見通すことが難しい研究状況の中で，一種のオリエンテーションとして役立つものである．第1部では，最も重要な通史と史料集を記載し，短く解説を付している．第2部では，東ドイツ史とドイツ分断に関するハンドブックと事典を紹介する．東ドイツ史における個々の時代に関する専門的な文献は第3部で扱う．第4部では，洪水のような無数の刊行物から，個々の政策領域や東ドイツの最重要諸機関についての最新の研究動向一覧を体系立てて一覧にしている．第5部，第6部では，テーマに関連した様々な機関とインターネットソースに関する情報を提供するものになっている．

第1部◆通史と史料集

差しあたって参照されるべきなのが，すでに刊行されている東ドイツ史の通史である．本書『東ドイツ史』はこうした先行研究に完全に依拠して書かれている．そしてこの東ドイツの歴史研究の先駆者にして泰斗なのが，マンハイム大学の共産主義研究者ヘルマン・ヴェーバーである．1960年代中頃と後半に個別研究書を公刊した後，1985年にヴェーバーは，その時までの包括的な，そして現在まで数回にわたって改訂されることになった東ドイツ史を上梓した．

Hermann Weber: Geschichte der DDR. München 1985（erw. Neuausg. 1999, davon 2. Auflage 2000）.〔邦訳，ヘルマン・ヴェーバー著，斎藤哲・星乃治彦訳『ドイツ民主共和国史―「社会主義」ドイツの興亡―』，日本経済評論社，1991年〕

ヴェーバーはSEDによる権力獲得と維持の過程を記述の焦点にを当てているのに対して，ディートリヒ・シュターリッツは，社会経済の変容過程とSED独裁の構造と社会を操作しようとする上での諸問題に重点を置いている．

Dietrich Staritz: Geschichte der DDR. Frankfurt a. M. 1985（erw. Neuausg. 1996, Nachdruck 2000）.

バイエルン州立政治教育局と共同して，ベルリンの政治学者クラウス・シュレーダーはシュテフェン・アーリッシュとともに浩瀚なSED国家にかんする記述を著している．

Klaus Schroeder. unter Mitarbeit von Steffen Alisch: Der SED-Staat. Geschichte und

Strukturen der DDR. München 1998（2. Aufl. 1999）.

mdr〔テレビ局中部ドイツ放送 Mitteldeutscher Rundfunk〕が製作した10部構成のテレビドキュメント「DDRの当時」はマルチメディアを通じたDDR史へのアクセスを提供している．このドキュメントはDVDとして販売され，これにはシュテファン・ヴォレとハンス＝ヘルマン・ハートレによる読みやすい冊子がついている．このプロジェクトの中で生まれたメディア情報に関しては以下のサイトを参照のこと．http://www.mdr.de/damals-in-der-ddr/ Damals in der DDR. München 2006. 3 DVDs（Gesamtspieldauer 450 Minuten）. Hans-Hermann Hertle und Stefan Wolle: Damals in der DDR. Der Alltag im Arbeiter- und Bauernstaat. München 2004.

特に青少年向けなのが以下．

Hermann Vinke, Die DDR. Eine Dokumentation mit zahlreichen Abbildungen und Biographien. Ravensburg 2009.

ほとんど30ある，現在進行している研究プロジェクトと様々なテーマ領域に対する概観ができるものとして以下．

Die DDR im Blick. Ein zeithistorisches Lesebuch. Hrsg. von Susanne Muhle, Hedwig Richter und Juliane Schütterle. Berlin 2008.

東ドイツ史研究上の宝庫なのが，ドイツ連邦議会の二つのアンケート委員会の作業の成果である合計23巻からなる史料集である．この史料集は2001年にはNOMOS出版によってCD-ROMで読めるようになっている．

Materialien der Enquete-Kommission. „Aufarbeitung von Geschichte und Folgen der SED-Diktatur in Deutschland"（12. Wahlperiode des Deutschen Bundestages）. Hrsg. vom Deutschen Bundestag. Neun Bände in 18 Teilbänden. Baden-Baden/Frankfurt a. M. 1995.

Materialien der Enquete-Kommission. „Überwindung der Folgen der SED–Diktatur im Prozeß der deutschen Einheit"（13. Wahlperiode des Deutschen Bundestages）Hrsg. vom Deutschen Bundestag. Acht Bände in 14 Teilbänden. Baden-Baden/Frankfurt a. M. 1999.

現代史研究において，第二次世界大戦後のドイツの展開は，通常二つに分断されたものとして記述されている．せいぜいのところ，明示的に二つのドイツが交わる点だけ―例えば各国の「ドイツ政策」など―でしか，両ドイツ国家の相互依存関係に立ち入ることはない．1945年から1970年までの西ドイツと東ドイツの前史と発展を対比させながら包括的に記述するという試みを最初に行ったのはクリストフ・クレスマンである．クレスマンは，ドイツ歴史学教師連盟会長のペーター・ラウツァスとともに，2005年に論文集を刊行した．ここでは，非対称で絡まり合った戦後ドイツの並行史を，それぞれのテーマに関し

て明らかにしようと試みられている．個別の事例研究に基づいた，ヘルマン・ヴェントカーとウード・ヴェングストによって編集された論集は，模範的な形で両ドイツにおけるそれぞれの認識と相互作用を検討している．さらにヘルマン・グラーサーは踏み込んでおり，彼の文化史記述は，1945年以降の両ドイツにおいて並行して見られる共通点と差異の両方を密接に連関させている．分断されたドイツの一つの歴史を提示しようという主張に適うものとしては，現在までペーター・ベンダーによるものが一番に挙げられるだろう．本書はその時々の同盟体制に結びつけられた東西両ドイツ政府の行動余地について検討したものである．

Christoph Kleßmann: Die doppelte Staatsgründung. Deutsche Geschichte 1945–1955. 5., überarbeitete und erweiterte Auflage, Göttingen 1991.〔邦訳，クリストフ・クレスマン著，石田勇治・木戸衛一訳『戦後ドイツ史 1945–1955–二重の建国—』，未來社，1995年〕

Ders. Zwei Staaten, eine Nation. Deutsche Geschichte 1955–1970. 2., überarbeitete und erweiterte Auflage, Bonn 1997.

Christoph Kleßmann und Peter Lauzas（Hrsg.）Teilung und Integration. Die doppelte deutsche Nachkriegsgeschichte als wissenschaftliches und didaktisches Problem. Bonn 2005.

Udo Wengst und Hermann Wentker（Hrsg.）Das doppelte Deutschland. 40 Jahre Systemkonkurrenz. Berlin 2008.

Hermann Glaser: Deutsche Kultur 1945–2000. München/Wien 1997（erg. Neuaufl. Bundeszentrale für politische Bildung. Bonn 2000）.

Peter Bender: Zweimal Deutschland. Eine ungeteilte Nachkriegsgeschichte 1945–1990. Mit einem Essay „Erinnern und Vergessen“. München 2009.

Hermann Weber: DDR. Dokumente zur Geschichte der Deutschen Demokratischen Republik 1945–1985. 3. Auflage, München 1987.

Matthias Judt（Hrsg.）: DDR-Geschichte in Dokumenten. Berlin 1998.

第2部◆研究動向紹介，ハンドブック

ドイツ統一前後の東ドイツ史研究の基本的な問題と傾向については，ヘルマン・ヴェーバーが素描している．2000タイトルを超える文献を包括的，体系的にまとめているヴェーバーによる文献一覧は，1999年までの研究状況を把握するために欠かせないものである．

Herman Weber: Die DDR 1945–1990. 4., durchgesehene Auflage, München 2006（= Oldenbourg Grundriß der Geschichte）.

1990年以降の東ドイツ研究の成果に，体系立てたアクセスを可能にしてく

れるのが，40 以上の研究動向論文が収められている 2003 年に刊行された論集である．本書にも包括的な文献目録がついている．

Bilanz und Perspektiven der DDR-Forschung. Hrsg. von Rainer Eppelmann, Bernd Faulenbach, Ulrich Mählert. Paderborn 2003.

さらに一歩踏み込んで東ドイツ史の研究状況について述べたものが以下．

Beate Ihme-Tuchel: Die DDR. Darmstadt 2002.

東ドイツ史の個々の側面を明らかにしてくれるのが，次に紹介する一連の便覧・事典類である．ここでは特に興味深いのが，1985 年に最後に第三改訂版が出された『DDR ハンドブック』〔東ドイツ事典〕であり，これは〔東ドイツの〕文書館公開前の西ドイツにおける東ドイツ研究の成果を記録したものになっている．

DDR-Handbuch. Wissenschaftliche Leitung: Hartmut Zimmermann unter Mitarbeit von Horst Ulrich und Michael Fehlauer. Band 1 A—L / Band 2 M—Z. Hrsg. vom Bundesministerium für innerdeutsche Beziehungen. 3., überarbeitete und erweiterte Auflage, Köln 1985.

Andreas Herbst, Winfried Ranke und Jürgen Winkler: So funktionierte die DDR. Band 1 und 2: Lexikon der Organisationen und Institutionen. Band 3: Lexikon der Funktionäre. Reinbek bei Hamburg 1994.

Rainer Eppelmann, Horst Möller, Günter Nooke und Dorothee Wilms (Hrsg.): Lexikon des DDR-Sozialismus. Das Staats- und Gesellschaftssystem der Deutschen Demokratischen Republik. Paderborn 1996.

Handbuch zur Deutschen Einheit. 1949–1989–1999. Hrsg. von Werner Weidenfeld, Karl-Rudolf Korte. Aktualisierte Neuausgabe. Frankfurt a. M./New York 1999.

Deutsche Zeitgeschichte von 1945 bis 2000. Gesellschaft—Staat—Politik. Ein Handbuch. Hrsg. von Clemens Burrichter, Detlef Nakath und Gerd-Rüdiger Stephan. Berlin 2006.

Wer war wer in der DDR? Ein Lexikon ostdeutscher Biographien. Hrsg. von Helmut Müller-Enbergs, Jan Wielgohs, Dieter Hoffmann und Andreas Herbst. 1. Aufl., der 4. Ausgabe, Berlin 2006.

第3部◆ソ連占領地域時代，及び東ドイツ史の各時期に関する，個別テーマに特化した記述並びに史料集

東ドイツ史の中で，どの時代がよく研究されているのか．このバランスは極めて偏っている．ソ連占領地域時代と SED 独裁が構築され拡充する 1950 年代半ばまで，そして 1988 年末から 1989 年が大きなウェイトを占めている．これに対して 1960 年代や 1970 年代は相対的に注目が当たっていない．

最近公開された文書館史料に基づいたディートリヒ・シュターリッツとノーマン・M・ナイマークによる個別研究を読めば，ソ連占領地域時代の歴史について，史料をふんだんに使った概観を得ることができる．ナイマークは部分的にソ連の史料にも依拠して記述している．

Dietrich Staritz: Die Gründung der DDR. Von der sowjetischen Besatzungsherrschaft zum sozialistischen Staat. 3., überarbeitete und erweiterte Auflage, München 1995.

Norman M. Naimak: Die Russen in Deutschland. Die sowjetische Besatzungszone 1945 bis 1949. Berlin 1997.〔原著：The Russian in Gemany. A Hiotory of the Soviet Zone of Occupation, 1945–1949. Harvard 1997〕

依然として研究に不可欠なのが，1990年にマンハイム大学歴史政治学科とミュンヘンの現代史研究所が共同で制作した『SBZハンドブック』〔ソ連占領地域ドイツ事典〕である．

SBZ-Handbuch. Staatliche Verwaltungen, Parteien, gesellschaftliche Organisationen und ihre Führungskräfte in der Sowjetischen Besatzungszone Deutschlands 1945–1949. Hrsg. von Martin Broszat und Hermann Weber. 2. Aufl., München 1993.

東ドイツの前史については，多数の史料集が出版されている．ペーター・エルザー，ホルスト・ラウデ，マンフレート・ヴィルケはモスクワ亡命中のドイツ共産党指導部による戦後計画の史料をまとめている．東ドイツの文書館にアクセスできなかった時期にもかかわらず，1982年にヘルマン・ヴェーバーは政党システムと社会内の諸団体が変容していく過程に関して欠かすことのできない史料を編纂している．ロルフ・バートシュトゥーブナーによって公開された，ソ連のドイツ政策に関するヴィルヘルム・ピークの手稿メモは，1953年までのソ連占領地域／東ドイツ史研究にとって，欠かせないものである．ヨッヘン・ラウファーとゲオルギー・クゥィニンは，ドイツ政策にかんするソ連の公文書を長期にわたり包括的に編纂して上梓している．本史料集はソ連の占領政策を多面的に理解することを可能にしてくれる．

„Nach Hitler kommen wir“. Dokumente zur Programmatik der Moskauer KPD-Führung 1944/45 für Nachkriegsdeutschland. Hrsg. von Peter Erler, Horst Laude und Manfred Wilke. Berlin 1994.

Hermann Weber（Hrsg.）: Parteiensystem zwischen Demokratie und Volksdemokratie. Dokumente und Materialien zum Funktionswandel der Parteien und Massenorganisationen in der SBZ/DDR. 1945–1949. Köln 1982.

Wilhelm Pieck: Aufzeichnungen zur Deutschlandpolitik 1945–1953. Hrsg. von Rolf Badstübner und Wilfried Loth. Berlin 1994.

Die UdSSR und die Deutsche Frage1941–1948. Dokumente aus dem Archiv für Außenpolitik der Russischen Föderation. Bearb. und hrsg. von Jochen P. Laufer und

Georgij P. Kynin. Unter Mitarb. von Viktor Knoll. 4 Bände. Berlin 2004.

東ドイツ最初の広義の長い 10 年間，すなわち 1949 年の建国から 1961 年の壁建設までの時期については，ディエルク・ホフマンの通史的な概論が卓越している．なお本書は 1960 年代の展開も記述に含めている．クリストフ・クレスマンによる労働者国家における労働者を対象とする極めて卓越した社会史研究は，第二次世界大戦の終わり（1945）から，ウルブリヒトからホーネッカーへの権力交代（1971）の時期までを扱っている．イルコ＝サシャ・コヴァルクツクによる 1950 年代の東ドイツ史研究は，図版も豊富で一読に値する．本書は連邦政治教育センターの「時代の写真」シリーズ本である〔連邦政治教育センターの書籍は，ドイツでは安価に購入できる〕．全体としてこの時期〔1950 年代〕の東ドイツ史は個々の問題提起に対する研究によって，史料編纂の状況が良く整っている．このことはとりわけ 1953 年 6 月 17 日に当てはまる．この日は現在までの間に，ドイツ史の中でもっともよく記録されている日々の一つになっているかもしれない．東ドイツにおける民衆蜂起 50 周年を契機に，このテーマに関連する出版物が多く刊行された．そしてこの節にはさらに，1950 年代の地方の農業集団化とベルリン危機に関する二つの研究を挙げておくべきであろう．

Dierk Hoffmann: Die DDR unter Ulbricht. Gewaltsame Neuordnung und gescheiterte Modernisierung. Zürich 2003.

Christoph Kleßmann: Arbeiter im „Arbeiterstaat“ DDR. Deutsche Traditionen, sowjetisches Modell, westdeutsches Magnetfeld（1945–1971）. Bonn 2007.

Ilko-Sascha Kowalczuk: Das bewegte Jahrzehnt. Geschichte der DDR von 1949 bis 1961. Bonn 2003.

Ilko-Sacha Kowalczuk: 17. 6. 1953: Volksaufstand in der DDR. Ursachen—Abläufe—Folgen. Bremen 2003.

Ulrich Mähert（Hrsg.）: Der 17. Juni 1953. Ein Aufstand für Einheit, Recht und Freiheit. Bonn 2003.

Jens Schönke: Frühling auf dem Lande. Die Kollektivierung der DDR–Landwirtschaft. 2. Aufl., Berlin 2007.

Michael Lemke: Die Berlinkrise 1958–1963. Interessen und Handlungsspielräume der SED im Ost-West-Konflikt. Berlin 1995.

1960 年代政治史として真っ先に挙げられるのは，モニカ・カイザーによる，1962 年から 1972 年までの SED 指導部の意思形成・決定過程を，経済・青少年政策並びに外交とドイツ政策の事例から分析した研究である．またシュテファン・ヴォレは〔1960 年代を〕70 年代も含めて立体的に時代像を描いている．本書は連邦政治教育センターの本になっている．

Monika Kaiser: Machtwechsel von Ulbricht zu Honecker. Funktionsmechanismen der SED-Diktatur in Konfliktsituationen 1962 bis 1972. Berlin 1997.

Stefan Wolle: Aufbruch in die Stagnation. Die DDR in den sechziger Jahren. Bonn 2005.

ホーネッカー時代の政治史と，1980 年代の東ドイツの気づかれずに進行していた浸食過程を一望できる形で記述した研究は現在も少ない．1970 年代と 1980 年代の東ドイツの日常史と支配の歴史を語ることを最初に試みたのはシュテファン・ヴォレである．この試みは極めて上首尾に終わった．そして現在までの間にイギリスの歴史家メアリー・フルブルックが東ドイツにおける「まったくふつうの生活」の分析と解釈を行っている．

Stefan Wolle: Die heile Welt der Diktatur. Alltag und Herrschaft in der DDR 1971–1989. Berlin 1998.

Mary Fulbrook: Ein ganz normales Leben. Alltag und Gesellschaft in der DDR. Darmstadt 2008〔原書．The People's State. East German Society from Hitler to Honecker. New Haven 2005〕.

この時代〔1980 年代〕の体制転換史の研究状況は，平和革命 20 周年を目指して一気に加速して拡充されている．エールハルト・ノイベルトによる細部まで記述が豊かな『われらが革命』と並んで，イルコ＝サシャ・コヴァルクツクが東ドイツ最後の 10 年間と SED 独裁が克服される過程を卓越した手法で描いた『エンドゲーム』を参照されたい．このテーマについて概観を得たい向きには，ベルント・リントナーとイェンス・シェーンケの作品が勧められる．

Ehrhard Neubert: Unsere Revolution. Die Geschichte der Jahre 1989/90. München 2008.〔邦訳，エールハルト・ノイベルト著，山木一之訳『われらが革命 1989 年から 90 年―ライプチッヒ，ベルリン，そしてドイツの統一』，彩流社，2010 年〕

Ilko-Sascha Kowalczuk: Endspiel. Die Revolution von 1989 in der DDR. München 2009.

Bernd Lindner: Die demokratische Revolution in der DDR 1989/90. Bonn 1998.

Jens Schönke: Die Friedliche Revolution. Berlin 1989/90. Berlin 2008.

Hannes Bahrmann und Christoph Links: Chronik der Wende. Die Ereignisse in der DDR zwischen 7. Oktober 1989 und 18. März 1990. Überarb. Neuauflage, Berlin 1999.

Hans-Hermann Hertle: Chronik des Mauerfalls. Die dramatischen Ereignisse um den 9. November 1989. 10. Aufl., Berlin 2006.

平和革命によって可能になった再統一を包括的に叙述しているのがアンドレアス・レダーである．彼は〔以下で示すような〕特筆すべき研究の進展に依拠して作品を作り上げることができた．

Andreas Rödder: Deutschland einig Vaterland. Die Geschichte der Wiedervereinigung. München 2009.

Rafael Biermann: Zwischen Kreml und Kanzleramt. Wie Moskau mit der deutschen Einheit rang. Paderborn 1997.

Dieter Grosser: Das Wagnis der Währungs-, Wirtschafts- und Sozialunion. Politische Zwänge im Konflikt mit ökonomischen Regeln. Stuttgart 1998.（＝Geschichte der deutschen Einheit Bd. 2）.

Werner Weidenfeld: Außenpolitik für die deutsche Einheit. Die Entscheidungsjahre 1989/90. Stuttgart 1998.

Gerhard Ritter: Der Preis der Einheit. Die deutsche Wiedervereinigung und die Krise des Sozialstaats. München 2006.

Richard Schröder: Die wichtigsten Irrtümer über die deutsche Einheit. 2. Aufl., Freiburg im Breisgau 2007.

1980年代後半の東ベルリンとボンにおける意思決定とその過程についての概観は，以下の多数の論文集が提供してくれる．

Daniel Küchenmeister unter Mitarbeit von Gerd-Rüdiger Stephan（Hrsg.）: Honecker—Gorbatschow. Vieraugengespräche. Berlin 1993.

Detlef Nakath und Gerd-Rüdiger Stephan（Hrsg.）: Von Hubertusstock nach Bonn. Eine dokumentierte Geschichte der deutsch-deutschen Beziehungen auf höchster Ebene 1980–1987. Berlin 1995.

Detlef Nakath und Gerd-Rüdiger Stephan（Hrsg.）: Countdown zur deutschen Einheit. Eine dokumentierte Geschichte der deutsch-deutschen Beziehungen 1987–1990. Berlin 1996.

Gerd-Rüdiger Stephan（Hrsg.）: „Vorwärts immer, rückwärts nimmer!“ Interne Dokumente zum Zerfall von SED und DDR 1988/89. Berlin 1994.

Armin Mitter und Stefan Wolle（Hrsg.）: „Ich liebe Euch doch alle!“Befehle und Lageberichte des MfS. Januar—November 1989. Berlin 1990.

Deutsche Einheit. Sonderedition aus den Akten des Bundeskanzleramtes 1989/90. Bearbeitet von Hanns Jürgen Küsters und Daniel Hoffmann. München 1998.

第4部◆個々の政策領域と東ドイツの諸機関・制度に関する概説的記述

ドイツ政策，外交政策

Gerhard Wettig: Bereitschaft zu Einheit in Freiheit? Die sowjetische Deutschlandpolitik 1945 bis 1955. München 1999.

Michael Lemke: Einheit oder Sozialismus? Die Deutschlandpolitik der SED 1949–

1961. Köln/Weimar/Wien 2001.

Heinrich Potthoff: Im Schatten der Mauer. Deutschlandpolitik 1961–1990. Berlin 1999.

Karl- Rudolf Korte: Deutschlandpolitik in Helmut Kohls Kanzlerschaft. Regierungsstil und Entscheidungen 1982–1989. Stuttgart 1998.

Joachim Scholtyeck: Die Außenpolitik der DDR. München 2003.

Hermann Wentker: Außenpolitik in engen Grenzen. Die DDR im internationalen System 1949–1989. München 2007.〔邦訳，ヘルマン・ヴェントカー著，岡田浩平訳『東ドイツ外交史—1949–1989—』，三元社，2013 年〕

SED

Die SED. Geschichte—Organisation—Politik. Ein Handbuch. Hrsg. von Andreas Herbst, Gerd-Rüdiger Stephan, Jürgen Winkler. Berlin 1997.

Andreas Malycha: Die SED. Geschichte ihrer Stalinisierung 1946–1953. Paderborn 2000.

Manfred Wilke（Hrsg.）: Die Anatomie der Parteizentrale. Die KPD/SED auf dem Weg zur Macht. Berlin 1998.

Heike Amos: Politik und Organisation der SED-Zentrale 1949–1963. Struktur und Arbeitsweise von Politbüro, Sekretariat, Zentralkomitee und ZK-Apparat. Münster 2003.

Thomas Klein: „Für die Einheit und Reinheit der Partei". Die innerparteilichen Kontrollorgane der SED in der Ära Ulbricht. Köln 2002.

Heinz Mestrup: Die SED. Ideologischer Anspruch, Herrschaftspraxis und Konflikte im Bezirk Erfurt 1971–1989. Rudolstadt 2000.

Mario Niemann: Die Sekretäre der SED-Bezirksleitungen 1952–1989. Paderborn 2007.

ブロック諸政党，大衆組織

Die Parteien und Organisationen in der DDR. Ein Handbuch. Hrsg. v. Gerd-Rüdiger Stephan, Andreas Herbst, Christine Krauss, Daniel Küchenmeister, Detlef Nakath. Berlin 2002.

Siegfried Suckut: Parteien in der SBZ/DDR 1945–1952. Bonn 2000.

Ralf Thomas Baus: Die Christlich-Demokratische Union Deutschlands in der sowjetisch besetzten Zone 1945 bis 1948. Gründung—Programm—Politik. Düsseldorf 2001.

Theresia Bauer: Blockpartei und Agrarrevolution von oben. Die Demokratische Bauernpartei Deutschlands 1948–1963. München 2003.

Paul Stefan Werum: Gewerkschaftlicher Niedergang im sozialistischen Aufbau. Der

Freie Deutsche Gewerkschaftsbund（FDGB）1945 bis 1953. Göttingen 2005.

Peter Skyba: Vom Hoffnungsträger zum Sicherheitsrisiko. Jugend in der DDR und Jugendpolitik der SED 1949–1961. Köln/Weimar/Wien 2000.

Ulrich Mähert und Gerd-Rüdiger Stephan: Blaue Hemden—Rote Fahnen. Die Geschichte der Freien Deutschen Jugend. Opladen 1996.

経済政策・社会政策

Anderé Steiner: Von Plan zu Plan. Eine Wirtschaftsgeschichte der DDR. Stuttgart 2003.

Ders.（Hrsg.）: Überholen ohne einzuholen. Die DDR-Wirtschaft als Fußnote der deutschen Geschichte? Berlin 2006.

Geschichte der Sozialpolitik in Deutschland seit 1945. Herausgegeben vom Bundesministerium für Arbeit und Sozialordnung. 11 Bände. Baden-Baden 2001–2008.

Arnd Bauerkämper: Die Sozialgeschichte der DDR. München 2005.

Annette Kaminsky: Wohlstand, Schönheit, Glück. Kleine Konsumgeschichte der DDR. München 2001.

文化，メディア，教育，学問

Manfred Jäger: Kultur und Politik in der DDR 1945–1990. Köln 1994.

Wolfgang Emmerich: Kleine Literaturgeschichte der DDR. Hamburg 1981（2. Aufl. 1989; erw. Neuausg. Leipzig 1996, Berlin 2000）.〔邦訳，ヴォルフガング・エメリヒ著，津村正樹監訳『東ドイツ文学小史』，鳥影社，1999 年〕

Monika Flacke（Hrsg.）: Auftragskunst der DDR 1949–1990. München 1995.

Gunter Holzweißig: Die schärfste Waffe der Partei. Eine Mediengeschichte der DDR. Köln/Weimar/Wien 2002.

Sonja Häder und Heinz-Elmar Tenorth（Hrsg.）: Bildungsgeschichte einer Diktatur. Bildung und Erziehung in SBZ und DDR im historisch-, gesellschaftlichen Kontext. Weinheim 1997.

Gert Geißler: Geschichte des Schulwesens in der Sowjetischen Besatzungszone und in der Deutschen Demokratischen Republik 1945 bis 1962. Frankfurt am Main 2000.

Ilko-Sascha Kowalczuk: Geist im Dienste der Macht. Hochschulpolitik in der SBZ/DDR 1945–1961. Berlin 2003.

Peer Pasternack unter Mitarbeit von Daniel Hechler（Hrsg.）: Wissenschafts- und Hochschulgeschichte der SBZ, DDR und Ostdeutschlands 1945–2000. Annotierte Bibliographie der Buchveröffentlichungen 1990–2005. CD-ROM. Wittenberg und Berlin 2006.

女性，青年，スポーツ

Ungleich Schwestern? Frauen in Ost- und Westdeutschland. [Katalog zur gleichnamigen Ausstellung] Hrsg. von der Stiftung Haus der Geschichte der Bundesrepublik Deutschland. Bonn 1997.

Peter Förster: Junge Ostdeutsche auf der Suche nach der Freiheit. Eine Längsschnittstudie zum politischen Mentalitätswandel bei jungen Ostdeutschen vor und nach der Wende. Opladen 2002.

Marc- Dietrich Ohse: Jugend nach dem Mauerbau. Anpassung, Protest und Eigensinn (DDR 1961–1974). Berlin 2003.

Michael Rauhut und Thomas Kochan: Bye bye, Lübben City. Bluesfreaks, Tramps und Hippies in der DDR. Berlin 2004.

Lorenz Peiffer und Matthias Fink: Zum aktuellen Forschungsstand der Geschichte von Körperkultur und Sport in der DDR. Eine kommentierte Bibliografie. Köln 2003.

Hans-Joachim Teichler (Hrsg.): Sport in der DDR. Eigensinn, Konflikte, Trends. Köln 2003.

Uta Balbier: Kalter Krieg auf der Aschenbahn. Der deutsch-deutsche Sport 1950–1972. Eine politische Geschichte. Paderborn 2007.

シュタージ，警察，軍隊

Jens Gieseke: Mielke-Konzern. Die Geschichte der Stasi 1945–1990. München 2006.

Sandra Pingel-Schliemann: Zersetzen—Strategie einer Diktatur. Berlin 2002.

Georg Herbstritt und Helmut Müller-Enbergs (Hrsg.): Das Gesicht dem Westen zu ... DDR-Spionage gegen die Bundesrepublik Deutschland. Bremen 2003.

Thomas Lindenberger: Volkspolizei. Herrschaftspraxis und öffentliche Sicherheit im SED-Staat 1952–1968. Köln/Weimar/Wien 2003.

Im Dienst der Partei: Handbuch der bewaffneten Organe der DDR. Hrsg. von Torsten Diedrich, Hans Ehlert, Rüdiger Wenzke im Auftrag des MGFA. 2. Auflage, Berlin 1998.

Ilko-Sascha Kowalczuk und Stefan Wolle: Roter Stern über Deutschland. Sowjetische Truppen in der DDR. Berlin 2001.

政治司法，監獄

Mironenko Sergej, Lutz Niethammer und Alexander von Plato (Hrsg.): Sowjetische Speziallager in Deutschland 1945 bis 1950. 3 Bände, Berlin 1998.

Bundesministerium für Justiz (Hrsg.): Im Namen des Volkes? Über die Justiz im Staat der SED. 3 Bände. 2. Auflage, Leipzig 1996.

Hermann Wentker: Justiz in der SBZ/DDR 1945–1953. Transformation und Rolle ihrer zentralen Institutionen. München 2001.

Falko Werketin: Politische Strafjustiz in der Ära Ulbricht. Vom bekennenden Terror zur verdeckten Repression. 2. Auflage, Berlin 1997.

Johannes Raschka: Justizpolitik im SED-Staat. Anpassung und Wandel des Strafrechts während der Amtszeit Honeckers. Köln/Weimar/Berlin 2000.

反対派

Ehrhard Neubert: Geschichte und Opposition in der DDR. 1949–1989. Berlin 1997, 2. überarb. Auflage, Berlin 2000.

Lexikon Opposition und Widerstand in der SED-Diktatur. Hrsg. von Hans-Joachim Veen, Peter Eisenfeld, Hans Michael Kloth, Hubertus Knabe, Peter Maser, Ehrhart Neubert, Manfred Wilke. Berlin 2000.

Klaus-Dietmar Henke, Peter Steinbach und Johannes Tuchel（Hrsg.）: Widerstand und Opposition in der DDR. Köln/Weimar/Wien 1999.

Für ein freies Land mit freien Menschen. Opposition und Widerstand in Biographien und Fotos. Hrsg. von Ilko-Sascha Kowalczuk und Tom Sello. Berlin 2006.

Detlef Pollack: Politischer Protest. Politisch alternative Gruppen in der DDR. Opladen 2000.

教会

Peter Maser: Die Kirchen in der DDR. Bonn 2002.

Detlef Pollack: Kirche in der Organisationsgesellschaft. Zum Wandel der gesellschaftlichen Lage der evangelischen Kirchen in der DDR. Stuttgart/Berlin/Köln 1994.

Claudia Lepp und Kurt Nowak（Hrsg.）: Evangelische Kirche im geteilten Deutschland（1945–1989/90）. Göttingen 2001.

Bernd Schäfer: Staat und katholische Kirche in der DDR. Köln/Weimar/Wien 1998.

ベルリンの壁と東西ドイツ国境

Republikflucht. Flucht und Abwanderung aus der SBZ/DDR 1945 bis 1961. Hrsg. von Damian van Melis und Henrik Bispinck. München 2006.

Bernd Eisenfeld und Roger Engelmann: 13. August 1961: Mauerbau. Fluchtbewegung und Machtsicherung. Bremen 2001.

Roman Grafe: Die Grenze durch Deutschland. Eine Chronik von 1945 bis 1990. Berlin 2002.

Edgar Wolfrum: Die Mauer. Geschichte einer Teilung. München 2009.〔邦訳，エド

ガー・ヴォルフルム著，飯田収治・木村明夫・村上亮訳『ベルリンの壁—ドイツ分断の歴史—』，洛北出版，2012年〕

Hans-Hermann Hertle: Die Berliner Mauer. Monument des Kalten Krieges. Bonn 2007.

Bodo Müller: Faszination Freiheit. Die spektakulärsten Fluchtgeschichten. Berlin 2000.

Maren Ullrich: Geteilte Ansichten: Erinnerungslandschaft deutsch-deutsche Grenze. Berlin 2006.

第5部◆インターネットにおける東ドイツ——「総括の光景」における道標

250以上の文書館と図書館，約130の学術施設，70を超える現代史研究団体，50近い政治教育機関，65の博物館と記念施設，20の専門誌がドイツの国内外で広い意味で東ドイツ史に取り組んでおり，このテーマに関連する重要な教材や書籍，史料集，データを提供している．どのような機関が存在しているのかについては，オンラインの「www.stiftung-aufarbeitung.de」内で検索でき，『DDR研究便覧 das Vademekum DDR-Forschung』を見ることで概観できる．さらにここでは，東ドイツ史をさらに深く知ることを可能にするインターネットサイトを有しているきわめて重要な諸機関を紹介する．

ドイツの分断とドイツ第二の独裁〔SED独裁をナチ独裁に続く第二の独裁とみる表現〕の領域における学術，政治教育，メディアの「交接点」として，1998年にドイツ連邦議会に設置されたSED独裁検証のための連邦財団がある．この検証のための財団は，このテーマに関連している様々なプロジェクトを支援し，催し物を行い，さらに出版物を刊行し，独自の図書館と文書館を有している．この財団ホームページ上では多数の教材や研究，データバンク，インターネットサイトの詳細な案内もある．

www.stiftung-aufarbeitung.de

連邦政治教育センターのホームページは，このテーマに関連する最近のイベントを告知し，また，1953年6月17日事件とベルリンの壁の歴史に関して，極めて優れたオンライン史料を提供している．さらに連邦政治教育センターでは，東ドイツ史に関する多くの研究書をわずかな料金で〔製本された紙媒体で〕注文でき，さらに無料で自分のPCにダウンロードすることもできる．

www.bpb.de

これと似たような役割を果たしているのが州政治教育センターである．特に旧東ドイツ地域の州の政治教育センターはドイツ戦後史に大きな関心を注いでいる．州政治教育センターのインターネットサイトには，連邦政治教育センターと共同で運営されている情報ポータルからアクセスすることができる．

www.politische-bildung.de

旧東ドイツシュタージ文書・連邦受託機関（〔ドイツ語の〕頭文字をとってBStU と表記される）は旧国家保安省の 170 キロメートルに及ぶ文書を管理している．これらを閲覧できるのは学者やジャーナリストだけではない．1989年以前に秘密警察に監視されるか迫害された人も閲覧できる．それだけではなく，BStU は教育研究部門を有しており，学術刊行物，専門書，展示，イベントを通じて旧シュタージに関する情報を提供している．BStU のホームページでは文書閲覧のための手続きが説明されており，このテーマに関連して豊富な情報を得ることができる．

www.bstu.de

四つの新連邦州とベルリン市においては，独立機関として「旧シュタージ文書・州受託機関」が設置された（ブランデンブルク州は 2009 年に開設予定である〔すでに開設済み〕）．この機関は，市民や官庁が文書を閲覧する際に助言を与えるものであり，機関独自の政治教育業務を任務としている．ここではその中でも代表してメクレンブルク＝フォアポンメルン州の当局へのリンクを挙げる．このホームページを通じてほかの州の該当ホームページも見つけることができる．

www.landesbeauftragter.de

東ドイツと SED，ならびに SED によって指導されていた諸政党大衆組織が遺した文書館史料について関心がある向きにとっては，連邦文書館のホームページが有望であろう．ここでは文書館訪問の準備を楽にしてくれる電子版目録の公開が進められている．ここでの「リンク集」からは，さらに旧東ドイツにおける州や県レベルの史料を保管している州立文書館にアクセスできる．東ドイツの文書館史料を学術目的で使用することには―通常の文書館史料とは異なり―公開禁止期間というものが原則存在しない．

www.bundesarchiv.de

ここでは，90 年代初頭から東ドイツにおける反対派についての史資料を収集している民間団体の一例として，ベルリンにあるローベルト・ハーヴェマン協会文書館を挙げる．ハーヴェマン協会のホームページは，ベルリン並びに新連邦州において，ハーヴェマン協会に似たような役割を担う様々な機関に関する情報を提供している．

www.havemann-gesellschaft.de

1990 年以来，滅んだ東ドイツは集中的に研究されてきた．1200 以上の研究プロジェクトが記録されており，これらの成果は図書館を満杯にさせている．DDR 研究の現状〔Aktuelles aus der DDR-Forschung〕を知りたければ，同じ名前のニュースレターを見ることができる．このニュースレターは，雑誌『ドイッ

チュラント・アルヒーフ Deutschland Archiv』の中で年三回刊行されており，〔連邦〕検証財団のホームページ—www.stiftung-aufarbeitung.de—からアクセス可能である〔現在はメールアドレスを登録して無料で購読できる形になっている．また刊行は年に 10 回となっている．https://www.bundesstiftung-aufarbeitung.de/newsletter-aufarbeitung-aktuell-1171.html, 26/01/2019 最終アクセス〕．雑誌自体は隔月で刊行されており，ドイツの分断や DDR に関心がある者にとっては必読のものである．〔『ドイッチュラント・アルヒーフ』は 2011 年にデジタル化し，さらに 2013 年にはこれまでの雑誌形態を止めて，オンライン記事がテーマごとにアップロードされるウェブサイトになった．〕

東ドイツに関連する文献を探したい場合，ドイツ国内の多くの大学図書館が役立つだろう．ボン・歴史博物館〔Haus der Geschichte〕付設の東ドイツ史図書館は，旧西ドイツ地域出身で東ドイツに関心を持っている人々にとっては，入門的な役割を果たしてくれる．このテーマに関連して，おそらく最良の形で整理されているのが，ベルリン連邦文書館所在地にある旧東ドイツ諸政党大衆団体財団に敷設された図書館だろう．連邦文書館はオンライン検索にも対応している．

www.bundesarchiv.de

ドイツ全国の諸大学で学術的な東ドイツ研究が進められている．これを概観したければ，先述の『DDR 研究便覧』が役立つ．1990 年以降，新連邦州とベルリン市ではドイツ第二の独裁〔東ドイツ〕を専門にする，あるいは重要テーマとして扱う多くの研究センターが設立された．そのなかでも言及すべきなのが〔ポツダムの〕現代史研究センターである．こちらのホームページは東ドイツに興味を持つすべての人にとって一種の宝庫になっている（www.zzf-pdm.de）．またミュンヘンの現代史研究所ベルリン支部（www.ifz-muenchen.de）と BStU の研究・教育部門（www.bstu.de）も参照されたい．

SED 独裁検証のための連邦基金並びに連邦政治教育センターによる委託を受け，アンネッテ・カミンスキーが編纂し，ルート・グライニッヒが協力し発行された『想起の場—SBZ と DDR における独裁のシンボル，記念碑，博物館〔Orte des Erinnerns. Gedenkzeichen, Gedenkstätten und Museen zur Diktatur in SBZ und DDR〕』（ベルリン，2007 年）は，東ドイツならびにドイツ分断における抵抗と抑圧の歴史を想起させる公共空間がある，600 以上の場について記述している．ここで列挙されている記念碑や博物館への多くのリンク集が www.stiftung-aufarbeitung.de. にある．こうした想起の場にかんして，まずは視覚的な手掛かりが欲しい場合は，ボン・歴史博物館のホームページを見られたい．www.hdg.de. ここでは，1945 年以降のドイツ現代史を博物館の展示として見ることができる．この博物館の分館に当たるライプツィヒ現代史フォーラム

（www.hdg.de/zfl〔現在はこちらのアドレスが有効 www.hdg.de/zeitgeschichtliches-forum/ 最終アクセス 04/02/2019〕）は，東ドイツにおける反対派，抵抗運動，市民的不服従に関する情報を提供してくれる．シュタージ研究は，ベルリン・ノルマンネン通りの研究記念施設の主題である（www.normanne.de〔現在はこちらのアドレスが有効 www.stasi-museum.de 最終アクセス 04/02/2019〕）．ここノルマンネン通りはかつての〔国家保安省大臣〕エーリヒ・ミールケの勤務地にあたる〔国家保安省の建物がそのまま保管されている〕．同じくシュタージを対象にしたものに，かつての国家保安省の県本部所在地にあるライプツィヒの「円卓会議博物館」（www.runde-ecke-leipzig.de）がある〔名称は「シュタージ監獄と円卓会議博物館」〕．ソ連占領地域と東ドイツにおける政治犯について知りたい場合には，ベルリン・ホーエンシェーンハウゼンの記念施設を訪問することを勧める．（www.stiftung-hsh.de）〔この場所はかつてのシュタージが政治犯を収容していた監獄があり，現在は記念施設になっている〕．東ドイツにおける日常生活と独裁に関して，大まかな見取り図を提供してくれるのが，ベルリン・ミッテ地区にある東ドイツ博物館である（www.ddr-museum.de）．ドイツの分断と国境警備体制の歴史に取り組んでいる無数の博物館と記念碑の中で，ここではさしあたり代表的なものとして，ベルリン・ベルナウアー通りにあるベルリンの壁ドキュメントセンターを挙げておく（www.berliner-mauer-dokumentationszentrum.de）．

ドイツ現代史，その中でも特に東ドイツ史に関する学術的なネットソースのなかにおける指針となるものが，以下のウェブポータルである．

www.zeitgeschichte-online.de

http://hsozkult.geschichte.hu-berlin.de

www.clio-online.de

写真クレジット一覧

図1◆BArch, Bild 183-S75799
図2◆Landesarchiv Berlin, F Rep. 290(06) Nr. 0282209/Foto: k. A.
図3◆©Gedenkstätte Buchenwald
図4◆Landesarchiv Berlin, F Rep. 290(02) Nr. 0112443/Foto: k. A.
図5◆Landesarchiv Berlin, F Rep. 290(04) Nr. 0088211/Foto: Weiland, Alfred
図6◆BArch, BildY-11546-36483/Herbert Hensky
図7◆Landesarchiv Berlin, F Rep. 290(04) Nr. 0016616/Foto: Schütz, Gert
図8◆Landesarchiv Berlin, F Rep. 290(03) Nr. 0025712/Foto: Schütz, Gert
図9◆Gedenkstätte Bauzen; Foto: Jürgen Matschie
図10◆Stiftung Aufarbeitung
図11◆Landesarchiv Berlin, F Rep. 290(02) Nr. 0076482/Foto: Siegmann, Horst
図12◆Landesarchiv Berlin, F Rep. 290(02) Nr. 0407416/Foto: Esch-Marowski, Barbara
図13◆BArch, Bild 183-G1105-0030-001/Peter Liebers
図14◆BArch, Bild 183-K0616-0001-102/Heinz Junge
図15◆BArch, Bild 183-M0730-751/Joachim Spremberg
図16◆BArch, Bild 183-N0625-347/Hubert Link
図17◆Bundesbildstelle, Fotograf Lothar Schaak
図18◆Landesarchiv Berlin, F Rep. 290(02) Nr. 0176987/Foto: k. A.
図19◆BArch, Bild 183-1987-0907-019/Gerhard Murza
図20◆Landesarchiv Berlin, F Rep. 290-02-15 Nr. 0276466/Foto: Schneider, Günter
図21◆Robert-Havemann-Gesellschaft/Siegbert Schefke/RHG_Fo_SiSch_02_027-08
図22◆BArch, Bild 146-1997-001-33/IN-PRESS
図23◆BArch, Bild 183-1989-1104-030/Jan Bauer
図24◆BArch, Bild 183-1989-1114-019/Jan Ludwig
図25◆Landesarchiv Berlin, F Rep. 290(04) Nr. 0315595/Foto: Kasperski, Edmund
図26◆BArch, Bild 183-1990-0409-033
図27◆Bundesbildstelle, Fotograf: Klaus Lehnartz

訳者略歴
伊豆田俊輔（いずた・しゅんすけ）
獨協大学外国語学部ドイツ語学科専任講師。
東京大学大学院総合文化研究科地域文化研究専攻、博士課程単位取得満期退学、博士。

東ドイツ史1945―1990

二〇一九年一二月一〇日　第一刷発行
二〇二一年　六月　五日　第四刷発行

著　者　ウルリヒ・メーラート
訳　者 ©　伊豆田俊輔
装丁者　日下充典
発行者　及川直志
印刷所　株式会社理想社
発行所　株式会社白水社

東京都千代田区神田小川町三の二四
電話　営業部〇三（三二九一）七八一一
　　　編集部〇三（三二九一）七八二一
振替　〇〇一九〇‐五‐三三二二八
郵便番号　一〇一‐〇〇五二
www.hakusuisha.co.jp
乱丁・落丁本は、送料小社負担にてお取り替えいたします。

株式会社松岳社

ISBN978-4-560-09733-5

Printed in Japan